민주언론시민연합 30년사 I

민주언론, 새로운 도전

민주언론시민연합 30년사 I

민주언론, 새로운 도전

2017년 3월 24일 처음 펴냄

기획 민주언론시민연합
자문위원 김서중 김승균 김종철 김주언 김태광 박석운 박우정 성유보 손중양
　　　　신태섭 신홍범 오연호 우찬제 이근영 이석원 이화영 임재경 정동익
　　　　정상모 정수웅 정연우 정의길 최민희 최장학 한승동 현이섭 홍수원
본문집필 김유진
회고 임재경 신홍범 홍수원 박우정 최민희 송준용
진행 김경실 김언경 조영수 유민지 박병학

펴낸이 신명철
펴낸곳 (주)우리교육 검둥소
등록 제 313-2001-52호
주소 03993 서울특별시 마포구 월드컵북로 6길 46
전화 02-3142-6770
팩스 02-3142-6772
홈페이지 www.uriedu.co.kr

ISBN 978-89-8040-159-8 03070

이 도서의 국립중앙도서관 출판시도서목록(CIP)는 e-CIP홈페이지(http://www.nl.go.kr/ecip)에서
이용하실 수 있습니다. (CIP 제어번호:CIP2017006777)

민주언론시민연합 30년사 I

민주언론, 새로운 도전

민주언론시민연합

발간사
시대와 함께 걸어온
언론운동의 역사를 펴낸다

고승우_민주언론시민연합 이사장

민주언론시민연합(민언련)의 역사 가운데 초기 부분에 대한 기록이 완성된 것은 매우 뜻깊은 일이다. 민언련이 만들어지고 오늘날까지 이어져 온 것은 많은 분들의 헌신적인 노력과 희생의 결과다.

민언련의 전신인 민주언론운동협의회(언협)는 1984년대 중반 전두환 정권의 살인적 폭압정치가 기승을 부리던 시대적 배경 속에서 해직언론인, 출판인 등이 참여해 마치 비밀작전을 하듯 발족시켰다.

언협의 발족은 해방 이후 최초의 한국언론시민운동사의 출발이라는 역사적 의미를 지닌다. 언협은 기관지 「말」지를 발행함으로써 독재체제하에서의 지하언론이자 대안언론, 독립언론의 첫 시범을 보였고 그것은 국민주주 신문 한겨레신문의 발족으로 이어졌다.

언협 발족 이전의 언론운동은 제도권 언론사와 정치권력과의 투쟁이었다. 하지만 언협은 제도권 언론사에서 불법 해직된 언론인을 주축으로 만든 조직체로, 정치권력에 저항하는 도구인 매체를 지속적으로 발간했다는 점에서 큰 차이가 있다.

언협은 87년 대선에서 민주진영이 패배 후 가속화된 한겨레신문 창간과 이후 시민운동과의 연합으로 그 운동의 범위를 확대 발전시켰다. 이는 언론운동이 참여와 활동 영역을 확대했다는 점에서 큰 의미가 있다. 이런 점에서 언협 역사는 언협이라는 단체의 영역을 넘어 해방 이후 한국의 언론과 시민운동이 결합된 독특한 형태로 그 독자성과 포괄성을 지닌다.

언론학계에서는 매스컴의 개념과 그 범주에 매스미디어 외부의 언론운동을 포함시키지 않는 것을 주된 관행으로 하고 있어 민언련의 언론사회학적 의미에 대한 시각 교정이 필요하다. 해방 이후 이승만에 이은 장기간의 독재정치 속에서 언론이 정권의 나팔수로 편입된 굴절된 언론의 역사에 대해 학계가 제도언론 중심적 관점을 고집하면서 언론시민운동은 부차적으로 취급하는 것이 관행으로 굳어버린 것은 불행한 일이다.

돌이켜보면 언협 창립 당시 전두환 정권은 정치권력을 비판하는 시국 관련 선언문을 작성하거나 소지, 배포하는 것을 철저히 탄압했다. 모든 반정부운동 단체나 대학 안팎에서는 경찰 등이 상주하면서 그 활동이나 집회 시위를 감시하면서 언론자유, 표현의 자유를 철저히 유린했다.

언협 창립에 동참한 전직 언론인과 출판인 등은 경찰에 언제든 연행되거나 형을 살 각오로 매일을 살아야 했다. 특히 「말」지가 발간되면 언협 사무총장들은 경찰에 끌려가 구금을 당해야 했다. 「말」지 편집은 경찰의 감시를 피하기 위해 야간에 하면서 압수에 대비해 편집 대장을 두 벌을 만들어야 했다. 오늘날 생각하면 상상도 할 수 없는 악독한, 치 떨리는 정치 상황이었다. 그 참혹한 상황을 뚫고 언론 자유가 모든 자유를 자유롭게 한다는 신념으로 해직언론인 등은 언론운동의 기치를 높이 든 것이다.

언협 창립도 힘든 과정이었지만 전두환 정권의 감시와 탄압 속에서 이 단체가 운영이 된다는 것은 더욱 힘든 일이었다. 가장 어려울 때 앞장서 언협을 이끌었고 당국의 탄압에 맞섰던 송건호 선생과 성유보, 김태홍 선생들은 이미 다 고인이 되었다.

송건호 선생은 한국 사회의 마지막 선비로 불렸지만 대중 연설에 나서면 사자후를 토하는 명연설로 유명해지면서 언론운동의 대부로 우뚝 섰던 기억이 새롭다. 성유보 선생은 동아투위 몇몇 동지들이 정치권으로 나가 민주화를 달성하겠다고 했을 때 자신은 언론을 정상화시키겠다며 언협에서 반독재투쟁을 벌였다. 김태홍 선생은 「말」지 재정문제 해결을 위해 집에서 돈을 조달하는 등 헌신적인 노력을 했었다. 그런 희생과 노력 속에서 보도투쟁으로 전개된 「말」지에 의해 언협 초창기의 언론운동이 시민사회에 널리 알려졌다.

「말」지는 전두환 정권의 언론탄압으로 보도되지 못하거나 왜곡된 주요 사건, 사고 등을 정론직필의 원칙에서 보도해 큰 호응을 받았다. 당시 다른 영역의 시민운동이 전두환 정권의 탄압으로 그 활동 영역이 넓지 않았을 때 「말」지라는 매체가 제도언론 못지않은 제작 방식으로 진실과 정의에 입각한 정보를 지속적으로 전달한 것은 시민사회의 의식화와 각성에 큰 영향을 미쳤다.

한국 언론사에 큰 족적을 남긴 언협의 노력은 한겨레신문의 창간으로 이어졌다. 한국 최초의 국민주 신문 창간 기금 모금이 가능했던 것은 시민사회에 「말」지가 널리 알려져 있었기 때문이다. 한겨레신문은 세계 언론사에서 손꼽히는 대안언론으로 기록되었다. 한겨레신문 창간 이후 언협의 후신인 민언련은 새로운 영역을 개척하면서 오늘에 이르러 언론운동사에 큰 흐름을 이어오고 있다.

  민언련의 초창기 역사가 정리되어 나온, 박근혜 게이트가 터진 오늘날의 상황이 완전한 언론자유, 표현의 자유가 확립되었다면 얼마나 좋을까를 생각해본다. 박근혜 게이트에 대한 절망감과 분노는 정치, 경제, 사회 민주화에 대한 열망과 비례한다고 할 때, 민언련의 현재와 앞날의 책무는 무엇일까가 너무 분명해진다.

  돌이켜보면 언협, 민언련의 사회적 책무와 그 활동 내용은 큰 변화를 겪었고 그것은 앞으로 계속될 것이다. 전두환 정권이 보도지침을 통해 철저히 제도언론을 정권의 선전 홍보기구로 전락시켰을 때 언협은 제도언론이 침묵한 뉴스들을 보도하는 역할을 했다. 이는 정상적인 보도에 갈증을 느끼던 시민사회의 큰 호응을 받았다. 보도지침 폭로는 87년 6월항쟁의 기폭제의 하나가 된 것이다.

  노태우 정권은 한겨레신문과 같은 진보매체가 등장하자 이를 물타기 하기 위해 일간지 발행 허가를 대량으로 내놓는 식의 언론 구조 변화를 꾀하면서 수구 보수 정권의 언론정책을 강행했다. 민언련은 진보매체와 족벌신문 공존 상황에서 전개되는 시대상에 걸맞은 활동 노선을 모색해야 했다.

  3당 야합 이후 이어진 정권교체 속에서 정치권력과 언론의 관계가 변화하게 되는데 조중동은 시민사회가 피를 흘려 쟁취한 민주화에 무임승차하면서 민주화의 발목을 잡고 반통일적 광기를 부리게 된다. 민언련은 이들 족벌신문의 반언론적 행태를 고발하고 불매운동 등과 같은 시민사회 운동을 활발히 전개했다.

이명박 정권 들어 민주화, 남북협력관계는 뒷걸음질치기 시작했고, 특히 방송시장이 지각변동을 일으킨다. 이명박 대통령이 언론악법에 의해 종편 TV를 대거 등장시킨 것이다. 민언련의 사회적 역할도 이런 상황 속에서 조율되었다.

이 대통령이 태어나지 말았어야 한다는 평가를 받은 종편 TV를 쏟아낸 것은 노태우 대통령이 일간지 시장에 다수의 신문을 등장시켜 과당경쟁을 유발한 수법을 연상시킨다. 이 대통령은 공영방송의 영향력을 종편으로 상쇄할 경우 수구 정치세력의 영구집권이 가능하다는 정치공학적 발상을 했던 것으로 알려져 있다.

박근혜 게이트는 JTBC가 최순실의 태블릿피시를 보도하면서 시작되고 종편이 관련 보도를 쏟아내면서 탄핵 국면으로 급진전했다. 이명박 대통령의 노림수가 빗나가 박근혜 불통, 오기 정권이 조기 파탄하는 동력이 된 것이다. 이런 상황에서 민언련의 역할 또한 변화를 겪고 있다.

SNS 시대의 대중매체 영향력은 축소되고 있고 그런 추세는 더욱 가속화될 전망이다. 다양한 뉴미디어가 정보전달 매체의 역할을 담당하고 통신수단의 발달로 일인 매체도 활성화될 전망이다. 유튜브, 페이스북, 카카오톡 등의 플랫폼은 정보 생산과 소비의 영역이 뒤섞이는 신생 매체의 대표적인 경우다. 이런 상황에서 민언련의 사회적 책무는 새롭게 개발, 개척해야 할 것이다.

민언련의 과거 활동은 현재 활동으로 이어지고 미래로 연결될 것이다. 4차 산업혁명이 진행되면서 미디어시장의 변화는 더욱 가속화될 전망이고 이런 환경 속에서 건전한 정보유통에 대한 감시와 대안 제시 요구가 커질 것으로 보인다. 가까운 미래에 대한 예측과 열성적인 대비가 민언련의 사회적 기여를 더욱 풍성하게 할 것이다. 민언련은 정치, 경제 민주화 달성과 함께 평화통일을 이루는 그날, 그리고 그 이후를 향해 계속 전진할 것이다. 민언련 초기 역사를 발간하면서 새롭게 다지는 각오다.

민주언론시민연합 30년사 I『민주언론, 새로운 도전』은 민언련 30주년 기념사업으로 기획되어 본사 집필을 김유진 이사가, 원고 감수를 신홍범, 박우정 선생님이 맡아 수고해주셨고, 김언경 사무처장, 유민지 부장을 비롯한 사무처의 활동가들이 여러 모로 출간에 애를 썼다. 깊이 감사드린다.

민언련 30돌에 떠오르는 그리운 얼굴들

김종철_동아자유언론수호투쟁위원회 위원장

1984년은 전두환 군사독재의 서슬이 시퍼렇던 해였다. 그해가 저물어가던 12월 19일 오후 서울 장충동 베네딕토수녀원 피정의 집에서 민주언론운동협의회(언협) 창립총회가 열렸다. 당시에는 민주화세력이 집회를 열면 경찰이나 정보수사 기관원들이 들이닥쳐 주동자들을 연행하는 일이 '관행'이 되어 있었으므로 발기인들은 미리 은밀하게 연락을 주고받은 뒤 수녀원으로 '잠입'해 들어갔다. 창립총회에는 해직언론인과 출판인 20여 명이 참석한 것으로 기억된다. 언협은 현재 민주언론시민연합(민언련)의 모태이다. 총회는 송건호 선생을 의장, 김인한·최장학·김태홍·김승균 선생을 공동대표로 선출했다. 그분들 가운데 송건호·김인한·김태홍 세 분은 벌써 세상을 떠나셨다.

송건호 선생은 1974년 10월 24일 동아일보사의 젊은 언론인들이 '자유언론실천선언'을 발표하던 때 편집국장이셨다. 그분은 1975년 3월 중순 동아일보 사주가 박정희 정권의 압력에 굴복해 기자, 프로듀서, 아나운서 등 160여 명을 폭력으로 추방하자 결연히 사표를 내고 회사를 떠나셨다. 송 선생은 동아투위 사람들의 영원한 스승으로 고락을 함께 하시다가 언협 초대 의장을 기꺼이 수락하셨다. 김인한 선생은 1975년 3월 12일 동아일보사에서 후배 사원들이 강제 해직에 항의하는 농성을 시작하자 3남매를 둔 50대 초의 가장으로서 단호하게 그 투쟁 대열에 합류하셨다. 김태홍 선생은 1980년 민주화의 열기가 뜨겁던 '서울의 봄'에 한국기자협회 회장을 맡아 5월 광주항쟁 기간에 전두환 일파의 '신군부'가 저지른 학살과 만행에 항의하는 전국 언론인들의 제작거부 투쟁에 앞장서셨다.

1987년의 6월항쟁이 노태우의 기만적 '6·29 선언' 때문에 민주화를 위한 혁명으로 진화하지 못했을 때 동아·조선투위, 80년해직언론인협의회 구성원들을 중심으로 '새신문 창간' 작업이 시작되었다. 그들은 송건호 선생을 대표로 모시고 국민주 모금운동을 펼쳐 200억 원에 가까운 기금으로 1988년 5월 하순 한겨레신문(현재 한겨레)을 창간하는 데 성공했다. 송 선생은 초대 사장으로 선임되셨고, 김인한 선생은 교열부장을, 김태홍 선생은 판매국장을 맡으셨다. 한겨레신문은 대중의 폭발적 성원에 힘입어 단기간에 진보언론의 기수가 되었다. 송 선생은 아들·딸뻘인 젊은이들과 함께 성심을 다해 신문제작에 온갖 정성을 기울이셨다. 김인한 선생이 돋보기를 쓰신 채 한겨레신문 시험 제작판의 교열대장을 보시던 모습이 지금도 눈에 선하다. 김태홍 판매국장은 부수 확장을 위해 전국을 누비고 다니셨다.

그러나 안타깝게도 세 분은 천수를 누리지 못하고 세상을 떠나셨다. 송건호·김태홍 선생은 전두환 정권의 고문과 탄압, 그리고 옥살이 후

유증인 난치병으로 작고하셨다. 송 선생은 파킨슨 병으로 여러 해 동안 병상에서 신음하시다가 운명하셨고, 김 선생은 루게릭 병으로 두어 해 넘도록 기동을 못 하시다가 세상을 떠나셨다. 김인한 선생은 한겨레신문 창간 작업에 참여하셔서 교열부원들과 함께 밤늦도록 일하시다가 창간호를 보시지도 못하고 작고하셨다. 100킬로 가까운 거구로 두주불사하시던 분이 그렇게 허망하게 우리 곁을 떠나신 것이다.

성유보 선생은 앞의 세 분과 함께 한겨레신문 창간을 주도하셨다. 편집위원장, 논설위원으로 일하시면서 한겨레 초창기에 신문의 발전에 크게 공헌하신 성 선생은 언론인일 뿐 아니라 민주·통일운동가이시기도 했다. 그분은 언협 초기부터 실행위원으로 일하시면서 한국 언론사의 신화가 된 「말」지 창간에 앞장서시는가 하면 제작을 주도하기도 하셨다. 그뿐 아니라 1985년 3월 말에 결성된 전국 운동체인 민주통일민중운동연합(민통련)의 사무처장으로서 6월항쟁을 선도하셨다. 성 선생 역시 앞의 세 분처럼 난치병으로 세상을 떠나셨다. 2014년 여름부터 박근혜 정권 퇴진을 위한 국민운동체 건설 논의에 적극 참여하시던 성 선생은 그해 10월 초순 입원 하루 만에 돌아가셨다. 박정희 정권이 '용공단체'로 조작한 '청우회 사건', 동아투위 위원 10명이 긴급조치 9호 위반 혐의로 구속된 '민권일지 사건' 등으로 고문에 시달린 뒤 옥고를 치른 것이 결국 지병이 되어 치료도 제대로 받지 못한 채 작고하신 것이다.

1984년 12월 창립된 언협은 서울 마포경찰서 건너편 자동차 수리장 부근 허름한 건물 2층에서 셋방살이를 하고 있었다. 언협 사무실은 동아·조선투위와 80년해직언론인협의회 사람들, 그리고 진보적 출판인들로 북적거렸다. 그 한가운데는 거의 언제나 송건호 의장이 자리를 잡고 앉아 계셨다. 어눌한 듯하면서도 재담가인 김태홍 선생은 살벌한 군사독재 시기에 주눅이 들기 십상이던 동지들을 자주 웃게 만드셨다. 김인한 선생은 해거름이 되면 후배들과 사무실 근처의 소줏집으로 가서 정담을 나누며 잔을 주고받곤 하셨다.

  이제 우리 곁에 계시지 않지만, 네 분의 넋은 민주언론운동의 역사와 현실 안에 터를 잡고, 자유언론과 공정방송이 실현되어 진정한 민주정부를 수립하고 민족통일을 이루는 데 앞장서기를 염원하고 계실 것이다.

아직도 계속되는 어둡고 긴 터널

신홍범_전 조선자유언론수호투쟁위원회 위원장/출판인

1984년 12월은 그야말로 '춥고 어두운 겨울'이었다. 걸핏하면 사람들이 끌려가 고문당하고 감옥으로 갔다. 무엇보다 '말'을 하게 되어 있는 사람이 말을 할 수 없었다. 도청 때문에 전화도 맘 놓고 할 수 없었고, 밖에서도 주위를 살피며 낮은 목소리로 말해야만 했다. 사람이 '사회적으로 나누는 말'인 언론은 재갈이 물린 채 죽어 있었다. 모든 신문의 기사가 똑같았다. 제목도, 크기도, 위치도, 내용도 같았다. '민주언론운동협의회(언협)'의 창립 선언문대로 '언론을 박탈당한 캄캄한 암흑시대'를 살고 있었다. 이런 야만적인 시대적 상황 속에서 '언협'이 탄생했다. 모든 국민(시민)이, 언론이 마음 놓고 '말'을 할 수 있는 '자유언론'의 세상을 열어보자는 것이 창립 목표였다.

한 단체가 33년의 풍상을 견디고 여전히 초지일관 활동을 계속해오고 있으니 놀라운 일이다. 당시 언협에 참여한 사람치고 이 단체가 이토록 오랜 세월 살아남을 것이라고 상상한 사람은 거의 없었을 것이다. 독재정권의 탄압을 받아 머지않아 박살이 나든지, 다행히 살아남더라도 민주화된 세상이 오면 필요 없는 단체가 될 것이라고 생각했을 것이다.

한국 사회에서 30년의 역사를 지닌 운동단체는 손가락으로 꼽을 정도다. 더구나 민언련처럼 외부의 도움 없이 시민 회원들의 정성 어린 회비로만 운영되는 '순결한' 단체는 많지 않다. 이런 깨끗한 혼魂에서 나오는 목소리이기에 그 말에 힘과 권위가 있다.

민언련이 30년에 걸쳐 외치며 싸워왔건만, 우리가 염원하는 자유언론의 세상은 아직도 먼 곳에 있다. 옛날이나 지금이나 언론과 권력은 하나가 되어 있다. 다른 점이 있다면 옛날엔 독재권력의 강제성이 있었던 데 비해 지금의 언론은 '자발적으로' 권력과 하나가 되었다는 점이다. 권력을 감시하고 비판해야 할 언론이 정치권력, 경제(자본)권력과 하나가 되어 나라를 지배하고 있는 것이 문제의 핵심이다. 이런 언론은 '언론'이 아니다. 그런데 안타까운 것은 이 '사이비 언론'을 언론으로 착각하고 있다는 점이다. 다수의 국민은 물론이고 언론 종사자 자신조차도 그것을 깨닫지 못한 채 환상 속에 잠들어 있다. 이 환상부터 깨부수는 일이 우리 언론운동의 큰 과제라고 본다.

싸움의 양상이 더욱 복잡해지고 교활해진 만큼 우리의 운동방식도 차원이 달라져야 할 것으로 생각된다. 더 많이 연대하고 더 많이 쇄신하고 더 좋은 지혜를 모아 주시기를 감히 청해본다. 민언련의 오늘이 있기까지 자신을 희생하여 이곳에 꽃다운 젊음을 바친 고 성유보 선생과 김태홍 선생을 비롯한 그 옛날의 여러분에게, 그리고 열악한 조건 속에서도 거침없이 선한 싸움을 계속하고 있는 오늘의 젊은 일꾼들에게 감사와 경의를 표하고 싶다.

현대 언론운동의 생생한 언론투쟁사

현이섭_80년해직언론인협의회 공동대표

우리나라 현대 언론운동사의 생생한 기록인 민주언론시민연합 30년
사 I 『민주언론, 새로운 도전』 발간을 축하합니다. 특히 언론을 장악
해 헌법 유린과 국정농단을 자행한 박근혜 정권에 저항하는 미증유의
촛불 시민혁명이 진행되고, 6·10 민주항쟁 30주년이 되는 해에 출간돼
더욱 뜻깊다 하겠습니다. 이는 언론민주화와 진정한 민주주의의 실현
을 추구하는 민주언론시민연합의 창립정신과 그 궤를 같이하기 때문
입니다.

민언련이 걸어온 길은 가시밭길 그 자체였습니다. 민언련은 박정희
유신독재 철권통치에 맞서다 쫓겨난 조선·동아 투위와 광주민중항쟁
을 살인적으로 진압한 전두환 신군부에 저항하다 강제 해직된 80년해
직언론인협의회, 그리고 진보적 출판인들이 모여 죽어가는 언론을 살
리기 위해 만든 민주언론운동협의회(언협)를 모태로 하고 있습니다. 모
든 자유를 자유롭게 하는 언론자유는 민주주의의 바탕이며, 알권리를
보장하고 민주주의를 발전시키는 기초적인 기본권입니다.

민언련은 권력과 거대 자본에 복무하는 조선-중앙-동아일보 등 제

도언론의 개혁운동을 줄기차게 펼쳐왔습니다. 또한 힘 있고 가진 자들의 기득권 편에서 보도하는 언론에 맞서 힘없고 가난한 소외계층을 대변하는 매체인 「말」지를 만들어 언론운동과 병행함으로써 참 언론에 목말라하던 민중들의 사랑을 받았습니다. 「말」지는 '보도지침'을 폭로해 전두환 정권의 언론통제 실상을 낱낱이 파헤쳐 군부독재의 민낯을 국민들에게 널리 알렸습니다. 이런 언론운동의 성과물은 한겨레신문을 창간하는 데 밑거름이 되었습니다.

하지만 '이명박근혜' 정권을 거치면서 조중동 등 족벌언론들의 권언유착과 재벌그룹 등 기득권층을 옹호하는 이들 언론의 보도행태로 언론환경은 처참하게 망가졌습니다. 군부독재 시대의 후진국 언론으로 역진하면서 이 땅의 민주주의는 민언련이 창립되던 30년 전 그 시대로 역사의 수레바퀴가 굴러가는 참담한 현실을 맞고 있습니다. 박근혜 정권은 KBS와 MBC 등 공영방송에 낙하산 사장을 투하해 교사스런 방식으로 언론을 장악하고 청와대 방송으로 무력화시켰습니다. 언론이 세월호 참사의 진실을 묵살하자 국민들은 기자들을 '기레기'라고 조롱했으나 공영방송의 언론 부역자들은 국민의 알 권리를 원천봉쇄하고 있습니다. 희대의 국정농단 사건인 '박근혜-최순실 게이트'는 권력과 자본을 감시하고 비판하는 언론이 바로 서면 나라가 바로 서고, 언론이 통제되고 언론 스스로 권력과 자본에 종속될 때 나라가 위기에 처할 수 있다는 통절한 교훈을 일깨워주고 있습니다.

민주언론시민연합 30년사 I 『민주언론, 새로운 도전』은 간난신고의 길을 걸으면서도 불의한 언론을 개혁하려는 불퇴전의 용기와 빛나는 성취를 이룩한 민언련의 발자취입니다. 이 책을 펴낸 민언련 관계자들과 6천여 회원들께 축하의 말씀을 드립니다.

촛불을 일궈낸 언론투쟁사

김승균_전 인문사회과학서적 출판인모임 대표

2016년 10월 초부터 시작된 박근혜 정권 퇴진 촛불 시위는 초기에는 무척 나약해 보였습니다. 한 송이, 한 송이 들꽃들처럼 연약해 보였지만 1천만 불꽃을 넘어 2천만 촛불을 이루자 한 알의 불씨가 요원을 태우듯 드디어 가증스러운 박근혜 정권을 무너뜨리는 탄핵을 쟁취하고 새 사회 건설의 대선을 앞두고 있습니다.

304명 생명을 앗아간 세월호 사건, 백남기 농민의 물대포 살해사건, 사드 도입 반대운동, 박근혜·최순실 국정농단과 망국적 국정 파탄은 민중들을 격분시켰으며 빈익빈 부익부, 초유의 실업대란 등 경제 파탄은 희망을 잃은 청년들이 촛불을 들게 하였고, 온 국민이 손에 손에 촛불을 들고 눈보라 몰아치는 영하 10도가 넘는 엄동설한에도 광화문 거리에 나서게 하고 있으며, 이들은 노여움이 머리끝에 닿아 청와대로 청와대로 질주하고 있습니다.

민중은 박근혜 정권의 퇴진만 요구하는 것은 아닙니다. 낡은 지난날의 체제를 몽땅 제거하고 사람이 사는 세상으로 바꿀 것을 요구하고 있습니다.

개혁이 아니라 혁명을 요구합니다. 따라서 새로운 체제는 지난날의 영속을 끊어내는 것입니다. 부정부패가 판을 치고 실업자가 길거리를 메우고 직장이라야 몇 푼 되지 않는 비정규직에 아침 일찍부터 밤늦게까지 일자리에 붙들려 있는 인간 지옥을 벗어나게 해달라는 것입니다.

격동하는 국제 정세는 트럼프 신임 미국 대통령, 시진핑 중국 국가주석, 푸틴 러시아 대통령, 아베 일본 총리, 북한의 김정은 위원장이 각축을 벌이며 강대강의 마찰을 빚고 있어 일순간에 평화가 무너지지 않을까 우려되는 누란의 위기에 처해 있습니다. 마치 구한말의 정세와 흡사한 상황이어서, 미국에 의존하여 전시작전권을 미국에 맡기고 미국이 우리의 안보를 책임져줄 것이라고 믿어왔던 우리에게 심각한 우려를 갖게 합니다. 언론이 정신을 바짝 차려야 합니다. 이번 박근혜 국정 파탄 사건도 초기에는 JTBC의 혁혁한 공로로 시작되었습니다.

우리는 언론의 시대적 역할에 대해 다시 한번 각성을 해야 하겠습니다.

우리의 언론사는 반제 민족운동과 반봉건 민주주의 투쟁을 떠나서 존재할 수는 없습니다.

일제의 언론탄압과 이승만 정권, 박정희 정권, 전두환·노태우 정권, 박근혜 정권에 이르기까지 실로 언론은 탄압과 저항으로 이어진 형언키 어려운 고난의 역사였습니다. 그중에서 민언련 30년 역사는 가장 혹독한 탄압과 저항의 시기였다고 말할 수 있습니다. 창립 30주년을 맞은 민언련이 창립 과정과 초기 활동을 정리하여 언론 투쟁의 발자취를 더듬어보고 앞으로의 과제를 제시하고자 심혈을 기울여 작업을 해왔는데 드디어 그 성과물인 민주언론시민연합 30년사 I 『민주언론, 새로운 도전』을 내놓게 된 것을 진심으로 축하합니다.

차례

서문

　1984년 12월 19일. 70~80년대 해직기자들과 출판인들이 민주언론운 동협의회(언협)를 만들었다. 그로부터 30여 년이 흘렀다. 단체 이름은 민주언론시민연합(민언련)으로 바뀌었다. 하는 일과 사람들도 조금 달 라졌다.

　언협 초기는 '말'의 시대였다. 모든 제도언론이 침묵할 때 언협은 세 련된 대항매체 「말」을 만들어 국민에게 진실을 알렸다. '보도지침'을 폭로해 흔들리던 전두환 정권에 치명타를 날리기도 했다. 90년대 들어 언협은 언론단체이자 시민단체로 변모했다. 일반 시민들이 회원으로 참여하기 시작했고 언론 감시, 언론정책 감시가 핵심 활동이 되었다. 2000년 이후 회원은 1,500여 명까지 늘었는데 그중 80% 정도가 일반 시민이다. 언협과 「말」지를 만들었던 해직기자들은 언론운동의 원로이 자 시민단체 민언련의 지도부로 참여하고 있다. 그들 가운데 일부는 세 상을 떠나 역사 속에 남았다.

　시간이 흐르고 하는 일과 사람들이 달라졌지만 언론운동단체로서 민언련의 본질은 바뀌지 않았다. 이 책의 목적은 민언련 초기라 할 수 있는 1988년까지의 역사를 통해 언론단체로서의 근본정신을 되짚는 것이다. 아울러 한국사회가 민주화되는 과정에서 민언련을 만든 사람들, 그리고 민언련은 어디쯤에 있었던 것인지도 살펴보려 한다.

민주화는 억압하는 권력과 저항하는 세력의 상호작용 과정이자 결과다. 박정희 유신독재 아래서도, 전두환 군부독재 아래서도 저항은 끊이지 않았고, 마침내 6월항쟁으로 이어졌다. 70년대는 학생과 지식인, 종교인 등 이른바 재야세력이 저항을 주도했다. 80년대 들어서는 노동자, 농민, 도시빈민 등 기층민중의 저항이 급격하게 확대된다. 민언련의 역사는 이 거대한 민주주의 투쟁 과정에 온전하게 녹아들어 있다. 시대가 요구한 일을 거부하지 않고 언론 분야에서 가장 치열하게 싸우는 사람들. 그들의 이야기가 바로 민언련의 역사이고, 그들의 정신이 곧 민언련의 근본정신이다.

시작은 언협이 창립된 1984년보다 조금 더 거슬러 올라간다. 민언련의 뿌리라 할 수 있는 70년대 해직기자들의 언론자유투쟁부터 기록된다.

지금은 언론운동의 원로가 된 사람들의 젊은 시절 이야기가 1장이다. 그들은 당대 최고의 엘리트 집단이었다. 박정희 정권의 비위를 거스르지 않는다면 큰 어려움 없이 살 수 있었고, 마음먹기에 따라 출세의 기회를 얻을 수도 있었다. 그러나 이들은 다른 길을 갔다. 독재권력과 권력에 결탁한 사주에 맞서 해직과 구금, 폭력을 무릅쓰고 언론자유투쟁을 벌였다. 나아가 이들은 반유신운동, 반독재민주화운동과 만난다. 유신독재의 탄압 아래 '민주화 없이 언론자유 없다'는 인식 확장이 이루어졌고, 언론자유운동은 반독재민주화라는 시대의 요구에 부응하게 되었다.

1979년 10월 26일 박정희의 죽음으로 유신독재가 끝나고 민주화운동 세력은 '서울의 봄'이라 불리는 짧은 시기의 열린 공간을 얻었다. 그러나 1980년 5월 전두환 신군부는 광주 시민을 학살하고 정권을 찬탈했다. '서울의 봄' 기간 언론통제를 벗어나 보려 했던 기자들, 광주항쟁의 진실을 한 줄이라도 보도하려고 고군분투했던 기자들은 신군부의 권력 장악 이후 모두 쫓겨났다. 이들 중 가장 거세게 저항했던 일부가 70년대 선배 해직기자들과 함께 언협의 주축이 된다.

2장에서는 신군부 아래 벌어진 언론인 대량해직 사태와 70~80년대 해직기자들이 만나 언협을 만드는 과정을 담았다. 그들이 어떤 조건에서 언론운동 전문 조직을 만들 수 있었는지, 왜 언협을 만들었으며 무엇을 하려 했는지, 실제로 무엇을 해냈는지에 관한 이야기다.

전두환 정권 아래 언론은 없었다. 1980년 전두환을 '구국의 영웅'으로 추켜세웠던 신문들은 말할 것도 없고 방송은 '땡전뉴스'로 불릴 만큼 나팔수 노릇에 충실했다. 광주항쟁의 충격은 민주화운동 세력의 저항 양상을 급진적으로 바꾸어 놓았고, 노동자, 농민 등 민중들의 저항도 점점 거세졌지만 어떤 언론도 진실을 보도하지 않았다. 정권에 조금이라도 불리하거나 비판적인 내용이 담긴 출판물도 탄압을 받았다. 정간, 폐간, 압수, 출판인 구속 등 모든 수단이 동원됐다. 언론이 제구실을 못하자 민주화운동단체들은 스스로 매체를 만들어 목소리를 냈다. 하지만 이런 매체로 제도언론에 맞서기는 역부족이었다.

언론다운 언론을 향한 갈망이 어느 때보다 컸던 그때 언협이 탄생했다. 해직기자들과 출판인들은 새 언론 창설, 모든 언론의 민주화, 사회

민주화를 목표로 조직을 결성했다. 그리고 여기에 학생운동 출신의 젊은 활동가들이 결합하게 된다. 이들은 '광주항쟁의 세례'를 받아 운동에 대한 헌신성과 자부심이 높았다. 세대도 이념도 달랐던 해직기자들과 젊은 활동가들의 만남은 언협의 미래를 준비하는 일이기도 했다.

초창기 언협의 가장 중요한 사업은 국민에게 진실을 알리는 매체를 만드는 일이었다. 1985년 6월 언협은 「말」 창간호를 세상에 내놓았다. '민주·민족·민중언론을 향한 디딤돌'이라는 부제를 달았다. 「말」지를 거쳐 완전한 민주·민족·민중언론으로 나아가겠다는 의미였다. 70년대 해직기자들이 '자유언론'을 걸고 싸웠던 것에서 언론운동의 목표가 한 걸음 더 나아갔음을 보여준다.

「말」은 폭발적인 인기를 끌었다. 제도언론 못지않은 편집디자인, 해직기자들의 전문성과 균형감각은 '불법매체'였던 「말」지가 대중들에게까지 호응받을 수 있는 요인이었다. 그러나 무엇보다 중요한 것은 「말」지가 보도한 내용 자체였다. 「말」지는 '민주·민족·민중언론'의 지향을 창간호에서부터 분명하게 드러냈다. 서울미문화원 점거농성, 대우자동차 파업, 목동 철거민 투쟁 등 당대 민주화운동에서 가장 중요한 사건들이 오직 「말」지를 통해 정확하게 보도되었다. 통일문제와 한반도정세, 다른 나라의 민주화동향 같은 수준 높은 정보와 고품격의 해설도 「말」지만의 장점이었다. 「말」지의 성공은 각 세대 구성원들의 전문성과 헌신성이 민주주의와 통일, 민중의 권리와 같은 80년대의 시대정신과 결합했기에 가능한 일이었다.

1986년 9월 언협은 한국언론사는 물론 민주화운동사에 기록될만한 '특종보도'를 하게 된다. 「말」 특집호를 통해 '보도지침'의 실체를 폭로한 것이다. 보도지침은 전두환 정권이 문화공보부 홍보정책실을 통해 매일매일 언론사들에 시달한 보도통제 가이드라인이었다. 정권 차원의 보도 가이드라인이 존재한다는 사실은 언론계의 공공연한 비밀이었지만 구체적 증거를 폭로한 것은 처음이었다. 당시 전두환 정권은 말기적 징후를 드러내며 민주화운동 전반에 대한 광포한 탄압에 열을 올리고 있었다. 때문에 언협 내부에서도 보도지침을 폭로할 것인가 말 것인가를 두고 논쟁이 벌어졌다. 폭로 후의 탄압으로 「말」지마저 내지 못할 것이라는 우려 때문이었다. 그러나 언협은 탄압을 감수하고 해야 할 일을 했다. 보도지침이 세상에 나올 수 있었던 것은 개인의 용기, 조직의 결단, 언론운동 역량의 성장, 민주화운동 진영의 연대가 유기적으로 결합된 덕분이다.

3장은 보도지침 폭로와 그 이후의 상황을 담았다. 보도지침 폭로가 국내외에서 어떤 반향을 불러일으켰는지, 언협은 탄압을 뚫고 어떻게 다시 일어섰는지, 법정투쟁의 과정은 어떠했는지 등등이 포함됐다. 아울러 곧이어 터져 나오는 6월항쟁에서 언협은 무슨 일을 했는지, 6월항쟁이 가져온 변화로 인해 언협은 어떤 상황을 맞게 되었는지에 대해서도 다뤘다.

보도지침 폭로로 언협은 사무국장을 비롯한 대부분의 집행부가 구속 또는 수배되었다. 그러나 언협은 조직을 추슬러 「말」지 발행을 재개하고 법정투쟁을 준비했다. 구속자들의 재판은 보도지침 폭로의 정당성과 전두환 정권의 언론통제 실상을 전 세계에 알리는 기회가 되었다. 종교계, 학계를 비롯한 각계에서 이들의 석방 촉구가 이어졌고 해외단체와 미국 하원 등에서도 전두환 정권을 압박하는 서한이 쏟아졌다. 구속자들은 한 치의 주저함도 없이 민주주의와 언론자유에 대한 소신을 피력했고 재판정은 민주주의의 강의실처럼 되었다. 결국 1987년 6월 초 전두환 정권은 구속자들을 집행유예 또는 선고유예로 석방할 수밖에 없었다. 그리고 곧 6월항쟁이 시작된다.

언협의 보도지침 폭로는 전두환 정권에 정치적, 도덕적 타격을 줌으로써 6월항쟁에 기여했다고 할 수 있다. 나아가 6월항쟁 전후 언협은 「말」지와 함께 「말 소식」을 만들어 항쟁의 전개 과정을 보도했다. 이어 12월의 대통령선거까지는 두 매체의 발행주기를 대폭 당겨 발행했다. 제도언론의 편파보도에 맞서 고군분투한 것이다.

김영삼, 김대중 두 야당 후보의 분열로 대선은 민주세력의 패배로 끝났다. 그러나 6월항쟁은 민주화를 거역할 수 없는 흐름으로 만들었다. 언론분야에서도 6월항쟁이 열어준 공간을 통해 새로운 운동이 시작된다. '새 언론 창간' 운동이었다. 해직기자들 일부에서 시작된 새 언론 창간 움직임은 1987년 말부터 본격화되고, 1988년 5월 마침내 한겨레신문 창간으로 결실을 맺는다. 해직기자들의 오랜 꿈이자 언협의 목표이기도 했던 새 언론 창간이 실현된 것이다. 그것도 세계 최초의 국민주신문으로. 언협의 주축이 되었던 해직기자들 대부분은 한겨레신문에서 중요한 역할을 맡게 되었다.

1988년을 기점으로 해직기자들이 주축이 된 '민언련 제1기'는 사실상 끝났다고 볼 수 있다. 이제 언협은 누가 이끌 것이며, 무슨 일을 할 것인가? 6월항쟁이 만든 새로운 환경에서 언협은 새로운 길을 개척해야 했다. 논쟁과 토론, 갈등은 피할 수 없는 일이었다. 그러나 그 속에서 언협은 자신이 가야 할 길을 찾았고 언론운동의 새로운 시대를 열어가게 된다.

1장
유신에 맞선 사람들

'언론자유수호선언'(1971/1973) 이전 주요 사건 연표

1961년			
5월 16일	박정희, 군사쿠데타		
1963년			
2월 27일	박정희, 대선불출마 선언		
3월 16일	박정희, "군정연장 국민투표"	3월	'비상사태수습을 위한 임시조치법'
3월	군정연장 반대운동		
4월 8일	박정희, "국민투표 보류"		
10월 15일	5대 대통령선거(박정희 당선)		
11월 26일	6대 총선(공화당 압승)		
1964년			
3월	대일 굴욕외교 반대 시위		
6월	6·3 사태(한일회담 반대 투쟁)	6월~9월	'언론윤리위원회법' 파동
9월	베트남 파병 개시	1964년~	기관원들의 언론사 출입
1965년			
6월 22일	한일협정 정식 조인	4월	경향신문 강제매각
9월	베트남 전투병 파병	~1966년 1월	
1967년			
5월 3일	6대 대통령선거(박정희 당선)		
6월 8일	7대 총선(공화당 개헌의석 확보)		
1968년			
7월 25일	문화공보부 개청		
11월 3일	삼척울진 무장공비침투 사건	11월	'신동아 필화사건'
1969년			
6월	3선 개헌 반대시위		
9월 14일	공화당, 3선 개헌안 날치기		
10월 17일	3선 개헌안 국민투표(통과)		
11월	고교생 이상 군사훈련 실시		
1970년			
11월 13일	전태일 분신		
1971년			
2월 23일	교육법시행령(대학 교련 필수)		
3~4월	대학가 교련반대 시위 확산	3월 26일	서울대생 '언론화형식'
4월 19일	민주수호국민협의회 결성	4월 15일	동아일보 기자 30여 명
4월 27일	7대 대통령선거(박정희 당선)		'언론자유수호선언'
5월 28일	8대 총선		한국일보, 조선일보 등 확산
7월	사법파동		
12월 6일	국가비상사태 선포	12월	문공부 '프레스카드제' 추진
1972년			
7월	7·4남북공동성명		
10월 17일	비상계엄령 선포		
11월 21일	유신헌법 국민투표(통과)		
12월 23일	통일주체국민회의 대통령선거 (박정희 8대 대통령 당선)		
1973년			
2월 27일	9대 총선		
8월 8일	김대중 납치 사건		
10월	대학가, 유신반대시위	11월~12월	동아일보, 조선일보 등 기자들,
12월 24일	개헌청원100만인 서명운동		제2차 '언론자유수호선언'

저항의 시작, '언론자유수호선언'

무기력한 기자들을 깨우다

"나오라. 사이비언론들이여 나오라. 이 민주의 광장으로 나와 국민과 선배에게 속죄하라. 선배 투사의 한 서린 해골 위에 눌러앉아 대중을 우민화하고 오도하여 얻은 그 허울 좋은 대가로 안일과 축재를 일삼는 자들이여! … 정치문제는 폭력이 무서워 못 쓰고, 사회문제는 돈 먹었으니 눈감아주고, 문화기사는 판매부수 때문에 저절로 치닫는다면 더 이상 무엇을 쓰겠다는 것인가."

_'언론인에게 보내는 경고장' 중

"오늘의 언론은 민중의 지표를 설정하는 지도적 기능은커녕 사실마저 보도하지 않아 보도적 기능까지 몰각하고 있다. 와우 아파트, 정인숙 사건 당시 언론은 무엇을 얼마만큼이나 파헤치고 진실되게 보도했는가. 일부 극소수의 반민족 반민주 행위자들에 대한 사회 고발은 물론 수많은 영세민들의 생활 참상 한 번 진실되게 보도했는가."

_'언론화형선언문' 중

1971년 3월 26일 동아일보사 앞. 서울대 문리대·법정대·상대 학생 20여 명이 몰려와 시위를 벌였다. 이들은 앞서 24일과 25일 교내에서 '언론화형식'을 열어 박정희 정권에 굴종하는 언론의 행태를 비판했다. 그러나 이런 목소리가 단 한 줄도 보도되지 않자 학생들은 다시 동아일보사 앞에서 시위를 벌인 것이다.

이들은 '민중의 소리 외면한 죄 무엇으로 갚을 텐가'라고 쓰인 플래카드를 들고 '언론인에게 보내는 경고장', '언론화형선언문' 등 준비해온 유인물을 뿌렸다. 비록 거친 문장이었지만, 유인물은 박정희 정권의 '채찍과 당근'으로 무력화된 언론 현실을 정확하게 꼬집고 있었다.

"일선기자들의 고생스런 취재는 겁먹고 배부른 부차장 선에서 잘리기 일쑤고, 힘들게 부차장 손을 벗어나면 편집국장 옆에서 중앙정보부원이 지면을 난도질하고 있다니 이것이 무슨 해괴한 굿거리인가."

"동아야 너도 보는가. 하늘 무서운 줄 모르고 올라만 가는 조선의 저 추잡한 껍데기를. 너마저 저처럼 전락하려는가."

학생들의 주장처럼 당시 정보기관 요원들은 언론사에 상주하면서 보도를 통제했고, 권력의 비위를 거스르는 기자는 연행과 불법구금, 폭행 등 물리적 탄압을 받았다. 이런 노골적인 언론통제와 동시에 박정희 정권은 각종 특혜를 베풀어 언론사주와 기자들을 회유, 포섭하기도 했다.

그나마 1960년대 초반까지 언론계는 박정희 정권에 비판적인 목소리를 낼 수 있었다. 그러나 1964년 이른바 '언론윤리위원회법 파동'[1]을 계기로 대부분 언론사가 정권에 백기를 들었다. 남은 곳은 동아일보, 조선일보, 경향신문 정도였는데 박정희 정권이 이들을 그냥 놔두지 않았다. 경향신문은 1965~1966년에 걸쳐 강제 매각되어 친여신문으로 전락했고, 조선일보는 각종 특혜를 통해 기업적으로 성장하면서 권력에 유착했다. 앞서 서울대생들이 지적한 "조선의 추잡한 껍데기"란 조선일보사가 짓고 있던 코리아나 호텔을 일컫는데, 박정희 정권의 대표적인 언론사 특혜 사례로 꼽힌다.[2] 동아일보는 언론계의 '마지막 보루'처럼 여겨졌으나 1968년 이른바 '신동아 필화사건'[3]을 계기로 사실상 박정희 정권에 항복했다. 결국 1960년대를 거치며 굴복이든 자발적 유착이든 모든 언론이 박정희 정권에 순치됐다.

이것이 서울대생들의 동아일보사 앞 시위가 벌어진 1971년 언론계 상황이었다. 학생들은 무기력한 언론을 개탄하는 데에서 나아가 양심적인 기자들의 적극적인 행동을 촉구했다.

"신문은 이미 인적人的으로 동일체성을 상실하고 있으며 거기에는 엄연한 대립 관계가 존재함을 직시하고 과감히 편집권 독립투쟁에 나서라", "자주적인 편집을 방해하는 중앙정보부원을 신문사에서 축출하라"는 등 학생들의 요구는 구체적이었다. 박정희 정권은 물론이고 독재권력에 순응하는 언론사 경영진과 '가짜' 기자들에 맞서 편집권을 찾

---

1. 한일회담반대투쟁이 격렬하던 1964년 박정희 정권은 '언론윤리위원회법' 제정을 밀어붙였다. 언론의 자율적 규제를 강화하기 위해 언론윤리위원회와 언론윤리심의위원회를 둔다는 것이 골자. 실제 목적은 정부에 비판적인 보도를 통제하려는 데 있었다.
2. 1968년 조선일보는 일본으로부터 상업차관 4천만 달러를 지원받아 코리아나 호텔을 지었다. 박정희 정권은 기간산업도 아닌 호텔 신축에 상업차관을 승인해주었다. 당시 국내 금리는 연 26%에 이르렀지만 일본 차관은 연리 7~8%에 불과했다.
3. 「신동아」 1968년 10월호 '북괴와 중소분쟁', 12월호 '차관' 기사를 트집 잡아 편집장과 주간을 반공법 위반으로 구속시킨 사건. 중앙정보부는 석방 조건으로 편집장, 주간, 주필의 퇴사를 요구했고, 동아일보사는 이를 수용했다.

으라는 얘기였다.

시위는 10여 분만에 해산되고, 이 과정에서 학생 4명이 경찰에 연행됐다. 그러나 이날 시위는 1970년대 언론운동의 도화선이 된다. 학생들은 "독재권력 앞에서 침묵과 굴종을 거듭하던 젊은 언론인들의 양심을 쇠망치로 두들기는 충격"[4]을 주었다. 기자들 사이에서는 "우리가 언론보도를 빙자해 범죄를 저지르고 있는 건 아니냐"[5]는 자성과 자책의 목소리가 나왔다.

학생들의 질타에 동아일보 기자들은 즉각 반응했다. 심재택을 비롯해 입사한 지 3년 안팎의 젊은 기자들 중심으로 '언론자유수호선언'을 추진한다. 과정은 순탄치 않았다. 집단행동의 낌새를 눈치챈 김상만 사장과 간부들은 기자들을 '설득'하며 선언을 막으려 했다. 선언문 발표가 예정된 4월 15일 편집국에서 선언대회를 할 수 없게 되자 기자들은 별관 2층 회의실로 장소를 옮겨 '언론자유수호선언'을 발표했다. 이날 선언대회에 동참한 기자는 30여 명이었고 간부 중에서 논설위원 송건호와 사회부장 김중배가 참석했다.[6]

"우리는 수년래 강화된 온갖 형태의 박해로 자율의 의지를 앗긴 채 언론 부재, 언론 불신의 막다른 골목까지 밀려왔다. 작게는 뉴스원의 봉쇄로부터 기사의 경중과 보도 여부에까지 외부의 손길이 미쳤고, 이른바 정보기관원의 상주가 빚어내는 모든 불합리한 사태는 일선 언론인인 우리들에게 치욕과 슬픔을 안겨주었

4. 김종철, 『폭력의 자유』 시사인북, 2013년, 162쪽.
5. 신홍범 인터뷰, 2014년 11월 10일.
6. 동아일보사노동조합, 『동아자유언론실천운동 백서』, 1989년, 25쪽.

다. … 우리는 오늘의 언론 위기의 책임을 전적으로 외부로만 전
가하려 하지 않으며 권리 위에 잠잔 스스로의 게으름을 반성하
려 한다."

_'언론자유수호선언'(1971년 4월 15일 동아일보 기자들) 중

기자들은 선언문을 통해 권력의 보도 개입을 비판하는 한편 자신들
에게도 그 책임이 있음을 자성했다. 나아가 △기자적 양심에 따라 진
실을 진실대로 자유롭게 보도한다. △외부로부터 직접 간접으로 가해
지는 부당한 압력을 일치단결하여 배격한다. △우리의 명예를 걸고 정
보요원의 사내 상주 또는 출입을 거부한다는 결의를 덧붙였다.

동아일보 기자들의 선언은 다른 언론사로 급속히 확산됐다. 4월 16
일 한국일보, 4월 17일 조선일보·중앙일보·대한일보, 4월 19일 경향신
문·신아일보·문화방송 기자들이 '언론자유'를 선언했다. 표현은 조금
씩 달랐지만 권력으로부터의 '부당한 외부 간섭 배격'을 핵심 내용으로
공유하고 있었다.

"취재기자가 학생들로부터 돌팔매질을 받을 만큼 언론이 극단
적인 불신의 대상이 되어도 스스로를 방어할 수 없었다. 심지어
정당한 취재활동을 하던 기자가 기관원으로부터 폭행을 당해도
그 책임이 규명되지 못했으며 정보기관원이 편집국을 수시로 출
입, 신문제작에 굴욕적인 압력을 가해도 이를 배격하지 못한 언론
의 무기력을 자괴하고 이제 우리는 언론본연의 자세를 되찾기 위
해 새출발하려 한다."

_'언론자유선언문'(1971년 4월 17일 조선일보 기자들) 중

기자들의 움직임은 5월초까지 이어져 서울의 7개 일간지, 1개 민방, 2개 경제지, 2개 통신사와 지방의 경남매일, 국제신보 등 모두 14개 언론사 기자들이 언론자유 선언에 동참했다.[7] 5월 15일에는 한국기자협회도 나서 '언론자유수호 행동강령'을 만들어 기자들의 선언을 뒷받침했다. 1971년 4월 15일 동아일보를 시작으로 한 달여 동안 이어진 기자들의 집단행동을 '제1차 언론자유수호선언'(1차 선언)으로 부른다.

　　14개 주요 언론사 기자들이 나섰지만 1차 선언은 눈에 보이는 성과를 내지 못한 채 수그러들었다. 선언 직후 정보기관원들의 언론사 출입이 잠시 주춤했고 시위 기사가 작게라도 실리는 등 '반짝 효과'는 있었다. 그러나 언론 환경은 달라지지 않았다. 정보기관원들의 언론사 출입과 보도통제는 슬며시 되살아났고 기자들에 대한 폭행, 인신구속 등 탄압도 여전했다.

　　"언론에 대한 권력기관의 압력과 간섭은 계속되었고, 언론 경영주들이나 편집간부들의 기회주의적 자세는 조금도 변함이 없었다. 또 일선 기자들도 한때 언론자유를 힘차게 외치기는 하였으나 현실적으로 부딪치는 많은 벽들을 뚫고 갈만한 힘이 없었다. … 1차 언론자유수호운동이 이렇게 허무하게 끝나게 된 것은 당시 언론을 옭아매고 있던 갖가지 탄압장치가 너무도 강고해서 일선기자들의 의욕만으로는 그것을 돌파하기가 현실적으로 매우 어려웠기 때문이기도 하지만 아직 기자들의 의식이 덜 성숙했고 운동이 비조직적이었기 때문이기도 했다."[8]

　　1차 선언은 말 그대로 '선언'에 그쳤다. 학생 시위라는 돌발적인 외부

---

7. 박지동, 「1970년대 유신독재와 민주언론의 말살」, 『한국언론 바로보기』, 다섯수레, 1989년, 359쪽.
8. 동아자유언론수호투쟁위원회, 『자유언론』, 해담솔, 2005년, 73쪽.

압박에 반응한 것이기 때문에 조직적으로 준비된 싸움이 아니었다. 그러나 이 선언은 박정희 정권이 모든 언론을 순치했다고 생각했던 시기에 다시 시작된 기자들의 저항이었다. 나아가 장차 유신독재와 양심적인 언론인들의 정면충돌을 예고하는 사건이기도 했다.

'1차 선언'의 사회정치적 배경

박정희 집권 18년은 크게 두 시기로 나뉜다. 1972년 10월 유신쿠데타 이전과 이후다. 유신개헌으로 박정희는 종신 집권의 길을 텄고 유신헌법과 박정희에 대한 어떠한 비판도 금지됐다. 언론통제가 한층 강화되었음은 물론이다.

그러나 유신독재 아래서도 언론계의 저항은 사라지지 않았다. 오히려 더 조직적인 모습으로 나타난다. 1973년에는 2차, 3차 '언론자유수호선언'이, 1974년에는 동아일보·조선일보 기자들의 '자유언론 실천선언'이 터져 나온다. 나아가 박정희 정권과 사측이 '자유언론 실천선언'에 참여한 언론인들을 해직시키자 이들은 조직을 만들어 싸우고, 일부는 재야인사들과 적극 연대해 반독재 민주화운동 차원에서 언론운동을 확장하게 된다. 이 같은 언론계의 저항은 당시 사회정치적 상황과 유기적으로 연관되어 있다.

1970년대는 박정희 정권의 영구집권 시도와 이에 맞선 재야 민주화운동 세력의 각축이 점점 격렬해지던 때였다. 언론은 그 한가운데 있었다. 박정희 정권은 영구집권의 안정된 기반을 다지기 위해 언론을 자신의 홍보수단으로 전락시켰다. 반면 학생과 지식인, 재야 민주화운동 세력들은 제 구실 못하는 언론을 비난하며 사실보도를 압박했다. 이 압박에 언론계의 양심 세력들이 부응하면서 저항이 일어났고, 반독재 민주화운동 전반이 강화되는 흐름에서 조직적으로 진화해나간 것이다.

1차 선언부터 시작된 1970년대 언론계 저항을 역동적으로 파악하기 위해서는 박정희 정권의 영구집권을 놓고 벌어진 사회정치적 각축을 살펴볼 필요가 있다.

박정희는 1967년 대선에서 "3선 개헌은 절대 하지 않겠다"고 약속하며 재선에 성공했다. 그러나 이미 영구집권의 시나리오는 작동되고 있었고 1969년 '3선 개헌'을 통해 그 1단계가 현실로 드러났다. 박정희는 장차 자신의 절대권력을 뒷받침하기 위한 제도적 장치들도 마련했는

3선 개헌을 반대하며 국회 본회의장에서 철야농성하는 신민당 국회의원들

데, 학생들의 군사훈련 강화도 그중 하나였다.

'3선 개헌' 직후인 1969년 11월부터 고등학생 이상 군사훈련이 실시됐다. 1971년에는 대학생들의 군사훈련이 대폭 강화됐다. 그해 2월 23일 국무회의에서 교육법 시행령 개정안이 통과됐는데, 이에 따르면 학생들은 71시간의 교련을 받아야 대학을 졸업할 수 있었고 교관도 현역으로 교체되었다.

교련교육에 대해 박정희 정권은 확고한 국가관 정립과 투철한 안보의식 확립 등을 명분으로 내세웠으나, 실제로는 군사교육을 통해 정부의 시책을 따르는 온순한 학생을 양성해 학원을 순화하는 것이 그 목적이었다.[9] 당시 학생운동은 1964년 한일회담반대 투쟁, 1967년 6·8 총선 부정선거규탄 시위, 1969년 3선 개헌 반대운동을 거치며 박정희 정권의 가장 큰 위협 세력으로 떠오르고 있었다. 박정희 정권은 교련 강화로 학생들을 '순화'하려 했지만 학생들의 저항은 격렬했다. 1971년 학기가 시작되자마자 대학가는 '교련철폐 투쟁'으로 들끓었다. 그러나 대학생들의 교련반대 투쟁을 제대로 보도하는 언론은 한 곳도 없었다.

1971년 1차 '언론자유수호선언'을 이끌어낸 서울대생들의 동아일보사 앞 시위는 바로 이 교련철폐 투쟁 과정에서 나온 것이다. 1차 선언의 직접적 계기가 된 것은 3월 26일 시위였지만 그 외에도 언론문제를 지적하는 목소리는 대학가 곳곳의 교련철폐 투쟁과 함께 쏟아졌다. 나아가 학생들의 언론 성토는 종교계·학계·문화계 등으로도 번졌다. "언론에 대한 이러한 질타는 기자들의 양심에 커다란 충격을 주고 부끄러움을 안겨주었으며, 이대로 있을 수만은 없다는 각성을 불러일으

9. 조희연, 『박정희와 개발독재시대-5·16에서 10·26까지』, 역사비평사, 2007년, 104쪽.

제7대 대통령 선거에 출마한 김대중 신민당 후보의 유세 모습

컸다."[10]

　언론을 향한 비판 목소리가 확산된 배경에는 다가오던 대통령선거
도 있었다. 1971년 4월 27일은 제7대 대통령 선거일이었다. 박정희가 '3
선 개헌'을 통해 또다시 출마하는 선거였고, 영구집권의 교두보가 될
선거였다. 당시 정가에서는 박정희가 당선되면 "더 이상 선거는 없을
것"이라는 전망이 나오고 있었다. 한편 박정희에 맞선 신민당 김대중
후보는 '김대중 바람'을 불러일으키며 정권을 긴장시켰다. 박정희 정권
의 대대적인 부정선거가 예상되는 상황에서 학생운동, 재야 민주화운
동 진영은 부정선거 저지에 힘을 쏟았다. 재야인사들은 4월 8일 '민주

10. 조선자유언론수호투쟁위원회, 『자유언론, 내릴 수 없는 깃발』, 두레, 1993년, 29~30쪽.

수호선언'을 발표하고, 4월 19일 '민주수호국민협의회'를 발족시켜 대대적인 선거참관운동을 벌이게 된다.

이처럼 박정희의 영구집권을 막느냐 못 막느냐 하는 절체절명의 상황에서도 언론은 전혀 제 구실을 못 하고 있었다.

"이후락 정보부의 또 다른 주요 임무는 김대중 연설 청중 숫자에 관한 보도통제였다. 차장보 등은 직접 동아일보를 드나들며 연일 김대중의 유창한 웅변에 쏠리는 인파가 보도에 부각되지 않도록 노력했다. 그 바람에 4·27 선거를 열흘 앞두고 기자들의 불만이 폭발, '정보요원의 신문사 출입금지', '정보부의 언론간섭 중지'를 결의하는 사태가 빚어지기도 했다."[11]

대선을 앞두고 박정희 정권의 언론통제가 얼마나 철저했는지 알 수 있는 대목이다. 최소한의 사실보도조차 가로막힌 상황에 대해 기자들은 기자들대로, 국민들은 국민들대로 불만이 쌓이는 것이 당연한 일이었다.

비록 선언에 그쳤지만 엄혹한 통제를 뚫고 동아일보 기자들의 '언론자유수호선언'이 나오고, 이 선언이 한 달여 동안 14개 언론사와 한국기자협회로 이어진 것은 박정희 정권과 민주화운동 진영, 언론계 사이의 탄압과 저항이 역동적으로 작용한 결과였다. 그리고 이런 탄압과 저항의 상호작용은 유신쿠데타 이후 더 첨예하게 나타날 수밖에 없었다.

11. 김충식, 『정치공작사령부 남산의 부장들1』, 동아일보사, 1992, 301쪽 / 강준만 『한국현대사 산책-평화시장에서 궁정동까지1』, 인물과 사상사, 2002년, 134쪽에서 재인용.

유신쿠데타와 언론의 암흑기

1971년 대선 결과는 박정희 정권에 큰 충격을 주었다. 박정희는 관권·부정선거의 지원을 받고도 신민당 김대중 후보에 겨우 94만여 표 차이로 당선됐다. 게다가 5월 25일 치러진 8대 총선에서 공화당은 과반 의석(113석)을 차지했지만 신민당이 약진(89석)하면서 개헌의석은 확보하지 못했다. 이제 쿠데타와 같은 방법이 아니고서는 박정희가 또 집권을 연장할 방법이 없어진 것이다.

박정희 정권에 대한 각계의 저항도 거세졌다. 연초부터 시작된 대학생들의 교련철폐 투쟁은 부정선거 규탄, 학원 자유 수호 투쟁 등 반정부시위로 증폭됐다. 8월에는 서울대를 필두로 전국 각 대학의 교수들까지 합세해 학원 자주화선언을 하고 나섰다. 7월에는 사법권 침해에 반발해 소장 판사 100여 명이 사표를 내는 이른바 '사법파동'까지 일어났다. 급속한 산업화와 경제발전 과정에서 비롯된 사회문제들이 터져 나오기도 했다. 8월에는 광주대단지(지금의 성남시)에서 철거민 등 5만여 명이 폭동을 일으켰고, 9월에는 베트남으로 파병되었던 한진상사 노동자 400여 명이 체불임금 지급을 요구하며 KAL 빌딩을 점거, 방화하는 사건도 벌어졌다.

경제적으로는 불황의 징후들이 나타났고, 대외적으로는 '닉슨 독트린'이 가시화되면서 박정희 정권을 더욱 불안하게 만들었다. 중국과 급속한 관계개선을 추진하던 미국은 7월 중국의 닉슨 대통령 초청을 수락해 '1972년 5월 이전 방중'을 발표했다. 이어 10월에는 중국이 대만을 축출하고 유엔에 가입하게 된다.

반공과 경제성장을 내세워 억압체제를 지탱해오던 박정희 정권은 안팎으로부터의 위기를 폭력적으로 돌파했다. 박정희 정권은 10월 15일 서울 지역에 위수령을 내려 대학가부터 진압했다. 이에 따라 시내 10개 대학에 무장군인이 진주하고 주요 대학에는 무기한 휴업령이 내려졌다. 1,889명이 연행됐고, 74개 서클이 해체됐으며, 7개 대학 학생회 기능이 정지됐다.[12] 11월 12일에는 중앙정보부가 이른바 '서울대생 내란 예비음모 사건'을 터뜨려 공안 분위기를 고조시켰다.

이어 12월 6일 박정희 정권은 '국가비상사태'를 선포한다. 박정희는 중국의 유엔 가입을 거론하며 "안보상 취약점이 될 일체의 사회불안을 용납하지 않을 것"이라고 강조했다. 12월 27일 새벽에는 '국가보위에 관한 특별조치법'을 국회에서 날치기로 통과시켰다. 이 법은 국가비상사태를 소급해 법적으로 뒷받침하면서 집회 및 시위의 규제, 국론을 분열시킬 수 있는 문제에 관한 언론 및 출판의 규제, 근로자의 단체교섭권 및 단체행동권의 규제 등이 가능한 비상대권을 박정희에게 부여했다. 이 조치를 어기는 사람은 1년 이상 7년 이하의 징역에 처할 수 있었다.[13]

'언론자유수호선언'으로 잠시나마 저항의 목소리를 냈던 언론계는 다시 위축됐고, 언론사주들은 언론통제 정책에 협조했다. 박정희 정권은 출입기자실과 출입기자들을 대폭 줄이고, '프레스카드제'를 밀어붙였다. 프레스카드제는 정부가 기자의 자격을 심사해 일종의 '보도허가증'을 발급하겠다는 극단적인 기자통제 방식이었다. 12월 13일 윤주영 문공부장관이 신문협회 등 언론단체에 공한을 보내 프레스카드제 실

---

12. 민주화운동기념사업회, 『한국민주화운동사 연표』, 2006년, 224쪽.
13. 한홍구, 『유신-오직 한 사람을 위한 시대』, 한겨레출판, 2014년, 36쪽.

시 방침을 밝히자, 신문협회는 즉각 "환영" 입장을 밝혔다. 나아가 신문협회는 17일 지방주재기자, 지사·지국의 대폭 감축까지 담은 '언론자율에 관한 결정사항'을 발표해 박정희 정권에 화답했다.[14]

무소불위의 권력을 '법적'으로 보장받고, 언론인 한 사람 한 사람까지 통제하는 시스템을 만든 박정희는 유신쿠데타로 나아갔다. 1972년 10월 17일 박정희 정권은 '10·17 특별선언'을 발표해 국회를 해산하고 모든 정당의 정치활동과 헌법의 일부 효력을 정지시켰다. 전국에 비상계엄이 선포됐고, 비상국무회의가 효력이 정지된 헌법 기능을 대신했다. 10월 27일 '조국의 평화통일을 지향하는 헌법개정안', 즉 유신헌법이 공고되고 11월 21일 국민투표가 실시됐다.

이 기간 동안 신문과 방송은 유신헌법의 충실한 홍보기관 역할을 했다. '지지하자 10월유신 참여하자 국민투표', '내 한표로 10월유신 내 힘으로 남북통일' 같은 정권에서 내려 보낸 노골적인 홍보 표어를 매일 6단 크기로 싣기도 했다. 이런 분위기에서 치러진 국민투표 결과는 91.9% 투표율에 91.5% 찬성이었다.

유신헌법에 따라 대통령은 '통일주체국민회의' 대의원들이 뽑게 되었고, 대통령은 국회의원 정수의 1/3에 해당하는 국회의원을 임명할 수 있었다. 나아가 유신헌법은 대통령에게 자유재량에 따른 긴급조치권, 국회해산권 같은 초헌법적 권한을 부여했다. 12월 23일 장충체육관에서 박정희는 통일주체국민회의 대의원 99.99%의 지지로 대통령에 당선됐다. 일인독재와 종신집권을 보장하는 유신체제가 완성된 것이다.

---

14. 프레스카드제는 1972년 2월부터 실시됐는데, 기자 수를 대폭 감축시키는 결과를 낳았다.

유신체제의 폭압적 분위기 때문에 유신쿠데타로부터 1973년 10월경까지 학생운동, 재야 민주화운동은 소강국면을 맞았다. 언론계도 그야말로 암흑기였다. 정보기관원들의 보도통제와 간섭, 언론인의 연행 등은 더 노골적으로 이뤄졌다. 구조적인 통제도 강화됐다. 유신을 전후로 추진된 언론통폐합으로 1973년 상반기에 동화통신, 대한일보 등이 폐간되고 다수의 지방신문들이 폐간되거나 통합되었다. 유신정권은 방송법에도 손을 댔다. 1973년 2월 개정된 방송법은 각 방송국에 심의실을 두어 프로그램을 사전 심의하고 그 결과를 한 달에 한 번 문공부 장관에 보고하게 하는 등 방송통제를 강화하는 내용을 담았다. 유신체제 수립 후 처음 있었던 1973년 초의 문공부 초도순시에서 박정희는 '요즘 우리나라 언론의 논조가 건전한 방향으로 움직이고 있다는 점을 기쁘게 생각한다'고 말했다.[15] 박정희를 만족시킬 만큼 언론은 통제되었고 언로는 철저하게 막혀 있었다.

'국민의 알 권리' 등장한 '2차 선언'

유신체제에 균열을 낸 것은 1973년 8월 '김대중 납치 사건'이었다. 국내외에서 유신체제에 대한 공분이 일어났고, 10월이 되면서 대학가에 반유신 시위가 벌어지기 시작했다. 10월 2일 서울대 문리대 학생회가 유신체제 1년 만에 첫 시위를 벌였다. 시위는 서울대 법대, 상대로 번졌고, 고려대에서는 학생 300여 명이 시한부 동맹 휴학을 결의하기도

---

15. 박지동, 위의 책 369쪽.

했다.

그러나 학생들의 반유신 시위는 10월 8일이 되어서야 처음으로 보도됐다. 동아일보에 실린 이 기사는 '서울대생 21명이 학내 시위로 구속됐다'는 수사당국의 발표가 주된 내용이었다. 그나마 이 기사가 나갈 수 있었던 것은 동아일보 기자들이 철야농성까지 하면서 싸웠기 때문이다.

"동아일보에선 10월 4일과 5일 이틀 동안 조판 과정까지 7면 한 구석에 1단짜리 기사로 실렸다가 중앙정보부의 기사교체 강요로 인쇄 과정에서 결국 송두리째 깎여버리고 말았다. 기자들은 울분을 억누를 길이 없었다. 이심전심으로 '이대로 보고만 있을 수는 없다'는 분위기가 고조됐다. 10월 7일, 입사 4년에서 7년차의 젊은 기자 50여 명은 보도할 가치가 있는 기사를 누락시킨 데 대해 항의하는 뜻으로 하룻밤만이라도 편집국 안에서 철야농성을 벌이기로 하고, 이를 실행에 옮겼다. 동아일보 사상 처음으로 기자들이 신문제작에 대한 불만을 표출하기 위해 벌인 집단행동이었다. 이날 철야농성에 참여한 기자들은 향후에도 보도할 가치가 있는 기사가 누락될 때는 언제나 철야농성을 벌이기로 결의했다."[16]

학생들의 반유신 시위 보도로 다시 시작된 기자들의 집단행동은 2차, 3차 언론자유수호선언으로 이어지게 된다.

대학가와 재야의 유신철폐운동이 확산되면서 이를 보도하기 위한 기자들과 막으려는 정권의 갈등은 10월 8일 이후에도 계속됐다. 11월 5일 동아일보의 젊은 기자들은 다시 한번 철야농성을 벌였다. 중요한 사

---

16. 동아자유언론수호투쟁위원회, 『자유언론』, 해담솔, 2005년, 78~79쪽.

건들이 보도되지 않은 데 대한 항의였다. 이날 김재준 목사, 지학순 주교, 함석헌 선생 등 재야인사 14명이 YMCA에서 '민주수호국민협의회'의 시국선언문을 발표했고, 경북대에서는 격렬한 시위가 일어났다. 학생 200여 명이 '정보·파쇼 통치 즉각 중지, 중앙정보부 해체, 학원 자유와 언론자유 보장' 등을 요구하며 가두로 진출한 것이다. 경북대 시위는 전국 대학에 동맹휴업과 가두시위를 확산시키는 중대 사건이었다. 그러나 언론은 격렬해지고 있는 반유신 시위에 대해 침묵했다.

이날 밤 철야농성에 들어간 동아일보 기자들은 두 가지를 결의했다.

첫째, 보도해야 할 중요한 기사가 누락됐을 때는 그 누락경위를 알아보고, 그날 밤에 편집국에 모여 가능한 모든 대책에 대해 의견을 나눈다. 둘째, 선후배 동료가 기사와 관련해 부당하게 연행되었을 때, 이 사실을 즉시 보도하고 그가 돌아올 때까지 편집국에서 기다리기로 한다. 이 결의에 따라 기자들은 11월 7일, 17일, 20일 등에도 편집국에서 철야 농성을 하면서 시국관련 기사가 누락된 경위를 따지고 그 대책을 논의했다. 그러나 달라지는 것은 없었다.[17]

결국 11월 20일 기자들은 제2차 '언론자유수호선언'을 발표하게 된다.

"오늘의 현실은 국민의 알 권리와 알릴 의무가 침해당하고 있다. 우리 주변에서 일어나고 있는 중요한 사실들이 제대로 알려지지 않음으로써 국민의 참다운 여론은 방향을 잃고 있으며 국민들 사이엔 근거 없는 소문이 나돌아 국민의 결속을 저해하고 있다. 심지어 국내의 움직임을 외국의 출판물을 통해 알기가 일쑤다. 언

---

17. 동아자유언론수호투쟁위원회, 위의 책, 79쪽.

론은 국민들로부터 불신당하고 언론인들은 자기의 의무를 다하지
못해 긍지를 잃고 실의에 빠져 있다."

_'언론자유수호 제2선언문'(1073년 11월 20일 동아일보 기자들) 중

선언의 내용은 기본적으로 1차 선언을 계승하면서 진일보했다. '부당
한 간섭 배제'라는 1차 선언의 핵심과 함께 '국민의 알 권리'를 직접적
으로 제기한 것이다. 2차 선언은 학생시위, 시국선언 등 반유신운동을
보도할 수 없는 데 대한 반발에서 비롯됐다. 동아일보 기자들은 '국민
의 알 권리'를 제기함으로써 유신체제의 보도통제를 보다 적극적으로
반박한 것이다.

비슷한 시기 한국일보(11월 22일), 조선일보(11월 27일), 중앙일보·동
양방송(11월 30일) 등 다른 언론사에서도 언론자유수호 결의문을 채택
했다.[18] 이보다 앞선 10월 19일에는 경향신문 수습기자들이 '외부압력
배제', '사실보도 충실'을 결의하기도 했다.

이런 움직임 덕분에 시국 관련 기사가 1단으로라도 나가는 성과가
없지 않았지만, 정상적인 보도, 사실보도의 길은 여전히 막혀 있었다.
오히려 유신정권은 '협조 요청'이라는 미명으로 언론사주와 간부들을
압박했다. 유신체제나 안보를 위협하는 기사는 싣지 않는다는 요지의
이른바 '자율지침'을 만들어 여기에 서명하라는 요구였다. 상당수 신문
사 발행인들이 서명했다는 설이 나돌았다. 12월 3일에는 국무총리 김
종필이 나서 언론사 발행인들과 간담회를 열고 유신체제에 대한 도전,
안보에 관한 중대 문제, 국민 생활에 중대한 영향을 주는 기사에 대해

---

18. 민주화운동기념사업회, 위의 책, 250~251쪽.

'자제'하라고 압박했다.

동아일보 기자들은 이에 대해 12월 3일 '언론자유수호 제3선언문'을 발표해 반박했다. 선언문은 "당국과 일부 발행인들이 한국신문협회를 통해 자율의 미명 아래 안보문제와 데모 사태 등을 보도하지 못하게 함으로써 언론의 목을 조르려는 책동이 자행되고 있음을 통탄한다"며 "언론자유를 소생시키기 위해 끝까지 투쟁할 것", "발행인이 당국의 압박에 서명을 하게 된다면 제작을 거부할 것"을 다짐했다.

3차 선언 역시 유신정권의 통제를 극복하지는 못했다. 유신철폐 운동이 고양되는 가운데 언론자유수호선언이 또 한 번 좌절된 상황은 기자들에게 한 단계 나아간 저항을 요구하게 되었다.

'언론자유수호'에서 '자유언론 실천'으로

긴급조치 1~4호 시대의 언론

유신체제에 대한 도전은 1973년 12월 24일 '개헌청원 100만인 서명운동'으로 본격화됐다. 이날 함석헌, 장준하, 천관우, 백기완 등 재야인사들은 서울 YMCA에서 헌법개정청원운동본부를 결성하고 100만인 서명운동을 전개하겠다고 밝혔다. 범국민적 서명운동이 벌어질 조짐을 보이자 긴장한 유신정권은 즉각 반응했다. 12월 26일에는 김종필 국무총리, 12월 28일에는 문공부가 '유신체제에 대한 부정이나 도전은 처벌받을 것'이라고 국민을 겁박했다. 다음 날 29일에는 대통령담화를 통해 개헌운동을 "사회혼란을 조성하려는 불순한 움직임"으로 매도하기도 했다. 그러나 서명운동은 급속하게 확산됐고, 1974년 1월 4일 개헌청원운동본부는 서명자가 30만 명을 돌파했다고 발표했다. 학자, 문인 등 각계의 개헌청원 지지 선언도 이어졌다.

그러자 1월 8일 박정희는 유신헌법이 대통령에게 부여한 긴급조치 1호와 2호를 발동했다. 1호는 '유신헌법을 부정·반대·왜곡 또는 비방하는 일체의 행위 및 헌법의 개폐를 주장·발의·제안 또는 청원하는 일체의 행위를 금지'하는 것이었고, 2호는 위반자를 처벌하기 위한 비상군법회의를 설치하는 것이었다. 1월 15일 장준하, 백기완이 긴급조치 1호 위반으로 구속된 것을 시작으로 종교계 인사, 지식인들이 줄줄이 구속됐다. 심지어 문공부는 긴급조치를 비방했다는 이유로 일본 아사히신문의 수입 허가를 취소하고 국내 배포를 금지시키기도 했다.

긴급조치의 서슬 아래서도 대학가의 유신철폐 시위가 수그러들지 않자, 유신정권은 이른바 '민청학련' 사건을 터뜨렸다. 4월 3일 중앙정보부가 "전국민주청년학생총연맹이 북한의 사주를 받아 정부 전복을 기도하고 국가 변란을 기도했다"고 발표한 뒤, 박정희는 긴급조치 4호를 발동했다. 민청학련과 이에 관련된 단체를 조직하거나 가입하는 행위

민청학련 사건 구속자의 석방을 요구하며 현수막을 들고 시위하는 구속자 가족들

는 물론이고 그 구성원과 연락하거나, 편의를 제공하거나, 활동에 직간
접으로 관여하는 일체의 행위를 금지하며, 이 조치를 위반하거나 비방
하면 영장 없이 체포·수색해 군법회의에 넘기고 사형·무기 또는 5년
이하의 징역에 처할 수 있다는 무시무시한 내용이었다. 이어 4월 25일
중앙정보부는 "민청학련의 배후에 인혁당 재건위가 있다"는 수사 결과
를 발표, 이른바 2차 인혁당 사건이 일어나게 된다.

　긴급조치 4호로 비상군법회의에 송치된 사람들은 인혁당 관련자 21
명, 일본인 2명을 포함해 모두 235명에 이르렀다.[19] 비상군법회의는 민
청학련의 주모자급 인사와 인혁당 관계자들에게 사형, 무기징역, 15~20
년 징역 등 유례없는 중형을 선고했다.[20] 더욱이 재판 과정에서 피고인
들이 가혹한 고문 실상을 폭로하고 사건조작을 주장해 국내뿐 아니라
국제적으로 인권침해 논란을 불러일으켰다. 해외 인권단체, 종교단체로
부터 항의와 비난이 쏟아졌고, 해외언론과 미국 하원에서까지 문제가
됐다.

　6월 14일 하버드대 라이샤워 교수가 뉴욕타임스에 '비참한 길을 걷
고 있는 한국'이라는 제목으로 한국의 인권문제를 비판하는 칼럼을 게
재하면서 한국에 대한 군사원조 삭감을 주장하는가 하면, 7월 27일 워
싱턴포스트는 '주한미군이 동아시아의 안정보다 박 정권의 경찰적 지
배를 돕는 지주로 전락하고 있다'는 논설을 실었다. 7월 29일에는 미하
원 외교위원회 처치 의원이 '박 정권은 한국에 마지막 남은 민주주의

---

19. 조희연, 앞의 책, 159쪽.
20. 이후 민청학련 관련자들은 감형되지만 인혁당 관련자 8명은 1975년 4월 9일 대법원 상
　　소 기각 후 20시간 만에 사형이 집행됐다. 고문 등 심각한 인권유린, 전격적인 사형집행
　　으로 2차 인혁당 사건은 '사법살인'으로 불리게 된다.

의 불씨까지도 전멸시키려 하고 있다'면서 한국에 대한 군사원조 전면 금지 법안을 제출했다. 다음 날인 30일 미하원 외교위원회에서 한국 인권문제에 관한 청문회가 열려 대한對韓 원조삭감을 놓고 격론이 벌어 지기도 했다.[21]

그러나 정작 한국의 언론들은 민청학련과 인혁당 사건의 진실에 대해 침묵했다. 이 때문에 종교계와 지식인 사회, 재야 민주화운동 진영에서 언론에 대한 불신은 더욱 커졌다. 8월 13일 구속자 가족들이 '민청학련 사건의 방청 과정에서 가족들이 확인한 점'이라는 제목으로 성명서를 발표했는데, 언론의 보도태도에 대한 불만이 담겨 있었다. 성명서는 재판 과정에서 진실이 드러났는데도 공정하게 보도되지 않고 피고인들에게 불리한 사실만 일방적으로 보도되었다고 주장했다.

언론계의 당시 분위기를 동아일보 해직기자들은 이렇게 전한다.

"언론이 하나 같이 정치범들에 대해 침묵을 지키는 가운데 신구교 기독교모임이나 미사에서 이들에 대한 관심이 집중적으로 표명되고 있었다. 문화부 종교 담당 서권석 기자 등이 이런 종교모임에 취재를 나갔다가 회사에 돌아와 보도를 못하는 현실에 대해 자책과 울분을 토하는가 하면, 정치범들에 대한 보도가 나오지 않는다며 구속자 가족들이 편집국과 보도국에 몰려와 항의를 하는 모습을 지켜보면서 장 분회장(장윤환 기자를 말함)은 기자의 사명에 대한 원론적인 다짐을 굳히게 되었다."[22]

이런 자괴감이 장차 '10·24 자유언론 실천선언'의 배경이 되지만, 긴

---

21. 기쁨과 희망 사목연구소, 『암흑 속의 횃불-7, 80년대 민주화운동의 증언 제1권』 1996년 30~31쪽.
22. 동아자유언론수호투쟁위원회, 위의 책, 109쪽.

급조치 아래 저질러진 가혹한 인권침해에 대해 언론은 너무도 무기력했다. 긴급조치 1~4호가 발동된 시기 언론계에서 그나마 의미 있는 사건이라면 동아일보 기자들의 노조결성을 들 수 있다. 그러나 노조를 통해 언론자유를 쟁취하려는 직접적 투쟁이 벌어진 것은 아니었다.

동아일보 노조는 1974년 3월 결성됐다. 계기는 동아방송의 불합리한 인사발령이었다. 가뜩이나 자괴감에 빠져 있던 기자들은 조직적 대응의 필요성에 공감, 3월 6일 33명의 기자들이 참석한 가운데 노조창립 총회를 열었다. 하루 만에 104명이 조합원으로 가입했는데, 주로 동아일보와 동아방송의 기자·프로듀서·아나운서였다.

사측은 3월 8일 노조집행부 등 13명을 "회사명예 실추"라는 이유로 해고해버렸다. 노조가 부당해임대책위원회를 구성해 장기대응을 준비하고, 조합원 수는 오히려 급증[23]하자 사측은 부당해임대책위원들마저 해임(6명)하거나 정직(6명), 감봉(10명)의 징계를 내렸다. 그러나 노조원들은 흔들리지 않았고 2차, 3차 대책위원들까지 내정하면서 법정 투쟁에 나섰다.

해고및무기정직효력정지가처분신청 재판을 앞둔 4월 12일 김상만 사장은 "두 차례에 걸쳐 있었던 징계를 4월 13일자로 향후 모두 사면한다"는 특별담화를 발표했다. 그러면서 "노조 명의의 일체언동 유인물배포 및 집회를 엄금"하겠다고 밝혔다. 사측이 재판 결과가 불리하다고 판단해 '선수'를 친 것이라는 분석도 있지만 정확한 이유는 알려지지 않았다. 어쨌든 사측의 '사면' 조치는 해고 및 정직 상태의 기자

---

23. 사측의 해고 위협 아래서도 조합원 수는 8일 168명, 9일 173명, 16일 185명, 25일 187명, 4월 9일 188명으로 늘어갔다.

들에게 고민을 던져주었고, 이들은 논쟁 끝에 회사 복귀와 가처분신청 취소를 결정하게 된다.

한편 노조도 법적 지위를 얻는 데 실패했다. 당시 노조설립신고는 서울시에 하게 돼 있었다. 동아일보 기자들이 노조설립신고를 한 것은 3월 7일. 그러나 서울시는 노조 임원이 해직 상태에 있던 4월 5일 "노조 임원이 동아일보사에 재직 상태가 아니다"라는 이유로 노조설립신고를 반려해버렸다. 사측이 노조 간부를 해직하고, 행정기관은 해고를 이유로 노조설립을 불허한다면 어떤 노조도 성립할 수 없는 것이다. 기자들은 7월 11일 행정소송을 제기했지만 긴 법정공방 끝에 1980년 대법원에서 기각되고 만다.

노동운동의 발전 과정을 보면 동아일보 기자들의 노조 결성은 대단히 이례적인 것이다. 70년대 초반 노동운동은 도시산업선교회 같은 종교계의 지원을 받으며 민주노조운동의 맹아가 싹트던 시기였다. 72년 한국모방(원풍모방), 74년 반도상사 등에서 민주노조 결성 투쟁이 치열하게 벌어지기는 했지만 화이트칼라 노동자, 그것도 당대 최고의 엘리트그룹인 동아일보 기자가 노조를 결성해 사측과 대립한 것은 드문 경우다. 당시 언론계에서는 경남매일신문 노조가 있었지만 그 구성원들은 모두 공무국 소속이었다.

동아일보 노조의 '이례성'은 언론자유 문제와 연관돼 있다.

기자들은 표면상으로 '언론인으로서의 신분보장과 최소한의 생활급 보장'을 요구했지만 실제로는 자유언론 실천을 궁극적인 목표로 생각했다. 하지만 동아일보 노조는 언론자유 문제를 직접 거론하거나 사측과 마찰을 일으킬만한 집단행동은 피했다. 이에 대해 노조는 "노조를 현실로서 확실히 정착시키기 위해서도 가시적인 활동을 계속해야겠다고 생각했다. 그러나 자유언론 문제는 철저히 피하고 노조문제만 의도적으로 다뤘다. 구태여 회사를 기분 나쁘게 할 필요는 없었기 때문"이라고 설명했다.[24]

언론자유 측면에서 동아일보 노조의 의미와 성과라면 조직적 기반을 마련해 향후 벌어질 '자유언론 실천선언'에 기여한 것이라 할 수 있다.

노동운동 측면에서는 열악했던 언론인들의 처우 수준을 개선한 것이 성과였다. 이후 동아일보가 18~47%, 서울신문 30~40%, 조선·한국·신아일보와 합동통신 30%, 중앙일보 32.5%, 경향신문 25% 등으로 임금인상을 단행했다.

10·24 '자유언론 실천선언'

1974년 8월 15일 광복절 기념식에서 박정희 저격 사건이 벌어진다. 이 과정에서 영부인 육영수가 사망하자 국가적인 애도 분위기가 조성됐다. 박정희는 이런 애도 분위기로 유신철폐운동이 주춤할 것으로 기대했는지 8월 23일 긴급조치 1호와 4호를 해제했다. 그러나 유신정권의 기대는 어긋났다. 2학기 개강과 함께 대학가는 유신철폐와 개헌요구 시위로 들끓었다.

새로운 저항을 모색하는 동아일보 기자들의 움직임도 활발해졌다. 기자들은 한국기자협회(기협)와 기협 동아일보 분회를 개편하는 것에

---

24. 동아일보사노동조합, 앞의 책, 44~45쪽.

서부터 출발했다. 10월 19일 기협 회장선거에서 동아일보 김병익 기자가 선출됐고 이어 21일 동아일보 분회장 선거에서 장윤환 기자가 선출됐다. 기자들은 장윤환 회장을 중심으로 보다 적극적인 저항을 준비했다. 10월 24일 '자유언론 실천선언'이었다.

'자유언론'과 '실천'이 새롭게 등장했다. '자유언론'의 개념은 장윤환 분회장이 제안한 것이다. 그가 '자유언론'을 내놓았을 때 기자들 사이에서도 회의적인 반응이 나왔다. '자유언론' 자체가 모호한 개념인데다, 박정희 정권이 독재를 정당화하는 수단으로 '반공'과 '자유민주주의'를 악용했기 때문에 자칫 '자유언론'도 그 연장에서 인식될 가능성을 우려한 것으로 보인다. 반면 장 분회장은 '자유민주주의=자유언론'이라는 명분으로 정권의 탄압에 대응한다는 구상을 갖고 있었다.[25] 당시 장 분회장과 기자들이 주창한 '자유언론'은 통제받지 않는 언론, 편집권 독립이 보장되는 언론이라는 적극적 의미로 해석된다.[26]

분회장 등 집행부가 자유언론 실천선언을 준비하는 가운데 기자들의 의지를 더욱 강하게 만든 사건이 터졌다. 선언대회 직전인 23일 송건호 편집국장과 사회부장, 지방부장이 중앙정보부에 연행된 것이다.

앞서 10월 19일 문공부는 신문사 편집국장들과 방송국 보도국장들을 불러 '보도한계지침'을 내렸다. ①데모·연좌·퇴학처분·휴학·개강 등 학원 내의 움직임을 보도하지 말 것 ②종교계의 민권운동을 보도

---

25. 동아자유언론수호투쟁위원회, 앞의 책, 109쪽.
26. 1985년 조선자유언론투쟁위원회는 창립 10주년 성명서에서 언론자유운동을 자유언론단계, 민주언론단계, 민족언론단계, 민중언론단계로 설명하고 있다. 여기에서 '자유언론' 단계는 "언론기업주와의 투쟁이 주가 되는 단계", "권력과 야합, 편집의 방향을 권력의 뜻에 따라 결정함으로써 자사의 상업적 이득을 꾀하는 기업주들로부터 편집권 독립을 쟁취하는 것"으로 규정된다.

하지 말 것 ③월남에서의 반독재 반티우운동 등 월남 사태를 보도하지 말 것 ④연탄 기근 문제 등 사회불안을 조성할 우려가 있는 기사를 취급하지 말 것 등이었다.

그런데 10월 22일 한국일보가 베트남 관련 기사를 싣자 중앙정보부는 장강재 사장과 김경환 편집국장을 연행했다. 동아일보는 10월 21일과 23일 초판에서 각각 경희대와 서울농대 학생들의 시위 기사를 실었다가 뺐는데, 중앙정보부는 이조차 문제를 삼아[27] 송건호 편집국장 등을 연행했다.

기자들은 세 명의 연행자들이 돌아올 때까지 농성에 들어갔다. 밤샘 농성은 자연스럽게 10월 24일 아침 자유언론 실천선언대회와 결합되었다. 선언대회에는 동아일보 편집국, 출판국, 방송국 기자 180여 명이 참석했고, 프로듀서들도 참석해 지지를 보냈다.

　자유언론 실천선언 (전문)
　우리는 오늘날 우리 사회가 처한 미증유의 난국을 극복할 수 있는 길이 언론의 자유로운 활동에 있음을 선언한다. 민주사회를 유지하고 자유국가를 발전시키기 위한 기본적인 사회 기능인 자유언론은 어떠한 구실로도 억압될 수 없으며 어느 누구도 간섭할 수 없는 것임을 선언한다.
　우리는 교회와 대학 등 언론계 밖에서 언론의 자유 회복이 주장되고 언론의 각성이 촉구되고 있는 현실에 대해 뼈아픈 부끄러

---

27. 중앙정보부 '동아일보 학생 데모기사 보도경위 조사 결과 보고', 국가정보원 과거사건 진실규명을 통한 발전위원회 『과거와의 대화, 미래의 성찰』 5권 언론노동편, 2007 114~115쪽.

1974년 10월 24일 편집국에서
'자유언론 실천선언'을 낭독하는 동아일보 기자들

'자유언론 실천선언'을 보도한 1974년 10월 25일 기자협회보

움을 느낀다.

본질적으로 자유언론은 바로 우리 언론 종사자들 자신의 실천 과제일 뿐 당국에서 허용받거나 국민 대중이 찾아다 쥐어주는 것이 아니다.

따라서 우리는 자유언론에 역행하는 어떠한 압력에도 굴하지 않고 자유민주사회 존립의 기본 요건인 자유언론 실천에 모든 노력을 다할 것을 선언하며 우리의 뜨거운 심장을 모아 다음과 같이 결의한다.

1. 신문·방송·잡지에 대한 어떠한 외부 간섭도 우리의 일치된 단결로 강력히 배제한다.

1. 기관원의 출입을 엄격히 거부한다.

1. 언론인의 불법 연행을 일절 거부한다. 만약 어떠한 명목으로라도 불법 연행이 자행될 경우 그가 귀사할 때까지 퇴근하지 않기로 한다.

_1974년 10월 24일 동아일보사 기자 일동

기자들은 자신들의 실천선언을 동아일보와 동아방송을 통해 보도하기로 결의했다. 사측이 이를 거부하자 기자들도 제작거부로 맞섰다. 제작거부는 신문 1판이 나와야 하는 오후 1시를 훌쩍 넘겼고 방송뉴스도 중단됐다. 중앙정보부에서 풀려난 송건호 편집국장은 이 과정에서 기자들의 충정을 수용해야 한다고 사측을 설득했다.

사측은 오후 6시경 '기관원 출입금지' 부분을 빼고 사회면 1단으로 보도하자는 타협안을 제시했다. 그러나 기자들은 총회를 통해 타협안을 거부하고 '최소한 1면 3단'을 요구했다. 결국 밤 10시 40분경 사측은 기자들의 요구를 받아들였다. 이때부터 신문이 제작돼 24일자 신문이 25일 새벽 1시가 넘어서야 나왔다. 자유언론 실천선언은 1면 3단으로 보도됐고, 결의사항도 온전하게 실렸다. 방송 뉴스는 24일 11시부터 재개돼 자유언론 실천선언을 알렸다.

이날 신문에는 한국일보 기자들이 편집국장 연행에 반발해 신문 제작을 거부한다는 기사, 조선일보 기자들의 자유언론 선언도 1단으로 실렸다. 25일자 신문에는 '왜 자유언론을 부르짖는가'라는 제목으로 실천선언을 지지하는 사설이 실렸다. 사설은 조심스럽게 언론자유가 완전히 확보되어 있지 않다는 점을 지적하고 사실보도 보장, 외부간섭 배제, 언론인들의 불법연행 중지 등을 언론자유 보장의 요건으로 들었다. 26일에는 국회문공위가 이원경 문공부장관에게 기자들의 자유언론 선언 배경을 질의했다는 기사가 1면에 실렸다. 정보기관 요원들의 출입도 중단시켰다.

그러나 기자들은 이 정도에 만족하지 않고 신문·방송 제작 과정에서 자유언론을 적극 실현하기 위해 26일 특별위원회도 구성했다. 30여 명의 특위 위원들은 매일 오후 6시에 모여 그날 신문과 방송을 분석, 평가해 누락되거나 소홀히 다뤄진 기사에 대해 시정을 건의하고, 그 내용을 유인물로 기자들에게 알렸다.

이런 적극적인 활동으로 인해 동아일보 지면은 어느 정도 변화했다. 학생 시위 기사가 거의 매일 실렸는데 '1단의 벽'을 깨뜨린 경우도 있었다. 그러나 여전히 민청학련, 인혁당 같은 인권침해 사건들이나 재야의 반유신 움직임 등은 보도되지 못했고 정권홍보성 기사는 부각되었다. 지면의 근본적인 변화를 요구하는 기자들과 이를 막는 사측의 대립은 11월 12일 휴간이라는 초유의 사태를 불러왔다.

11월 11일 서울 명동성당을 비롯해 전국 14개 도시에서 천주교인들의 '인권회복을 위한 기도회'가 열렸다. 명동성당에서만 1500명이 참석한 행사로 기자들은 적어도 사회면 톱으로 다뤄야 할 사안이라고 판단했다. 12일 동아일보 기협 분회는 이런 요구가 수용되지 않으면 제작을 거부하겠다고 결의했다. 결국 12일 신문은 나오지 못했고 동아방송은 기자들의 제작거부를 뉴스로 알렸다. 사측과 기자들의 대립 과정에서 송건호 편집국장은 기자들에게 "정상적인 신문을 만들겠다"고 약속했고 기도회는 13일 사회면 중간톱으로 보도됐다. 이후 동아일보 지면은 조금 더 변화되었다. 11월 14일 동아일보는 신민당 김영삼 총재의 기자회견을 1면에 싣고, 사설에서는 개헌문제까지 다뤘다. 개헌청원운동을 비롯해 재야의 움직임도 보도되었다.

　　1971년부터 선언에 그쳤던 저항이 제작거부까지 불사한 투쟁으로 실질적인 변화를 이끌어낸 것이다.

　　동아일보처럼 실제 변화를 이끌어내지 못했지만 '자유언론 실천선언'은 다른 언론사로도 확산됐다. 조선일보 기자 150여 명도 10월 24일 오후 7시 30분 '언론자유 회복을 위한 선언문'을 채택하고, 이 사실을 조선일보 지면에 보도할 것을 요구하며 농성에 들어갔다. 역시나 사측은 기자들의 요구를 거부했고, 조선일보 기자들도 철야농성으로 맞서 결국 서울시내판 3단으로 선언 사실이 실렸다. 그러나 조선일보에서는 '1단의 벽'이 깨지지 못했다.

　　편집국장 연행으로 철야농성을 벌였던 한국일보 기자 130여 명은 25일 '민주언론 수호를 위한 결의문'과 4개항의 행동지침을 채택했다. 논설위원회의에서는 자유언론 실천선언을 지지하는 사설을 써야 한다는 요구가 나왔다. 사측이 이를 거부하자 임재경, 김용구 등 논설위원들이 한국일보와 자매지 서울경제신문의 사설 집필을 거부하는 사태가 벌어지기도 했다.

이들 신문 외에도 경향신문, 서울신문, 중앙매스컴, 부산일보, 충청일보, 전남일보, 대구매일신문, 동양통신, 합동통신, 전주MBC, 대구MBC, 춘천MBC 등 31개 신문·방송·통신사 기자들이 언론자유에 대한 의지를 표명했다.

기자들의 자유언론 실천선언은 AP통신을 비롯한 외신들에 주요하게 보도됐고 종교인과 학생, 재야 민주화 세력들은 실천선언에 나선 기자들에게 지지와 연대의 뜻을 보냈다. 10월 24일부터 한국기독교교회협의회KNCC, 한국교회여성연합회 인권위원회, 천주교정의구현사제단 등 종교단체와 종교인들은 수차례에 걸쳐 지지 성명을 발표했다. 10월 30일에는 16개 대학신문 편집장들이 '대학신문인 시국선언'을 발표해 기자들의 언론자유투쟁을 지지하고 '행동을 통한 대학자유 수호' 등을 결의했다. 11월 27일 반독재 민주화운동 진영이 하나의 조직으로 결합한 '민주회복국민회의'는 발족 선언문을 통해 언론자유 보장을 촉구하기도 했다.

동아일보 광고탄압과 기자 해직

자유언론 실천선언으로 동아일보 지면은 조금씩 달라졌다. 유신정권은 이런 변화를 지켜만 보지 않았다. 12월 중순경부터 동아일보 광고가 줄어들기 시작하더니 무더기 해약사태가 벌어졌다. 광고주들은 '이유를 묻지 말아달라'며 광고 동판을 회수해갔고, 26일에는 광고면을 백지로 발행해야 하는 지경에 이르렀다. 당시 동아일보는 발행부수나 영향력 면에서 가장 광고효과가 컸다. 그런 신문에서 순식간에 광고가 사라졌고 신문사의 존립 자체를 위협했다. 권력의 개입과 압력 없이 일어날 수 없는 일이었다. 그러나 1975년 1월 4일 이원경 문공부장관은 "동아일보 무더기 광고해약 사건은 신문사와 광고주와의 업무상 문제이기 때문에 정부는 그 관계를 깊이 알 수 없다"고 발뺌했다. 김종필 국무총리도 1월 6일 외신기자들과의 회견에서 "동아일보 사태는 확실히는 모르는 일", "시간이 지나면 해결될 것"이라며 모르쇠로 일관했다.

유신정권은 앞서 1973년 광고를 통한 언론통제의 효과를 확인한 바 있었다. 2007년 '국가정보원 과거사건 진실규명을 통한 발전위원회'(국정원과거사위) 조사 결과에는 중앙정보부가 작성한 '조선일보 광고게재 조정보고'(1973년 3월 6일)라는 문건이 포함돼 있다. 이 문건에 따르면 중앙정보부는 1972년 10월 1일부터 1973년 3월 4일까지 6개월간 조선일보에 광고를 실은 94개 업체의 광고게재 회수를 조사해 5회 이상 광고를 실은 36개 업체, 2회 광고를 실은 37개 업체를 파악, '조정'을 실시했다. 이들 업체 대표를 중앙정보부로 불러 지시가 있을 때까지 조선일보에 광고게재를 중단한다는 각서를 받은 것이다. 아울러 조선일보 측에는 취소된 광고 지면을 무료광고나 기사로 대체할 것을 지시해 독자들 모르게 넘어갔다. 당시 '광고조정'의 배경에 대해 조선일보 사사社史는 '정권에 비판적인 기사'가 원인이었다고 주장하고 있다. 그러나 국정원과거사위는 특정 기사와 관련된 것으로 보기 어렵고, 박정희 정권이 유신선포 이후 언론통제 수단을 강구하는 가운데 나온 것으로 파악했다.[28]

광고주를 압박해 언론을 통제하는 방식은 동아일보를 대상으로 본 격적으로 시도됐고, 엄청난 효과를 발휘했다. 광고해약 사태가 벌어지기 전 동아일보사 전체의 광고수익은 월평균 2억 4,700만 원(동아일보 1억 5,000만 원, 동아방송 8,000만 원, 여성동아 1,500만 원, 신동아 200만 원)이었다. 그러던 것이 1974년 12월 2,300여만 원 줄어든 것을 시작으로 급감, 1975년 1월부터 4월까지 광고 결손 누계액이 8억여 원에 이르게 된다.[29]

유신정권의 광고탄압은 기자들의 자유언론 실천 의지를 꺾지 못했다. 오히려 프로듀서, 아나운서 등 동아일보사의 구성원들을 단결시키는 결과를 낳았다.

12월 25일 기자들은 대책마련을 위한 긴급총회를 열어 광고탄압에 굴하지 않을 것을 결의했다. 이어 1월 10일 긴급 기자총회에서는 '자유언론실천강령'을 채택했다. 강령은 △범국민적인 민주회복운동을 적극 지지하며 이를 진실되게 보도한다. △자유와 민주주의 회복을 위해 싸우다 고난을 겪는 민주인사와 가족들의 안위를 성실하게 취재 보도한다. △광고탄압으로 빚어진 난국을 이겨내고 자유언론을 굳게 지키고 실천하기 위해 단결을 더욱 공고히 한다 등 7개 항을 담았다.

1975년 1월 7일 동아방송의 광고가 무더기 해약된 다음 날인 8일 프로듀서, 아나운서 등 동아방송 직원들은 '동아방송자유언론실행총회'를 결성했다. 이들은 소위원회를 두어 광고탄압에 대응했는데 해약

---

28. 국가정보원 과거사건 진실규명을 통한 발전위원회, 『과거와 대화, 미래의 성찰』 5권 언론·노동편, 2007, 157~164쪽.
29. 주동황 「동아일보 광고탄압 해제와 경영진의 변절」, 성유보 외 『너마저 배신하면 이민갈거야』, 월간 말, 2001년, 66~67쪽.

된 방송광고 시간에 광고해약 사태를 알리는 문안을 내보내기로 결의하고 8일 정오부터 실행했다.

동아일보도 1월 14일부터 광고탄압 실상을 동아일보 지면에 보도했다. 14일 '광고자유 없이 언론자유 없다'는 좌담이 실렸고, 25일과 26일 기사에서는 광고해약 사태가 중앙정보부의 압력 때문이라는 취재 결과를 전했다.

> 동아일보 및 동아방송(DBS)에 대한 광고 탄압은 지난 74년 12월 중순께 모 기관의 지시에 따라 행정부의 관련 부처 당국자들이 각 부처 소관별로 영향력을 미칠 수 있는 각 기업체 책임자들을 불러 동아일보 및 동아방송에 광고를 내지 말도록 압력을 넣음으로써 시작됐다. … 본사의 종합취재에 의하면 그 뒤 모 기관은 작년 12월 20일 전후해서 G기업 등 대기업의 책임자들을 모 기관에 출두시켜 더 이상 동아일보 및 동아방송에 광고를 게재하지 않겠다는 내용의 각서를 쓰게 했다. … 광고해약 사태가 본격화 한 지 한 달이 넘은 25일 현재까지도 이 같은 모 기관의 압력은 계속되고 있으며, 최근 얼마 전까지 광고게재를 계속해 온 R, S, T기업 등 3개사의 경우는 대표 및 중역이 모 기관에 연행돼 상당한 곤욕을 겪은 것으로 밝혀졌다.
>
> _1975년 1월 25일 동아일보 '동아 광고 전면탄압 한 달째' 기사 중 일부

한편 광고지면이 백지로 발행되고 광고탄압 사실이 알려지면서 야당과 재야 세력뿐 아니라 독자의 분노도 폭발했다. 각계에서 광고탄압을 규탄하는 성명서가 발표됐고 해외언론들도 유신정권의 언론탄압을 비

유신정권의 동아일보 광고 탄압에 맞서 수많은 시민이 의견 광고를 게재해 언론자유투쟁을 성원했다

중 있게 보도했다. 종교계는 동아일보 구독운동과 성금 모금, 광고 게재로 동아일보를 지원했다. 이어 1월 7일부터는 각계 인사들과 일반 시민들의 '격려광고'가 쏟아졌다. 3월까지 9,500여 건, 금액으로 1억 1,000만 원에 이르렀다. 유신정권에 비판적인 지식인과 대학생뿐 아니라 주부, 고등학생, 택시 기사, 버스 안내양, 일용직 노동자 등등 각계 각층의 민중들이 성금을 모아 격려광고에 동참했다. 격려광고들은 언론자유투쟁과 동아일보에 대한 지지를 넘어 정권 비판의 내용도 담고 있었다. 이런 경향은 1월 말 두드러졌는데, 박정희의 유신헌법 국민투표 발표와 관련이 있다.

1월 22일 박정희는 특별담화를 통해 '유신헌법에 대한 국민의 찬반을 묻고 대통령에 대한 신임을 묻기 위한 국민투표를 실시하겠다'고 밝혔다. 아울러 이날 정부는 국민투표법 시행령을 공고해 국민투표에 관한 의견표명을 금지했다. 광고탄압으로 언론을 압박하는 한편 국민투

표를 강행함으로써 확산되는 유신철폐 운동의 힘을 빼겠다는 속셈이었다. 야당과 재야 민주화 세력들이 국민투표 거부를 선언하자 또다시 탄압이 가해졌고, 국민투표는 온갖 부정 속에서 2월 12일 투표율 79.84% 찬성률 73%로 가결됐다.

동아일보 광고탄압은 흔들리는 유신체제를 지키려는 정권과 무너뜨리려는 민주화 세력의 각축 가운데 일어났다. 기자들은 자유언론 실천을 포기하지 않았고 시민들은 격려광고라는 방식으로 유신정권에 함께 저항했다. 2월 19일 영국 가디언지는 "조그만 격려광고들은 원래의 의도를 넘어서 수많은 한국인들이 신문을 펼쳐들고 첫 번째로 읽는 정치적 개인 칼럼"[30]이라고 보도했다.

그러나 동아일보 사주와 간부들은 기자들의 결의와 국민들의 지지를 저버리고 유신정권에 굴복하고 말았다. 사측은 2월 28일 정기 주주총회에서 '일부 사원들의 사규문란에 엄중히 대처하겠다'면서, 자유언론 실천선언에 우호적인 이사진을 교체했다. 3월 8일에는 경영 악화에 따른 기구 축소 등을 이유로 직원 18명을 해고했다. 기자협회 동아일보분회가 해고 철회를 요구하며 무기한 농성에 들어가자 사측은 10일 장윤환 분회장과 박지동 기자를 추가 해고했다.

기자들은 흔들리지 않았다. 오히려 새 분회장과 집회장을 선출해 제작거부와 농성을 이어갔다. 그러자 12일 밤 사측은 권영자 분회장을 비롯한 17명의 기자를 또다시 해고했다. 무더기 해고의 위협 속에서도 기자들은 37명 해고자 즉각 복직, 이동욱 주필 퇴진을 걸고 제작을 거

---

30. 정지아 『나는 역사의 길을 걷고 싶다-참언론인 송건호의 생각과 실천』, 한길사, 2008
년, 217쪽.

부했다. 3층 편집국과 2층 공무국에서는 기자들이, 방송국에서는 프로듀서, 아나운서 등 방송국 직원들이 농성을 계속했다. 13일 아침부터는 23명의 기자들이 공무국에서 단식농성에 들어갔다.

정치인, 종교인, 지식인, 재야인사들은 동아일보를 방문해 농성을 지지하고 대량 해고에 항의했다. 3월 15일에는 젊은 기자들의 정신적 지주였던 송건호 편집국장이 스스로 사표를 내며 사장 김상만과 주필 이동욱에게 기자들의 복직을 호소했다. 그러나 이미 권력에 굴복한 사주에게 송건호의 결단은 통하지 않았다.

17일 새벽 3시경 사측은 깡패와 '구사대' 등 200여 명을 농성장에 난입시켜 직원들을 폭력으로 몰아냈다. 이날 동아일보는 '국민 여러분께 거듭 아룁니다'라는 5단짜리 사고社告를 통해 "편집간부와 일부 기

사주가 고용한 폭력배에게 쫓겨나기 직전, 만세를 부르고 있는 동아일보 기자들

자에 대한 해직 조치는 어디까지나 경영합리화를 꾀하고 위계질서를 바로잡기 위한 만부득이한 조치였다", "일부 과격한 기자들은 마치 이것이 자유언론을 탄압하려고 관권과 결탁한 처사인 것처럼 왜곡선전, 극한적인 폭력으로 신문 및 방송의 제작을 방해해왔다"고 주장했다.

동아일보는 '일부 과격한 기자'들이라고 했지만 17일까지 제작거부 농성에 동참한 직원은 160여 명에 이르렀고 이는 동아일보사 전체 제작진의 절반이 넘는 숫자였다. 3월 27일 사측은 해고되지 않은 제작거부 직원들에게 '3월 말까지 출근하지 않으면 사규에 따라 처리하겠다'며 위협했다. 4월 11일까지 해직 또는 무기정직을 받은 직원은 모두 131명에 이르렀다.[31]

해고자와 정직자들 중 일부는 회사로 복귀했지만 대부분은 '거리의 언론인'으로 남았다. 113명의 기자들은 '동아자유언론수호투쟁위원회'의 이름으로 동아일보와 40여 년간의 길고 긴 투쟁을 벌이게 된다. 또 무더기 해고에 항의하며 동아일보를 떠난 송건호 편집국장은 일생을 언론민주화에 헌신하며 존경받는 언론인으로 남는다.

조선일보 기자 대량 해직

동아일보 기자들이 무더기 해고를 당한 1974년 말부터 1975년 초에 걸쳐, 조선일보에서도 30여 명의 기자들이 쫓겨났다.

10·24 자유언론 실천선언 후 조선일보 기자들도 '자유언론 실천 대

---

31. 동아자유언론수호투쟁위원회, 앞의 책, 187~207쪽.

책회의'를 만들었다. 대책회의는 실질적인 지면 변화를 위해 사측과 편집국 간부들에게 편집에 대한 구체적인 제안을 했지만 사측은 꿈쩍하지 않았다. 오히려 편집국장을 통해 '대책회의'를 인정할 수 없다는 통보가 돌아왔다.

그러던 중 1974년 12월 16일 조선일보에 유신정우회(유정회) 의원 전재구의 글이 실렸다. '허점을 보이지 말자'는 제목의 이 칼럼은 유신체제를 낯 뜨겁게 옹호하는 내용이었다. 유정회는 유신헌법에 따라 대통령이 추천하고 통일주체국민회의가 선출하는, 사실상 '임명직' 국회의원들의 교섭단체였다. 야당과 민주화운동 진영이 '민주회복국민회의'를 결성해 범국민적 유신철폐 운동을 벌이던 시기에 조선일보는 박정희 친위부대나 다름없는 유정회 의원의 글을 실어 유신체제에 힘을 실어준 것이다.

문화부 신홍범 기자와 외신부 백기범 기자는 김용원 편집국장을 찾아가 항의했다. 이들은 전재구의 글이 실린 경위를 따져 묻고, "유신체제가 논란이 되고 있는 시기에 일방적인 유신 옹호 글만 싣는 것은 공정하지 않으며 글을 실으려면 반대 의견도 함께 실어야 한다"고 건의했다. 그러나 편집국장은 두 기자의 항의를 "편집권 침해"라며 일축해버렸다. 나아가 사측은 17일 포상징계위원회를 열어 "위계질서를 위반했으며 편집권을 침해했다"면서 두 기자에게 시말서를 요구했다. 신홍범, 백기범 기자는 이를 거부하고 시말서는 동료 기자들의 언론자유수호운동에 찬물을 끼얹는 모욕적인 행위라고 항의했다. 그러자 사측은 18일 두 사람을 파면해버렸다.

19일 조선일보 기자 100여 명은 비상총회를 열어 사측에 맞섰다. 기자들은 신홍범, 백기범 기자 파면은 자유언론 실천운동에 대한 억압이라고 항의하면서 농성에 들어갔다. 농성이 밤을 넘기자 사측은 20일 새벽 김윤환 편집부국장을 내세워 두 기자를 1975년 3월 5일 창간 기념일까지 복직시키겠다고 약속했다. 기자들은 곧바로 파면을 철회하지 않는 것이 불만스러웠지만 회사의 약속을 믿고 농성을 풀었다. 그러나 사측은 약속을 지키지 않았을 뿐 아니라 기자들에 대한 무더기 해고로 나아가게 된다.

신홍범, 백기범 기자 파면으로 내홍을 겪고도 조선일보의 지면은 달라지지 않았다. 기자들은 대책회의보다 조직적인 대응이 필요하다고 판단, 제 기능을 못 하고 있던 기자협회 조선일보 분회를 강화하기로 했다. 1975년 1월 11일 정태기 기자를 분회장으로 선출한 분회는 「조선일보 분회소식」을 3호까지 발행하며 자유언론 실천에 나섰다. 사측은 이마저 용납하지 않고 소식지 발행 중단을 요구했다. 기자들이 지시를 거부하자 사측은 정태기 분회장을 파면하고 기자 4명을 견책한다는 징계 결정을 내렸다. 그러나 기자들의 분위기가 격앙되었음을 고려했는지 징계는 유예되고 있었다.

박정희의 유신 국민투표가 가결된 다음 날인 2월 13일, 방우영 사장은 어떤 의도에선지 "지금부터 조선일보를 정론지로 만들 결심이 섰으니 소신껏 신문을 제작하라"고 지시했다. 징계도 백지화하고 정태기 분회장을 조사부로 발령하는 선에서 사태를 수습하는 듯 보였다. 하지만 방우영의 "금기 없는 정론지 제작"은 현실에서 전혀 반영되지 않았다.

2월 15일 박정희는 긴급조치 1·4호 위반자 중 인혁당 관련자와 반공법 위반자를 뺀 구속자 148명을 석방했다. 민청학련 사건으로 구속됐다 석방된 사람들은 자신들이 겪은 물고문, 전기고문 등 가혹행위와 허위자백 강요를 폭로했다. 유신정권의 인권침해를 비판하고 인혁당 사건의 진상규명을 요구하는 목소리가 거세게 일어났지만 조선일보에서는 묵살되거나 왜곡됐다.

뿐만 아니라 신홍범, 백기범 기자의 복직 시한인 3월 5일이 다가오자 사측은 복직 약속을 부인했다. 복직은 김윤환 편집부국장의 개인적 판단이었다는 것이다. 회사가 '금기 없는 신문제작'도, 복직 약속도 지키지 않자 기자들은 분노했다.

1975년 3월 6일 기자 100여 명은 총회를 열어 언론자유에 도전하는 외부 권력은 물론이고 언론 내의 패배주의와도 싸울 것이라는 선언문을 발표한 뒤, 신홍범·백기범 즉각 복직을 요구하며 무기한 제작거부 농성에 들어갔다. 방우영 사장은 농성장에 나타나 신문제작을 거부하는 기자는 전원 파면할 것이라고 엄포를 놓았다.

분회 집행부는 사측의 집단 파면에 대비해 차기 임시집행부를 미리 구성해두고 농성을 이어갔다. 농성 이틀째인 3월 7일 사측은 정태기 분회장과 집행부 기자 5명을 파면했다. 농성 5일째 10일에는 임시집행부 기자 5명마저 파면당했다. 이날 조선일보는 1면에 사고社告를 내 기자들의 파면이 "단순한 사내 인사문제에서 발단된 것"이며, "조선일보는 한 번도 언론 본연의 사명을 저버린 일이 없었음을 자부한다"고 주장했다.

한편 같은 날 문화공보부는 한국기자협회의 기관지 「기자협회보」를 폐간해버렸다. 「기자협회보」가 법정 시설기준을 갖추지 못하고 있는데다가 3월 8일 증면호까지 발행했다는 게 이유였다. 유신정권이 갑자기 시설기준 문제나 증면을 들고 나온 것은 명분에 불과했다. 진짜 이유는 3월 8일 증면호가 조선일보 기자들의 언론자유 운동과 이에 따른 무더기 파면을 다루었다는 데 있었다. 유신정권의 입장에서는 기자들의 자유언론 실천운동을 지원하고 있던 기자협회나 「기자협회보」를 그대로 놔둘 수 없었던 것이다.

유신정권을 등에 업은 조선일보의 무더기 파면은 계속됐다. 11일에는 이종구 정치부 차장을 비롯한 기자 4명이 파면됐고, 2차 임시집행부 5명을 포함한 37명에게는 무기정직이 떨어졌다. 그런데도 40여 명의 기자들이 다시 집행부를 구성해 농성을 이어가자 이날 오후 7시 30분경 사측은 경비원을 동원해 기자들을 회사 밖으로 끌어냈다. 그후 19명의 기자가 더 파면돼 모두 33명에 이르렀는데, 이는 조선일보 편집국 기자의 3분의 1에 해당하는 숫자였다.

민주회복국민회의와 종교단체들의 항의 성명이 잇달았지만 조선일보는 오히려 적반하장의 반응을 보였다. 14일 조선일보는 1면에 '우리의 견해'라는 사고社告 성격의 기사를 싣고 "13일 천주교정의구현사제단과 민주회복국민회의 명의의 두 개의 성명서가 나온 데 대하여 우리는 이를 자주언론에 대한 명백한 도전으로 단정"한다면서 이들 단체와 성직자를 맹비난했다.

조선일보의 적반하장은 수십 년이 지난 후에도 달라지지 않는다. 방우영은 자신의 회고록에서 1975년 3월의 폭거를 '신홍범, 백기범 기자의 항명'에서 비롯된 내분 사태로 묘사했다. 뿐만 아니라 자신이 파면시킨 기자들이 조선일보를 스스로 떠난 것처럼 왜곡했다. "3·6사태는 글자 그대로 사를 뒤흔들어 놓았다. 같은 견습 출신 기자들끼리 편이 갈리고 제작거부와 참여로 편집국은 두 동강이 났다. … 분통과 쓰라림과 충돌이 이어진 비극 속에서 조선일보의 치욕의 한 장이 기록됐다. 이 사태로 말미암아 견습 출신의 많은 인재들이 사를 떠났던 것이다."[32]

1975년 조선일보의 치욕은 유신정권에 굴복해 언론자유를 외치던 기자들을 내쫓은 것이다. 이후 조선일보는 그야말로 독재정권의 나팔수가 되어 유신체제를 찬양했다. 한편 조선일보가 쫓아낸 기자 33명 중 극히 일부는 회사로 돌아갔지만, 31명은 '조선자유언론수호투쟁위원회'(조선투위)를 결성해 언론자유 운동의 맥을 이어가게 된다.

한편 기자들의 자유언론 실천투쟁 과정에서 「기자협회보」를 폐간한 유신정권은 기자협회도 내버려두지 않았다. 4월 24일 중앙정보부는 기자협회장을 맡고 있던 김병익과 백기범 등 부회장단 4명 등 8명을 불법 연행했다. 기자협회가 국제신문인협회IPI에 보낸 '언론탄압에 관한 특별보고서'와 국제기자연맹에 보낼 예정이던 연차보고서를 두고 국가모독죄를 적용하겠다며 협박한 것이다. 연행된 기자들은 5일 만에 풀려났지만 기자협회 회장단은 전원 사퇴해야 했고, 이후 기자협회는 무력화되었다.

32. 방우영, 『조선일보와 45년-권력과 언론 사이에서』, 조선일보사, 1998년, 577쪽.

거리의 언론인, 재야와 만나다

긴급조치 9호 시대, 계속되는 저항

유신정권은 국민투표라는 방식으로 유신체제의 정당성을 확보하고 국민의 저항을 잠재우려 했다. 1975년 2월 12일 국민투표가 가결되자 박정희는 민청학련 관련자들을 석방하는 '아량'을 베풀기도 했다. 그러나 유신체제가 안정될 것이라는 박정희의 기대는 어긋났다. 유신철폐 운동은 오히려 고양되는 분위기였다. 종교계와 재야는 민청학련과 인혁당의 진상규명을 요구했고, 석방된 시국사범들은 긴급조치 위반자 모두를 석방할 때까지 투쟁하겠다고 나섰다. 대학생들은 유신철폐·구속자 석방을 요구하며 시위를 벌였는데 학내 시위에 머물지 않고 가두 진출까지 시도했다. 동아·조선일보 기자의 무더기 해고에 대해 국내는 물론 국제적인 비난이 돌아왔다.

박정희는 4월 9일 인혁당 관련자들을 대법원 상고 기각 20시간 후 사형 집행하는 극단적인 카드를 꺼냈다. 하지만 억압의 강도가 높아진 만큼 저항의 강도도 높아졌다. 4월 11일 서울대 집회에서 학생 김상진

대법원에서 인혁당 재건위 사건 피고인 8명의 사형이 확정되자 울부짖는 가족들

이 유신철폐를 외치며 할복 자결하는 사건이 일어났다. 그의 죽음은 타오르는 대학가의 유신철폐 운동에 기름을 붓는 격이었다.

그즈음 인도차이나반도에 잇달아 공산주의 정권이 들어섰다. 4월 17일 캄보디아에 이어 4월 30일 베트남이 공산화되었다. 박정희는 이 틈을 타 북한의 도발 가능성을 부각하며 국민의 총화단결을 역설했다. 재향군인회, 광복회 등 38개 단체들이 이른바 '총력안보국민협의회'를 창설했고 전국에서 반공 궐기대회가 열렸다. 5월 10일 100만이 넘는 인원을 동원한 총력안보서울시민궐기대회는 그 정점이었다.

며칠 후 5월 13일 박정희는 긴급조치 9호를 선포했다. '긴급조치의 종합판'이라 할 수 있는 9호는 유언비어의 날조·유포·보도, 집회와 시위, 유신헌법에 대한 부정·반대·왜곡·비방·개정 및 폐기 주장·청원은 물론 이런 행위를 보도하는 행위까지 금지했다. 뿐만 아니라 긴급조치 9호는 위반자를 영장 없이 체포할 수 있는 그야말로 초헌법적 조치였다.

그러나 언론자유를 주장했던 기자들이 거리로 쫓겨난 상황에서 제도언론은 정권에 순응하거나 노골적으로 부역했다. 긴급조치 9호 선포 직후인 5월 15일 조선일보는 '새 질서 확립의 이정里程-긴급조치선포를 보고'라는 사설을 썼다. 사설은 "헌법이 부여한 권한에 따른 대통령 긴급조치권에 의한 새로운 생활질서가 요구"된다면서 "(유신헌법이) 우리에게 요청한 새로운 생활질서를 외면하고 우리가 달리 갈 길이 없음을 우리는 이 시점에서 거듭 확인"한다고 긴급조치 9호를 지지했다.

유신정권은 이런 분위기에서도 긴급조치만으로 불안했는지 언론통제 기구를 신설했다. 5월 30일 이규현 문공부 차관은 언론의 긴급조치 9호 위반을 심사, 제재하기 위한 보도심의위원회를 설치한다고 발표했다. 위원회의 위원장은 문공부 차관이, 위원은 관계부처의 공보책임자들이 맡았다. 이들의 역할은 언론보도를 심사해 그 결과에 따라 해당 매체에 대한 정간·폐간·관련자 해임 등을 문공부장관에게 건의하는 것이었다. 정부가 기사 하나하나를 검열해 벌을 주겠다는 의도였다.

긴급조치 9호와 보도심의위원회 통제 아래 8월 17일 재야인사 장준하의 사인死因에 대한 의문점을 보도한 동아일보 성낙오 기자가 긴급조치 9호 위반으로 구속됐다. 8월 27일에는 출판물 15종이 긴급조치 9호 위반으로 판매금지당했다. 이후 유신정권이 끝날 때까지 보도뿐 아니라 각종 출판물의 저자와 발행인들이 긴급조치 9호 위반으로 구속되는 필화사건이 끊이지 않았다.

사회 각 분야에 대한 통제 시스템도 더 강화되었다. 7월 9일 이른바

'4대전시입법'으로 불리는 사회안전법, 민방위기본법, 방위세법, 교육관계법 개정안이 야당의 격렬한 반대에도 국회를 통과했다. 사회안전법은 '반사회적 재범자를 격리시킨다'는 명분으로 시국사범을 격리시키는 데 목적이 있었다. 교육관계법 개정안은 유신체제에 비판적인 교수들을 재임용에서 탈락시키려는 의도였다.

유신체제에 거세게 저항했던 학생운동에 대한 탄압은 극에 달했다. 학생회를 없애고 4·19혁명 이후 폐지된 학도호국단을 부활시켰으며, 학생 써클에 대해서도 해산 명령을 내렸다. 사복경찰이나 공안기관 요원들은 대학에 상주하면서 학생들을 사찰했다. 시위라도 벌어지면 득달같이 달려와 주동자를 연행하는 바람에 학생들은 건물 난간이나 나무 위 같은 위험한 곳에서 시위를 벌여 시간을 벌었다. 12월 25일 문교부는 긴급조치 9호 위반으로 1975년에만 대학생 85명이 퇴학, 57명이 구속되었다고 발표했는데, 학생운동 탄압이 어느 정도였는지 알 수 있는 대목이다.

긴급조치 9호는 1979년 10월 26일 박정희가 피살될 때까지 유지됐다. 민주주의와 법치는 말살됐고 박정희의 영구집권 기반은 더욱 공고해졌다. 그러나 뒤집어 보면 이런 억압은 유신체제가 위기를 맞았다는 징조이기도 했다. '긴급조치'라는 극단적 수단을 일상적으로 휘두르지 않으면 유신정권을 지탱하기 어려웠던 것이다.

실제로 긴급조치 9호 아래서도 유신체제에 맞선 저항은 계속됐다. 긴급조치 발동으로 직격탄을 맞은 학생운동은 소강국면을 맞기도 했지만 서서히 전열을 가다듬었다. 1978년에 이르면 시위 규모가 학내를 넘어 가두 연합시위를 시도할 만큼 커진다. 1978년 6월 12일 서울대 인문대에서 3,000여 명이 참여하는 반정부 시위가 열리고 6월 26일에는

광화문에서 대규모 시위가 계획되기도 했다. 이른바 '광화문 연합시위'
는 공안당국의 방해로 지도부가 나타나지 못했는데도 1,000여 명이 모
여 "유신철폐"를 외쳤다.

재야 민주화 진영은 1976년 3월 '3·1 민주구국선언'(일명 명동사건)[33],
1977년 3월 '민주구국헌장' 발표, 1978년 7월 '민주주의 국민연합' 결
성, 1979년 3월 '민주주의와 민족통일을 위한 국민연합' 등으로 조직화
되어갔다. 각 부문별 운동도 조직화 경향을 보였다. 유신정권이 해고한
대학교수들은 1977년 12월 해직교수협의회를 만들어 '민주교육선언'을
발표했다. 1978년 1월에는 인권운동협의회가 설립되어 긴급조치 9호 아
래 벌어지는 인권유린에 맞섰다.

동아일보와 조선일보에서 쫓겨난 기자들은 '동아자유언론수호투쟁
위원회'와 '조선자유언론투쟁위원회'를 통해 재야에서 언론자유운동을
벌여나갔다. 나아가 이들의 언론자유운동은 다른 분야의 지식인 운동
과 마찬가지로 곧 반독재 민주화운동의 차원으로 이어지게 된다.

노동자운동과 농민운동도 빼놓을 수 없다. 종교계(기독교·천주교)의
지원과 연대 아래 성장한 노동자운동과 농민운동은 유신체제 후반기
주요한 저항 세력이 되었다. 이 시기 청계피복노조, 동일방직, YH무역
등에서 벌어진 노동자들의 민주노조투쟁, 노동조건 개선투쟁을 유신정
권은 '반체제운동'으로 간주해 가혹하게 탄압했다. 그런데 이런 탄압이
오히려 노동운동이 정치투쟁의 성격을 띠게 만들었고 결국 YH 여성노

---

33. 1976년 3월 1일 명동성당에서 '3·1절 기념미사' 후 기독교와 천주교가 함께 마련한 기
   도회에서 함석헌, 윤보선, 정일형, 김대중 등 재야 명망가들의 이름으로 발표된 선언. 구속
   자 석방, 의회정치 복원, 사법권 독립 등을 촉구하는 내용이었다. 유신정권은 이를 '정부
   전복 선동사건'으로 왜곡해 김대중, 문익환, 함세웅 등 11명을 긴급조치 9호 위반으로 구
   속했다.

동자들의 저항은 유신정권을 몰락시키는 도화선이 된다. 농민들도 '함평 고구마 피해보상 투쟁'(1976~1978년), '노풍(신품종 벼) 피해보상투쟁'(1979년) 등을 통해 유신정권의 농정에 맞섰다. 이런 노동자·농민의 투쟁을 통해 재야·지식인·학생 등 기존의 민주화운동 진영은 '민중'의 개념을 인식하게 된다.

사회 곳곳에서 유신체제를 흔드는 저항이 일어났지만 언론계는 잠잠했다. 경향신문, 중앙일보 등 몇몇 언론사에서 편집권 독립, 처우 개선을 요구하거나 특정 기사의 불공정성에 반발하는 기자들의 집단행동이 벌어지기는 했다. 그러나 언론계 전반으로 확대되거나 의미 있는 변화를 끌어내지는 못했다. 오히려 이 시기 언론사들이 매출액, 광고수입 등에서 비약적인 기업성장을 이루면서 상호경쟁이 심화되었고, 정권에 대한 비판기능은 완전히 마비되어 갔다. 유신체제에 반대하는 집회·시위는 물론 노동자들의 생존권 투쟁, 유신정권에 조금이라도 불리한 보도를 찾아보기 어려웠다. 언론에 대한 국민의 불만과 불신은 더 깊어졌는데, 이를 단적으로 보여준 것이 1979년 10월 부마항쟁이다. 당시 시위대는 파출소 등 관공서뿐 아니라 신문사와 방송사로 몰려가 돌을 던지며 격렬한 시위를 벌였다. 언론에 대한 누적된 불만이 유신체제 막바지에 극단적인 방식으로 터져 나온 것이다.

민주화운동으로 나아간 언론자유운동

"언론의 현직(現職)을 박탈당한 우리는 그동안 많은 것을 배웠다. 오랜 세월 짓눌려 온 민중의 가슴속에 자유에의 갈망이 안으로 타들어가 넓게 넓게 번지는 것을 본다. 그리고 우리는 참된 자유는 억압 속에서만 자라난다는 체험을 공유한다. (중략)

오늘날 우리는 수많은 사람들이 양심의 소리를 외치다가 감옥에 끌려가고, 직장에서 쫓겨나고, 배움터를 박탈당한 것을 목격하며, 또한 소위 경제성장의 응달에서 병들고 찌들린 무수한 사람들의 신음과 절규를 듣는다. 민주언론은 이러한 민중의 아픔을 같이하는, 민중을 위한, 민중에 의한, 민중의 것이어야 한다.

따라서 우리는 한줌도 안 되는 지배자의 언론이기를 거부한다. 체제나 정권은 유한하다. 그러나 민중과 민족은 영원하다. 이 영원한 민중과 민족을 위한 언론, 즉 민주민족언론을 우리는 지상과제로 삼는다. 자유언론은 어느 한 시대를 뛰어넘는 우리의 영원한 실천과제다. 따라서 우리는 영원한 투쟁을 선언하며, 영원한 승리를 확신한다."

_'민주민족언론선언' 중 일부
1977년 12월 30일 / 동아자유언론수호투쟁위원회 · 조선자유언론수호투쟁위원회

동아일보와 조선일보에서 쫓겨난 '거리의 기자'들은 유신체제 후반 언론계의 저항을 주도했다. 이들은 부당해고에 맞서 법정투쟁을 벌이는 동시에 언론자유투쟁의 정당성을 시민들에게 알렸고, 제도언론의 굴종과 반민중적인 보도행태를 비판했다. 나아가 민주주의와 인권을 위한 각계의 투쟁에 적극적으로 연대했으며, 자신들의 매체를 만들어 제도언론이 외면하는 민주화 진영의 소식을 전하기도 했다.

동아일보 기자와 프로듀서 · 아나운서들은 1975년 3월 17일 회사에서 폭력적으로 쫓겨난 다음 날 18일 '동아자유언론수호투쟁위원회'(동아투위)를 결성했다. 당시 가입회원은 138명, 일부는 회사로 돌아가고

113명이 끝까지 남는다. '조선자유언론수호투쟁위원회'(조선투위)는 3월 21일 33명 기자들로 구성돼 32명이 활동을 이어가게 된다.

동아투위와 조선투위의 초기 활동은 부당해고 철회와 언론자유 보장에 방점이 있었다. 이들은 법정투쟁과 장외투쟁을 병행했는데, 동아투위의 경우 6개월 동안 동아일보사 앞에서 침묵시위를 이어갔다.

재야와 종교계, 법조계, 학생 등 각계에서 지지와 연대가 잇따랐다. 기독교와 천주교에서는 기도회나 특별미사, 바자회를 통해 동아투위와 조선투위를 지원했다. 인권변호사들은 동아일보와 조선일보를 상대로 한 부당해고 무효확인 소송을 무료 변론해주었다. 이화여대 학생들이 손수건을 팔아 동아투위 성금을 마련하는 일도 있었다.

유신정권은 온갖 방법을 동원해 '거리의 언론자유운동'을 탄압했다. 해직기자들은 걸핏하면 경찰과 중앙정보부에 불법연행됐고, 「동아투위소식」·「조선투위소식」 같은 유인물도 빼앗기기 일쑤였다. 1975년 6월에는 동아투위 대변인을 맡고 있던 이부영 기자와 성유보 기자가 이른바 '청우회'라는 용공조작 사건에 연루돼 구속되기도 했다. 해직기자들의 생계 활동도 탄압받았다. 동아투위가 신용조합 형태로 운영하려던 잡화류 가게는 경찰의 압박을 받은 건물주가 잠적하는 바람에 무산되었고, 개개인의 재취업도 끊임없이 방해받았다. 해직기자들을 지원하는 사람들에게도 불똥이 튀었다. 김관석, 박형규 목사 등이 '선교자금 횡령·배임' 혐의로 구속됐고, 손수건을 팔아 성금을 마련한 이화여대 학생들이 긴급조치 9호 위반으로 구속되는 일이 벌어지기도 했다.

그러나 동아투위와 조선투위는 생활고와 정치적 핍박 속에서도 언론자유투쟁을 멈추지 않았다. '거리의 기자'들은 유신체제 말기의 폭압을 겪으며 민주화 없이 언론자유도 없다는 사실을 확인했다. 재야,

종교계, 지식인, 학생들과의 연대가 이루어졌고 언론자유운동은 반독재 민주화운동으로 나아갔다.

이 같은 경향은 1977년경부터 보다 분명하게 나타난다. 앞서 일부를 발췌한 동아투위와 조선투위의 1977년 '민주민족언론선언'은 해직기자들의 언론자유운동이 어떤 방향으로 확대, 발전되어 갔는지 상징적으로 보여준다. 이 외에도 유신정권 말기 재야언론운동의 흐름을 보여주는 사건들은 많다.

1977년 3월 22일 윤보선 등 재야인사 10명이 '민주구국헌장'을 발표했다. 이 헌장은 '민주국민연합' 결성을 주장하며 동참의 의미로 서명운동을 제안, 재야와 대학으로 급속히 확산됐다. 그러자 공안당국은 서명자들까지 연행하고 일부는 구속했는데, 동아투위 해직기자 54명도 중앙정보부에 연행돼 조사를 받았다. 비슷한 시기 동아투위는 5월 17일 2대 집행부 출범과 함께 활동 영역을 민주화운동으로 넓힌다는 방침을 세운다. 동아투위 안종필 2대 위원장은 당시 "이제 투위는 더 이상 동아일보사 복직 문제에만 매달리지 말고 연대운동에 나서야 한다. 민주주의와 인권을 위해 싸우는 각계각층과 유대의 폭을 넓혀야 한다"고 역설했다.[34]

해직기자들은 12월 말부터 시작된 '인권운동협의회' 결성 과정에도 함께했다. 인권운동협의회는 유신정권 아래 벌어지는 불법연행과 고문, 노조탄압과 해고 등 인권침해에 대응하기 위한 연대단체였다. 한국기독교교회협의회가 주도하고 성직자, 학자, 법률가, 해직언론인들이 참여

---

34. 성유보, '멈출 수 없는 언론자유의 꿈(74)-30여 년 전 안종필이 꿈꾼 새시대 언론', 2014년 4월 15일, 한겨레.

해 1978년 1월 24일 정식 발족했다. 인권침해 조사, 수사와 재판 과정에서 법률지원과 홍보 등에 초점을 맞추었지만 반독재 민주화운동의 한 부분으로서의 성격이 강했다. 언론계에서는 송건호 전 동아일보 편집국장이 부회장, 동아투위 안성열·박종만 기자가 각각 총무와 실행위원을 맡았다. 문영희·임채정·김종철·정연주(동아투위), 최장학·신홍범(조선투위) 기자는 중앙위원이 되었다.

이어 동아투위와 조선투위는 1978년 결성된 '민주주의국민연합'에 가입했다. 7월 6일 제9대 대통령선거를 앞두고 재야는 유신독재에 반대하는 모든 세력이 결집한 전선조직을 준비했다. 윤보선, 함석헌, 문익환 등 재야인사와 12개 단체가 참여한 '민주주의국민연합'이다. 민주주의국민연합 창립대회는 7월 5일 기독교회관에서 열릴 예정이었다. 그러나 유신정권은 4일부터 수천 명의 경찰병력을 동원해 재야인사들을 연행하거나 가택 연금하는 방식으로 창립대회를 무산시켰다. 그리고 7월 6일 박정희는 통일주체국민회의 대의원 99.99%의 지지를 받아 다시 대통령에 당선됐다.

비록 창립대회는 열지 못했지만 민주주의국민연합은 6일 '민주구국선언'을 발표하고 유신체제에 맞설 것을 천명했다. 선언은 유신체제 아래 어떤 선거 결과도 인정할 수 없으며 △유신체제 타파 △노동자·농민의 생존권 보장 △자유언론 쟁취 △모든 정치범의 석방과 복권을 당면 목표로 삼아 투쟁하겠다고 밝혔다. 선언에 동참한 12개 단체는 인권운동협의회·천주교정의구현전국사제단·자유실천문인협의회·동아투위·조선투위·한국교회사회선교협의회·해직교수협의회·민주청년인권협의회·민주회복구속자협의회·양심범가족협의회·전국농민인권위원회·전국노동자인권협의회였다.

동아투위는 민주주의국민연합 가입에 대해 "동아투위는 당초 국민연합이 다소 '정치 지향적'이지 않은가 하는 의구심 때문에 가입에 소극적이었으나, 그렇다고 설립목적에 이의가 없는데 굳이 반대할 입장도 아니어서 조금은 엉거주춤한 상태로 회원단체가 되었다"고 설명하고 있다.[35] 그러나 민주주의국민연합의 성격을 어떻게 볼 것인가 하는 점은 별개로, 해직기자들이 반독재 연합전선의 필요성에 공감하고 참여했다는 사실은 주목할 만하다. 다른 한편으로 민주주의국민연합이 당면 4대 투쟁과제로 '자유언론 쟁취'를 내걸었다는 것은 재야도 민주화와 언론자유를 하나의 과제로 인식했음을 보여준다.

해직기자들이 노동자들의 투쟁에 연대하는 경우도 있었다. 1978년 2월 동일방직 노동조합 대의원 선거일에 사측이 폭력배를 동원, 여성노동자들을 폭행하고 오물을 퍼붓는 사건이 벌어졌다. 그러나 제도언론은 이 충격적인 사건을 외면했다. 3월 17일 동아투위 발족 3주년 기념행사 후 10여 명의 회원들은 제도언론의 보도행태를 비판하며 동일방직 노동자들의 투쟁을 지지하는 단식에 들어갔다. 단식은 5일간 계속됐는데 이들이 단식 중이던 20일 동일방직 등의 노동자 100여 명이 기독교방송국에서 제도언론을 규탄하는 시위를 벌였다. 해직기자들과 노동자들이 제도언론에 맞서 함께 싸운 것이다. 3월 27일에는 각계 인사 130여 명이 동일방직 사건 해결을 위한 긴급대책위원회를 구성했는데 동아투위 안종필 위원장과 안성열 위원이 참여했다. 동아투위는 1979년 YH무역 여성노동자들에 대한 무더기 해고와 폭력 사태가 벌어졌을 때에도 규탄성명을 발표하고 이병주 위원장 대리가 대책위원회

---

35. 동아자유언론수호투쟁위원회, 앞의 책, 270쪽.

신민당사에서 농성을 벌이다 경찰들에 의해 무자비하게 끌려나오는 YH무역 여성노동자들

실행위원으로 참여했다.

제도언론을 대신한 '민주민권일지'

제도언론이 아무런 역할을 하지 못하는 상황에서 해직기자들은 다
시 펜을 들었다.

동아투위는 1978년 6월부터 제도언론이 외면하는 민주화운동과 인
권에 관한 기사를 몇 가지씩이라도 「동아투위소식」에 싣기로 했다. 6
월 17일 「동아투위소식」은 대학가 종교계 재야 민주단체 등의 소식 7
건을 실었고, 8월 17일에는 전남대 교수들의 '우리의 교육지표 사건'[36]

등 민주화운동과 인권 관련 사건 5건을, 9월 13일에는 동일방직 노동자 취업방해 관련 기사 등 6건을 실었다.[37]

자유언론 실천선언 4주년이 되던 1978년 10월 24일. 동아투위는 명동 한일관에서 기념식을 열고, 「동아투위소식」 특집호 '보도되지 않은 민주민권일지'(민권일지)를 배포했다. 민권일지는 1977년 10월부터 1978년 10월까지 제도언론이 보도하지 않은 125건의 사건을 기록한 것이다. 아울러 동아투위는 '진정한 민주·민족언론의 좌표'라는 글을 통해 제도언론의 보도행태를 비판하고 자유언론을 억압하는 모든 법과 제도의 철폐를 주장했다.

이 '민권일지' 사건으로 안종필 위원장과 홍종민 총무, 안성열, 박종만 위원이 긴급조치 9호 위반으로 구속됐다. 동아투위가 장윤환 위원장 대리 체제를 갖추고 탄압에 맞서자 유신정권은 장 위원장과 이기중 총무대리, 이규만, 임채정, 정연주, 김종철 위원마저 연행했다. 이 가운데 장 위원장대리, 김종철 위원이 긴급조치 9호로 구속되면서 민권일지 사건 구속자는 6명에 이르렀다. 연행과 구속은 이것으로 끝나지 않았다. 유신정권은 11월 17일자 「동아투위소식」도 트집 잡아 당시 이병주 위원장대리와 양한수 총무대리, 정연주 위원을 연행했다. 이번에는 정연주 위원이 긴급조치 9호 위반으로 구속됐다.

그러나 동아투위도 물러서지 않았다. 동아투위는 다시 윤활식 위원

---

36. 1978년 6월 27일 송기숙 등 전남대 교수 11명이 발표한 선언. 학원의 인간화, 민주화, 교육자의 양심에 기초한 교육 등을 담았다. 당초 전남대뿐 아니라 서울 지역 교수들도 함께 발표하려 했으나 차질이 생겨 전남대 교수들의 이름으로 발표. 11명 전원이 중앙정보부로 연행되었고, 함께 선언을 준비했던 연세대 해직교수 성내운은 긴급조치 9호 위반으로 구속되었다. 이 사건에 항의해 광주 지역에서 격렬한 학생시위가 벌어져 500명이 연행되고 16명이 구속되었다.
37. 동아자유언론수호투쟁위원회, 앞의 책, 288쪽.

장대리와 이기중 총무대리를 선출하고 「동아투위소식」 송년특집호를 2,000부나 찍어 각계에 배포했다. 여기에는 구속된 동아투위 위원 일곱 명의 공소장 내용, 구속자들의 근황, '자유언론은 영원한 실천과제'라는 성명서가 실렸다. 그러자 1979년 1월 유신정권은 윤활식, 이기중, 성유보 세 사람을 긴급조치 9호 위반으로 구속했다. 이것이 '제2차 민권일지 사건'이다.

1·2차 민권일지 사건으로 열 명이나 되는 해직기자들이 구속되자 국내는 물론 해외에서도 파장이 일었다. 각계에서 언론탄압을 항의하는 성명이 잇따랐고 외신들도 이 사건을 보도하고 나섰다. 동아투위는 특별대책위원회를 꾸려 법정투쟁을 지원했다. 22명의 인권변호사들이 무료변론에 나선 민권일지 재판은 유신정권과 민주화운동 진영이 언론자유를 놓고 대결하는 장이 되었다.

유신정권의 사법부에서 판결은 예정된 것이나 다름없었지만 구속자들은 재판 과정에서 조금도 굴하지 않고 유신정권의 언론탄압 실상을 조목조목 폭로했다. 구속자 열 명은 1심과 항소심 모두 유죄판결을 받아 복역하던 중 1979년 10월 박정희가 피살되고 긴급조치 9호가 해제되면서 풀려났다. 그러나 언론자유운동의 확장을 주도한 동아투위 안종필 2대 위원장은 1979년 12월 초 출옥 직후 간암 진단을 받고 1980년 2월 세상을 떠났다.

한편 재야의 언론인들이 민주주의와 언론자유를 위해 싸울 때 일부 언론인들은 유신정권에 부역해 출세를 보장받았다. 박정희 정권은 언론사뿐 아니라 언론인 개인에게도 '당근정책'을 폈는데, 촌지 등을 통한 '일상적 관리'는 말할 것도 없고 언론인들을 국회의원이나 관료로 적극 발탁하는 방식을 써서 이들을 순치했다.

문태갑(서울신문), 이종식(조선일보), 이진희(서울신문), 임삼(한국일보), 정재호(경향신문), 최영철(동아일보), 주영관(합동통신) 등은 박정희의 지명을 받아 유정회 1기 국회의원이 되었다. 이들은 유신체제 이전부터 청와대를 오랫동안 출입했던 정치부 기자 출신이었다. 이후 박정희 정권이 무너질 때까지 14명의 언론계 출신 유정회 의원들이 배출된다. 행정부 특히 문공부 장차관을 비롯한 홍보 라인에도 언론계 출신들이 대거 발탁됐다. 박정희 정권 아래 문공부장관은 2대 신범식(1969.4~1971.6)부터 3대 윤주영(1971.6~1974.9), 4대 이원경(1974.9~1975.12), 5대 김성진(1975.12~1979.12), 6대 이규현(1979.12~1980.5)까지 모두 언론계 출신이었다.[38]

이 가운데는 정권의 언론통제를 앞장서 실행하거나 사측에 서서 후배 기자들의 언론자유투쟁을 탄압한 인물도 있다. 1973년 3월 유신정권은 정부 부처에 대변인 제도를 도입, 언론인 13명을 각 부처 대변인으로 발탁했다. 유신체제 초기 정권 홍보를 강화하고 효과적인 언론통제를 위해 마련된 이 제도는 당시 문공부장관이었던 윤주영의 발상으로 알려졌다.

또 유정회 3기 의원으로 정계에 입문한 김윤환은 1974년 말~1975년 초 조선일보 기자들의 무더기 해고가 벌어지던 때 편집부국장이었다. 그는 신홍범, 백기범 기자의 해고로 기자들의 집단행동이 일어나자 "1975년 3월 5일 이전 복직"을 약속해 사태를 무마했다가 이후 "개인적 판단"이라고 말을 바꾼 바로 그 인물이다. 김윤환은 1979년 박정희의 지명으로 유정회 의원이 되었고, 전두환·노태우 정권을 거치며 문

---

38. 동아자유언론수호투쟁위원회, 앞의 책, 288쪽.

공부 차관, 대통령 비서실장, 5선 국회의원까지 지내게 된다.

이밖에도 많은 언론인들이 유신정권에서 정관계로 진출해 이후 정권까지 승승장구했다. 유정회 1기 의원 이진희는 1980년 신군부의 국가보위비상대책위원으로 참여해 언론인 대량해고에 앞장서고, 1982년 문화공보부 장관에 올랐다. 1973년 경제기획원 대변인으로 발탁된 서기원은 청와대 대변인을 거쳐 1990년 KBS 사장으로 입성했다. 당시 격렬하게 반대하는 KBS 노조를 공권력으로 짓밟아 방송노동자들의 연대투쟁이 벌어지기도 했다.

유신정권은 기자라는 직업을 정관계로 나아가는 징검다리로 만들었고 이런 방식의 언론인 순치와 통제는 5공 정권에 그대로 이어졌다. 유신정권에 부역한 언론인들은 신군부 아래서도 굴종의 길을 갔다. 그리고 유신정권에 맞서 언론자유투쟁을 벌인 재야의 언론인들 역시 자신의 길을 갔다.

2장
80년 광주와 민주언론의 갈망

신군부가 만든 '언론운동가'

유신체제 몰락과 언론자유의 꿈

1979년 10월 26일 박정희가 중앙정보부장 김재규에게 피살되었다. 18년 장기독재는 심복의 총에 의해 갑작스럽게 끝났다. 그러나 유신체제의 종말을 불러온 배경에는 억압적 통치에 따른 누적된 모순과 여기에 맞선 민중의 투쟁이 있었다. 특히 부마항쟁은 10·26을 촉발한 계기였다. 박정희의 부마항쟁 대응을 지켜본 김재규는 '엄청난 국민의 희생을 막고 민주주의를 회복하기 위해' 박정희를 쏘았다고 주장했다.

부마항쟁은 1979년 10월 16일 부산대 학생들의 교내시위가 가두로 번지면서 부산과 마산 일대에서 벌어진 4·19혁명 후 최대 규모의 반독재시위다. 유신정권은 항쟁을 진압하기 위해 부산 일대에는 계엄령을, 마산·창원 일대에는 위수령을 발동해야 했다. 16일부터 20일까지 1,563명이 연행되었고 그 중 87명(학생 37명, 일반인 50명)이 군법회의에 회부되었다.[39] 일반 시민까지 가세한 부마항쟁의 직접적인 원인으로는 신민당 김영삼 총재의 의원직 제명이 꼽히는데, 여기에 70년대 말 노동자

투쟁이 관련돼 있다.

1979년 사측의 위장 폐업에 맞서 싸우던 YH무역 여성노동자들이 8월 9일 신민당사로 들어가 농성을 벌이게 된다. 앞서 5월 신민당 전당대회에서 총재로 선출된 김영삼은 대여 강경노선으로 정권과 긴장관계에 있었다. 공권력은 신민당사에서 농성을 벌이던 노동자들을 무자비하게 진압했고 그 과정에서 노동자 김경숙이 추락사했다. 신민당 국회의원, 당원, 기자들도 무차별 폭행을 당했다. 재야와 야당은 물론 미국 정부마저 폭력 진압을 비판하고 나섰지만 유신정권은 오히려 YH노조 간부들과 종교인, 지식인들을 구속했다. 나아가 10월 4일 국회는 의정 사상 처음으로 김영삼을 의원직에서 제명함으로써 부산과 마산 시민들의 분노를 촉발했다. 노동자 투쟁에 대한 폭력 진압이 '선명야당'에 대한 정치적 탄압으로 이어지면서 항쟁의 기폭제가 된 셈이다.

그러나 이것만으로 부마항쟁을 설명하기는 어렵다. 1978년 12월 제10대 국회의원 선거 결과를 보면 이미 민심은 유신체제를 떠나고 있었다. 극심한 선거부정이 저질러졌는데도 득표율에서 신민당이 32.3%로 공화당 31.2%를 앞섰다. '반공'과 함께 개발독재를 지탱하던 경제성장도 위기를 맞고 있었다. 수출 중심, 중화학공업 중심의 경제발전 전략은 78년 말부터 시작된 오일쇼크로 치명타를 맞았다. 유신체제는 정치적 억압에 더해 '먹고사는 문제'마저 해결하지 못하게 되었고, 그에 대한 불만은 어떤 형태로든 폭발할 수밖에 없었다. 부마항쟁은 이런 구조적 요인이 정치적 사건과 결합해 분출된 민중의 분노였고, 권력 내부의 균열까지 가져옴으로써 예상치 못했던 방식으로 유신체제를 끝낸 것

---

39. 민주화운동기념사업회, 앞의 책, 367쪽.

이다.

　박정희의 죽음으로 유신체제는 종말을 맞았지만 유신 세력은 남아 있었다. 민주화 세력은 군부 등의 유신 잔존 세력과 '유신 이후'를 놓고 대결하는 상황을 맞았다. 10월 27일 '대통령 유고'를 이유로 제주도를 제외한 전국에 비상계엄령이 선포됐고, 시위와 단체활동 금지, 언론의 사전검열 등을 담은 포고문이 발표됐다. 한편에서는 민주화에 대한 희망이, 다른 한편에서는 독재체제 연장에 대한 우려가 공존했다. 이런 불안한 상태는 1980년 5월 전두환 신군부가 광주학살을 저지르기 전까지 이어졌다.

　계엄령 아래서도 민주주의 회복을 요구하는 각계의 목소리는 터져 나왔다. 11월 10일 최규하 대통령권한대행이 '유신헌법에 따른 대통령 선출'을 발표하자 재야 민주화 세력들은 거세게 반발했다.

　'민주주의와 민족통일을 위한 국민연합'(국민연합)[40]은 12일 성명을 내고 "새로운 민주헌법을 3개월 이내에 제정하고, 가능한 빠른 시일 내에 선거를 실시할 것"과 "거국 민주내각으로 과도정부를 수립할 것"을 요구했다. 또 서울을 비롯한 주요 도시에서 '통일주체국민회의 의원에 의한 대통령 보궐선거 저지를 위한 국민대회'를 열 것 등을 결의했다.

　13일에는 동아투위, 조선투위, 해직교수협의회, 자유실천문인협의회, 민주청년협의회가 '나라의 민주화를 위하여'라는 공동성명을 발표했다. 이들 역시 "유신체제의 즉각적인 철폐"와 함께 구속자 석방, 복권·복직·복학, 언론자유 보장 등을 요구했다. 그러나 이 성명을 발표한 단

---

40. 1978년 12월 결성된 민주주의국민연합은 1979년 3월 체제를 개편하고 '민주주의와 민족통일을 위한 국민연합'으로 명칭을 바꾸었다. 윤보선, 함석헌, 김대중이 공동대표로 선출됐다.

체의 주요 인사들은 계엄령 위반으로 구속됐다.

11월 24일에는 이른바 'YWCA 위장결혼 사건'이 벌어진다. 재야 민주화 세력들이 명동 YWCA 강당에서 결혼식을 위장해 통일주체국민회의에 의한 대통령 선출을 반대하는 집회를 연 것이다. 이날 140여 명이 계엄군에 연행, 14명이 구속됐다.

이밖에도 조속한 유신헌법 철폐와 민주화를 촉구하는 집회, 시위는 끊임없이 벌어졌다. 그러나 12월 1일 통일주체국민회의는 체육관 선거를 통해 최규하를 제10대 대통령으로 선출했다. 물론 최규하의 당선은 큰 의미가 없게 된다. 12월 12일 전두환을 중심으로 한 신군부는 쿠데타를 일으켜 정승화 계엄사령관을 체포하고 군부를 장악했으며, 전두환은 정치적 '실세'로 떠올랐다.

전두환 신군부가 집권 시나리오를 차근차근 실행해가는 동안, 야권에서는 김영삼과 김대중 사이의 주도권 경쟁이 벌어지고 있었다. 학생운동권과 재야 민주화 세력들도 신군부를 경계했으나 정권찬탈 음모를 감지하지는 못했다. '서울의 봄'이라고 불릴 만큼 민주주의를 향한 요구는 곳곳에서 뜨겁게 분출됐다.

대학에서는 '학원민주화 선언'이 잇따랐고 학생회 재건 움직임도 일어났다. 5월로 들어서면 학생들의 요구는 계엄철폐로 이어지고 대규모 거리시위로 확대된다. 노동계에서도 노조 결성, 해고 반대, 임금인상 등 노동조건 개선 투쟁이 줄을 이었고 5월에는 한국노총이 전국 11개 시·도에서 '노동기본권 확보 궐기대회'를 열었다.

언론계라고 다르지 않았다. 해직언론인들의 복직과 유신언론인 청산, 언론자유 보장과 검열 철폐 등이 현안으로 떠올랐다. 동아투위와 조선투위는 "즉각 복직"과 "언론자유 보장"을 요구했고 경향신문, 한국일보, 동아일보 등 언론사 내부의 기자들도 이들을 지지하는 성명서를 발표했다.

무기력했던 기자협회를 '재건'하려는 시도도 활발하게 이뤄졌다. 기자협회는 1980년 3월 31일 대의원대회에서 20대 회장으로 합동통신 김태홍 기자를 선출하고 집행부를 개편했다. 아울러 3개항의 결의안을 만장일치로 채택하는데 △민주발전의 준엄한 감시자 역할을 철저히 실천한다 △편집권 독립의 제도적 보장과 언론에 대한 어떠한 간섭이나 왜곡을 배격한다 △동아·조선투위의 복직과 양 분회의 정상화를 도모한다는 내용이었다.

기자협회 재건은 김태홍 등 몇몇 언론사 기자들을 중심으로 은밀히 준비되어온 것이다. 합동통신, 중앙매스컴, 경향신문, 한국일보의 일부 기자들은 1975년부터 비공개모임을 운영해오다가 10·26 이후 공개적인 활동을 모색하게 된다.[41] 기자협회의 쇄신이 첫 단계였다. 김태홍 회장이 당선된 후 기자협회는 의욕적으로 활동했다. 우선 기관원들의 출입이 금지됐다. 당시 기자협회 사무실에는 중앙정보부에서 2명, 보안사에서 2명, 치안본부에서 1명, 시경 정보과에서 1명, 남대문경찰서에서 1명 등 모두 7명의 기관원이 파견되어 있었다. 기자협회는 20대 집행부 출범과 함께 '기관원 출입 금지'를 선언하고 이들의 출입을 막았다.

아울러 기자협회는 개정될 헌법에 언론자유 관련 조항을 넣기 위한 활동을 벌였다. 강연회와 공청회를 열어 언론계 여론을 수렴했고, 이를

---

41. 김태홍 「80년 5월, 기자들은 생명을 걸고 전두환 세력과 싸웠다」, 『5·18 민주화운동과 언론투쟁』, 5·18 기념재단, 2014년, 296쪽.

바탕으로 시안을 마련했다. 기자협회 시안은 ① 모든 국민은 진실을 알고 양심적인 의사를 표명할 권리를 가진다. ② 자유롭고 양심적인 언론 출판과 집회 및 결사는 제한할 수 없다. ③ 언론 출판에 대한 허가나 검열은 금지한다. ④ 언론매체의 독점은 인정되지 아니하며 편집·편성의 독립은 보장한다. ⑤ 언론종사자들은 취재·보도·논평 및 제작 활동에서 부당한 간섭을 받지 아니하며 이러한 활동으로 인해 연행·체포·구금되지 아니한다는 5개 조항이었다.

검열 철폐운동도 활발하게 벌어졌다. 4월부터 동아일보, 동양통신 등 몇몇 언론사에서 언론자유 보장을 촉구하는 움직임이 일어났고 5월 들어 전체 언론사로 확산된다. 그 배경에는 중앙일보 탁경명 기자 사건이 있었다. 4월 21일 강원도 사북 동원탄좌에서 일어난 노동자 시위를 취재하던 탁경명 기자가 계엄사에 끌려가 폭행당한 사실이 드러나면서 기자들을 분노케 한 것이다. 게다가 언론은 사북 노동자 항쟁의 진상은 물론이고 기자 연행 사실조차 보도할 수 없었다. 중앙일보가 5월 7일 1단 기사를 실었는데, 이 정도의 기사를 싣는데도 기자들의 집단행동이 필요했다. 중앙일보와 동양방송 기자들은 이날 기자총회를 열어 기자 폭행에 항의하고 비상계엄의 조속한 해제, 자유언론 실천 다짐 등을 담은 결의문을 발표했다.

이어 5월 9일 기독교방송, 합동통신, 국제신문, 10일 경향신문, 동아방송, 12일 충청일보, 13일 문화방송, 전남매일 15일 대구문화방송, 매일신문, 전남일보 등에서 기자들의 언론검열 철폐 요구가 이어졌다.

16일에는 기자협회가 '검열거부선언문'을 발표하고 강경투쟁 방침을 정했다. 선언문은 "계엄당국의 보도검열 즉각 철폐를 요구하며 언론계 내부에 아직껏 온존하고 있는 유신잔재 및 그 세력을 일소하기 위해 끝까지 투쟁할 것"임을 밝히고, "모든 기자들은 검열 철폐를 위한 극한 투쟁을 불사한다", "검열지침을 무시한다"는 행동지침을 마련했다. 또 검열거부 시점을 20일 0시로 잡고, 검열이 계속되면 제작거부에 나서기로 결의했다.

그러나 다음 날인 17일 신군부는 계엄령을 전국으로 확대하고 광주학살로 정국을 장악했다. 10·26 이후 찾아온 '서울의 봄'은 6개월여 만에 끝났고 언론자유의 꿈도 다시 한 번 좌절되었다. 뿐만 아니라 자유언론 실천, 검열 철폐운동에 적극적으로 나섰던 언론인들은 신군부의 '표적'이 된다.

좌절된 '서울의 봄'과 기자들의 저항

신군부의 심상치 않은 움직임은 4월 14일 보안사령관 전두환이 중앙정보부장서리를 겸직했을 때보다 분명하게 감지되었다. 현직 군인의 중앙정보부장 겸직은 불법이었으나, 전두환은 최규하를 압박해 '서리'라는 꼬리를 붙여 그 자리에 앉았다. 군은 물론이고 정보기관까지 통제함으로써 사실상 계엄령 아래 정국을 장악하게 된 것이다. 학생들과 재야인사들, 야당의 불안감은 커질 수밖에 없었다. 신군부의 계엄확대 직전인 5월 15일 발표된 '지식인 134인 선언'[42]은 전두환과 신군부

---

42. 이 선언에는 언론계 인사 19명이 참여했다. 송건호 전 동아일보 편집국장, 장윤환, 이종욱, 성유보 등 동아투위원, 백기범, 신홍범 등 조선투위원, 김태홍 기자협회장, 임재경 한국일보 논설위원 등이다. 이 선언으로 많은 지식인들이 고초를 겪어야 했다. 언론계에서는 임재경과 이종욱이 구속됐다.

에 대한 견제가 뚜렷하게 확인된다. 학계, 법조계, 언론계, 종교계, 문인 등 각 분야 지식인들이 한 달 이상 준비해 발표한 이 선언은 △비상계엄 즉각 해제 △빠른 시일 내 평화적인 정권이양 △학원 자유 △언론의 독립과 자유 △노동기본법 보장 △민주인사 석방·복권·복직 △군의 정치적 중립을 촉구했다. 특히 '군의 정치적 중립' 부분에서는 "한 사람이 국군 보안사령관직과 중앙정보부장직을 겸직하고 있다는 사실은 명백한 불법이므로 마땅히 시정되어야 한다"며 전두환을 겨냥했다.

　학원자율화에 주력하던 학생들도 거리로 나와 계엄철폐를 주장하기 시작했다. 5월 15에는 가두투쟁이 절정에 이르러 서울역에만 10만 가까운 학생들이 모였다. 이날 시위는 투석전이 벌어질 만큼 치열했으나 더 이상 확대되지 않는다. 16일 새벽 학생대표들이 가두시위를 끝내기

10만 대학생들이 서울역에 집결해 계엄 철폐를 요구하는 연좌시위를 벌이고 있다

로 결정했기 때문이다. 장시간 격렬한 토론이 벌어졌고, '일단 학교로 돌아가 후일을 도모한다'는 쪽으로 의견이 기울었다. 그러나 '서울역 회군'으로 불리는 이 결정은 광주에서 계속된 저항, 신군부의 광주학살 등과 맞물려 오랫동안 논쟁거리가 된다.

학생들이 학교로 돌아간 직후인 5월 17일. 전두환은 전군 주요지휘관회의를 열어 '계엄확대를 대통령에 건의한다'는 결의를 끌어냈다. 이어 오후 9시 30분 열린 국무총리 주재 비상국무회의에서 단 10분 만에 비상계엄 전국 확대안을 통과시키고, 대통령 재가를 받아내게 했다. 계엄확대와 함께 계엄포고령 제10호가 떨어졌다. 모든 정치활동이 금지됐고, 집회·시위·태업·파업 등도 금지됐다.

5월 17일 밤부터 검거열풍이 몰아닥쳤다. 야당 지도자, 재야인사, 학생 등 신군부의 눈 밖에 난 사람들이 줄줄이 연행되거나 수배됐다.

언론계도 예외가 아니었다. 경향신문 고영재 기자 등 7명의 기자협회 집행부가 17일과 18일 사이 체포됐고, 기자협회 사무실은 계엄사 요원들에게 침탈당해 각종 자료를 빼앗겼다. 김태홍 회장은 몸을 피했지만 수배생활 끝에 8월말 체포된다. 해직기자를 비롯한 재야언론인들 중에서는 송건호와 홍종민 동아투위 총무가 연행됐고, 동아투위 이병주 위원장과 조선투위 정태기 위원장 등은 수배됐다. 신군부는 송건호, 홍종민 두 사람을 '김대중 내란음모 사건'의 언론계 라인으로 조작하기 위해 무자비한 고문을 가했다. 고문의 후유증은 심각했는데, 홍종민은 심장병을 얻어 1988년 43세로 사망했고 송건호는 파킨슨병으로 1994년부터 8년간 투병하다 2001년 세상을 떠났다.

한편 기자협회 집행부가 연행되거나 도피하는 상황이 됐지만 '검열철폐와 제작거부' 결의는 살아 있었다. 오히려 신군부의 기자협회 유린과 집행부 연행 사실이 알려지면서 기자들은 분노했다. 게다가 광주에서 벌어지고 있던 신군부의 학살이 외신과 지방주재 기자들을 통해 전해지면서 '가만히 있을 수 없다'는 공분이 확산됐다. 그러나 철저한 보도통제 상황에서 기자들이 할 수 있는 거의 유일한 저항은 제작거부였다. 경향신문, 동아일보와 동아방송, 중앙일보와 동양방송, 합동통신, 한국일보, 전남매일신문 등에서 기자들의 제작거부 움직임이 일어났다. 그러자 간부들과 제작거부에 동참하지 않는 일부 기자들이 통신사 기사로 지면을 채워 신문을 발행했다. 이 때문에 기자들의 제작거부 전보다 왜곡보도가 더 심해지는 경우도 있었다.

제작거부로 지면을 축소발행하거나 신문발행을 중단한 곳은 경향신문과 전남매일신문 정도였다. 경향신문 기자 100여 명은 5월 19일과

광주 시민들이 금남로에 모여들어 차량을 앞세운 채 시위를 벌이고 있다

금남로에서 시민이 피를 흘리며 계엄군에 끌려가고 있다

20일 잇따라 편집국 총회를 열어 21일부터 제작거부에 들어가기로 결의했다. 당시 경향신문은 8면 체제였는데 기자들의 제작거부가 계속되면서 23일부터는 4면밖에 제작하지 못했다.

시민들이 학살되는 현장을 지켜보았던 전남매일신문 기자들은 항쟁의 진실을 기사로 썼지만 계엄사의 사전검열을 뚫지 못했다. 20일 박화강, 손정연 등 기자들은 집단사직서로 항의했다.

우리는 보았다.
사람이 개끌리듯 끌려가 죽어가는 것을
두 눈으로 똑똑히 보았다.
그러나 신문에는 단 한 줄도 싣지 못했다.

이에 우리는 부끄러워 붓을 놓는다.

1980. 5. 20

전남매일신문 기자 일동

전남매일신문 사장 귀하

분노와 좌절이 담긴 이 사직서는 반려됐다. 그러나 기자들은 이 사직서를 2만 부 인쇄해 21일 금남로에 뿌렸다. 언론으로서 진실을 말하지 못하는 데 대한 "사죄의 사직서"였다. 이후 기자들은 개인 또는 그룹별로 신군부에 저항하는 활동에 나섰는데 항쟁홍보, 수습활동, 외신기자 안내 등이었다.[43] 21일부터 광주항쟁 내내 전남매일신문은 제작되지 않았다. 신문은 27일 항쟁이 유혈 진압된 이후 6월 2일 발행이 재개된다.

신군부는 제작거부에 나선 기자들을 가만두지 않았다. 5월 22일 전두환은 서울 지역 주요 언론사 사주 등을 불러들여 이렇게 말했다. "그동안 언론과 대학의 내막은 물론, 누가 선동하고 있는지도 샅샅이 알고 있다. 경영권자가 권한행사를 잘못하고 있기 때문이 아닌가. 이들을 선동한 사람들을 파악해서 체포할 것이다. 그러한 사태가 없도록 사장들이 수습하고 책임을 지길 바란다."[44]

전두환의 협박은 빈말이 아니었다. 당시 보안사가 작성한 문건들을 보면 신군부가 기자들의 제작거부 움직임을 사찰하고, 이들에 대한 보

---

43. 손정연·박화강, 「1980년 전남매일신문사 기자들의 언론자유운동」, 『5·18 민주화운동과 언론투쟁』, 5·18 기념재단, 2014년, 55쪽.
44. 『5·18 민주화운동과 언론투쟁』, 5·18 기념재단, 2014년, 29쪽.

복 계획까지 세우고 있었음을 알 수 있다. 5월 24일 보안사는 「일선 기자 반발에 따른 당국 언론대책」이라는 문건을 작성한다. 문건에는 "5.20. 기해 보도검열거부를 결의 중앙일보를 필두로 5.23. 현재 서울, 신아, KBS를 제외한 전 언론사의 일선기자들이 사실상 언론제작거부에 동의하고 있는 실정이다. 주동기자는 42명이고, 기자협회, 동아·조선투위 24명이다", "포고령 10호 적용 강제조치로 반발 주동기자들을 입건 구속 조치한다"고 되어 있다.

이어 5월 26일자 「중앙 각 언론사 제작거부사태 분석 보고」는 "신문 6개사, 방송 4개사, 통신 2개사에서 제작거부를 하고 있다. 소장층 기자와 학생시위 배후조종자 등과 사상적으로 연계되었고 5·17조치를 부정적 요소로 판단 계엄해제를 요구하면서 5.20부터 검열 거부를 결의하였다"면서 "일벌백계로 의법 조치하고 문제 해소 시에도 준동 불순분자를 색출 재발 방지를 위해 다각적인 제재방안 강구가 필요하다"고 적시했다.[45]

실제로 6월 9일 합동수사본부는 "악성 유언비어를 유포시켜 국론 통일과 국민적 단합을 저해하고 있는 혐의가 농후하여 부득이 8명의 현직언론인을 연행, 구속"한다고 발표했다. 가장 강도 높게 제작거부가 벌어진 경향신문 기자들의 피해가 컸다. 서동구 조사국장, 이경일 외신부장, 홍수원·박우정·표완수·박성득 기자, 문화방송 노성대 부국장과 오효진 기자가 반공법과 포고령 위반으로 구속됐다. 향후 벌어질 '언론대학살'의 전조였다.

---

45. 진실화해를 위한 과거사 정리위원회, 「2009년 하반기 조사보고서」, 895~896쪽.

언론대학살과 '80년 해직언론인'들

광주항쟁을 총칼로 진압한 신군부는 5월 31일 이른바 '국가보위비상대책위원회'(국보위)를 설치했다.[46] 대통령 자문위원회 형식으로 만들어졌지만, 실상은 전두환을 중심으로 한 신군부가 국무회의와 행정 각 부의 기능을 빼앗은 기구였다. 국보위는 중요 사안을 상임위원회에 위임해 심의·조정할 수 있게 했는데 전두환이 상임위원장을 맡았다. 상임위원회 아래는 13개 분과위원회가 설치됐고 여기서 각 분야별 기획, 조정, 통제 업무가 이뤄졌다.

국보위는 안보태세 강화, 경제난국 타개, 사회안정을 통한 정치발전, 사회악 일소를 통한 국가기강 확립 등을 내세워 각종 억압정책을 집행했다. 공직자 숙정이나 부정축재자 일소, 과외금지 같은 명분쌓기용 대책을 끼워 넣었지만 실제 목표는 야당 지도자들의 정치활동 규제, 민주화운동가 체포·구금, 삼청교육대 설치, 언론·출판 탄압과 같은 공포정치의 기반 마련에 있었다.

신군부가 구상해온 언론통제 방안들도 국보위 체제가 들어서면서부터 본격 실행됐다. 시작은 언론인 대량 해고였고 이어 언론통폐합, 언론기본법 제정이 뒤따랐다. 비판적인 언론인들을 쫓아내 저항의 여지를 없앤 다음, 언론계 구조를 통제에 용이하도록 재편하고, 법적으로 언론통제를 뒷받침해 나간 것이다. 각 단계는 신군부가 권력을 장악해

---

46. 국보위위원장은 대통령이 맡고, 국무총리·부총리 겸 경제기획원장관·외무부장관·내무부장관·법무부장관·국방부장관·문교부장관·대통령비서실장·계엄사령관·합동참모회의 의장·각군참모총장·국군보안사령관과 대통령이 임명하는 10인 이내의 위원으로 구성.

가는 과정에 따라 차근차근 집행되었고, 1981년 1월 24일 비상계엄이 해제될 때에는 이미 전두환 정권의 언론통제 시스템이 완성된 상태였다.

1988년 국회 5공 청문회, 1996년 전두환·노태우 12·12 내란음모 재판, 2007년 '국정원 과거사건 진실규명을 통한 발전위원회', '국방부 과거사진상규명위원회', 2009년 '진실화해를 위한 과거사 정리위원회' 등의 조사 결과를 보면 신군부의 언론통제 로드맵은 1980년 초부터 준비되고 있었다.

신군부는 1980년 2월 대공전문가인 이상재 준위를 보안사 보도검열단으로 파견했는데, 그는 검열뿐 아니라 신군부의 언론통제 계획을 기안했다. 3월경 보안사 내에 이상재를 중심으로 '언론대책반'이 구성되고, 「K-공작계획」이 만들어졌다. 이 계획은 신군부의 안정적 통치기반 마련을 목표로 언론인 성향 분석, 언론사주와 간부들에 대한 회유 등의 방안을 담고 있다. 이후 언론대책반에서는 '건의', '방안' 등의 이름으로 언론통제와 관련한 각종 보고서가 제출되었다.

이런 자료들을 바탕으로 1980년 6월 국보위 문공분과는 「언론계 자체 정화·정비계획」을 작성해 전두환에게 보고했다. 여기에는 언론인 숙청과 함께 '언론사 정비'가 포함돼 있었고, 전두환은 "시기상조"라며 보류를 지시했다고 한다. 이에 따라 국보위 문공분과는 다시 「언론계 자체 정화 계획」을 마련했다. 언론통폐합의 사전 정지작업으로 신군부에 비협조적인 언론인들부터 제거하자는 계획이었다. 문건은 "반체제 문제 언론인 제거, 언론계 부조리, 부정척결, 국익우선 언론풍토 조성"을 목표로 3단계에 걸친 '숙정방법'도 제시했다.[47]

△1단계 : 7.25~7.30까지 한국신문협회 및 방송협회를 소집하여 숙정 결의

△2단계 : 8.1~8.10까지 각사 발행인의 책임 하에 언론자체 정화위를 설치하고 자체 숙정

△3단계 : 8.10~8.30 소기의 성과가 없을 때 (경영주 포함) 합수단이 조사 처리

신군부가 직접 나서지 않고 언론사주들을 압박하는 방식을 취하되, 여의치 않을 경우 공권력을 동원하겠다는 것이다. 이 방식은 3단계까지 갈 필요도 없이 2단계에서 목표를 '초과달성'하게 된다. 7월 29일과 7월 31일 한국신문협회와 한국방송협회는 각각 '자율정화 결의문'을 발표했고, 이후 언론계에는 강제해직의 칼바람이 불었다. 신군부는 언론인 사찰을 토대로 만든 '정화 명단'을 각 언론사에 넘겼는데, 대상자들마다 국시부정·반정부·제작거부·부조리·범법·무능 등이 사유로 적시되어 있었다. 언론사들은 주로 일괄사직서를 받아 선별 수리하는 방식으로 대상자를 해고했다.

일부 언론사는 신군부의 계획을 알아차리고 한 박자 빠르게 움직이기도 했다. 앞서 언급한 유정회 1기 출신 이진희가 사장으로 있던 경향신문이 대표적인 사례다. 그는 12·12 쿠데타가 일어날 당시 서울신문 주필로 있으면서 신군부를 찬양하는 글을 써 전두환의 눈에 들었다. 그 덕분인지 이진희는 6월 25일 경향신문·문화방송 사장 자리에 오른다. 그는 취임사에서부터 "언론인은 국가관이 투철해야 하며 체제의

---

47. 진실화해를 위한 과거사 정리위원회, 앞의 보고서, 848, 937쪽.

수호자가 되어야 한다"는 등 심상치 않은 행보를 보이더니, 7월 10일 "반국가 언론인을 정화하겠다"고 선언하고 18일 56명의 기자들을 해고 했다.[48]

당시 언론계 전체에서 얼마나 많은 사람들이 해고되었는지는 자료마다 조금씩 다르다. 워낙 많은 언론인들이 쫓겨나 정확한 파악이 힘들었을 뿐 아니라 다양한 편법이 동원되어 '강제해직' 판단이 애매한 경우도 있었던 것으로 보인다.

신군부의 공식기록이라 할 수 있는 문화공보부의 「언론인 정화 결과」(1980.8.16)[49]를 보면 7월 31일부터 8월 16일까지 해직된 언론인 수가 933명으로 집계돼 있다. 문건은 이 중 "언론사 자체적으로 정화한 인원은 635명", "보안사가 명단을 작성하여 언론사에 통보된 숫자가 298명"이라고 밝혔다. 신군부는 해직 대상자들을 적시해 언론사를 압박했고, 사주들은 신군부의 '살생부'에 더해 평소 이러저러한 이유로 쫓아내고 싶었던 사람들을 끼워 넣어 한꺼번에 정리한 것이다. 신군부가 언론인 대량해직의 주범이라면 언론사주들은 공범이라 할 수 있다.

해직자 규모를 집계한 다른 자료들도 강제해직자의 규모를 대부분 1,000여 명 안팎으로 기록하고 있다. 전무후무한 언론인 해직 기록이다. 뿐만 아니라 신군부는 해직언론인들의 재취업까지 가로막아 생존권을 위협했다. 당시 보안사가 작성한 문건 「정화언론인 취업허용 건의」(1980.9.30), 「정화언론인 타업종 취업허용 건의」(1980.9.15) 등을 보면, 해직기자들은 공공기관은 물론이고 사기업까지 취업을 제한받고

---

48. 윤덕한, 「전두환 정권하의 언론」, 『한국언론 바로보기 100년』, 다섯수레, 2012년, 482~483쪽.
49. 진실화해를 위한 과거사 정리위원회, 앞의 보고서, 953쪽.

있었다. 취업이 불허된 사람은 모두 711명에 이르는데, A급은 영구적으로, B급은 1년, C급은 6개월 등으로 분류되었다. 문화공보부와 보안사가 이들의 타 분야 취업허용을 건의한 까닭은 취업을 제한할 경우 해직언론인들이 '반정부, 불평집단화할 우려'가 있다고 보았기 때문이다. 그러나 신군부의 기대와 달리 이때 해직된 언론인 일부는 80년대 언론운동의 한 축이 되었고, '보도지침' 폭로를 통해 전두환 정권에 치명타를 날리게 된다.

어쨌든 1980년 8월 권력에 저항할 만한 언론인들이 축출되고 신군부의 정권 찬탈이 기정사실화되면서 언론보도는 굴종과 아부로 치달았다. 특히 전두환이 통일주체국민회의에서 대통령으로 선출된 8월 27일 전후로 낯 뜨거운 찬양 기사들이 쏟아졌다. 경향신문은 8월 19일부

전두환을 영웅으로 추켜세운 1980년 8월 23일 조선일보

터 4회에 걸쳐 「새 역사 창조의 선도자 전두환 장군」을 연재했고, 서울신문은 특별취재반까지 꾸려 8월 19일부터 30일까지 「새 시대를 여는 새 지도자, 전두환 장군」을 7회나 연재했다.

조선일보도 8월 23일 「인간 전두환」이라는 기사를 실어 전두환을 "육사의 혼이 키워낸 신념과 의지의 영웅"으로 추켜세웠다. 8월 28일에는 중앙일보가 「합천에서 청와대까지-전두환 대통령의 어제와 오늘」을, 다음 날 29일에는 동아일보가 「새 시대의 기수 전두환 대통령」을 통해 전두환을 미화하고 찬양했다. 이런 언론환경에서 전두환은 9월 1일 마침내 대통령에 취임한다.

신군부가 실행한 다음 단계 언론통제 계획은 언론사 통폐합이었다. 신군부의 통폐합 구상은 「언론건전육성종합방안보고」(보안사 언론대책반 1980.8)를 거쳐 「언론창달계획」(청와대·문화공보부 1980.11)으로 완성되었다. 11월 12일 전두환이 결재해 보안사로 시달된 「언론창달계획」은 허문도 당시 정무제1비서관이 작성한 것으로 알려져 있다. 허문도는 조선일보 출신으로 전두환 중앙정보부장 서리 비서실장을 거쳐 청와대로 들어가 신군부의 언론통제에 주도적 역할을 하게 된다.

신군부가 내세운 통폐합의 명분은 언론사 난립 방지, 과점 폐

1980년 신군부 집권 직후 언론대책반(반장 이상재)이 작성한 〈언론건전육성종합방안보고〉, 대외비 자료

해 척결, 신문방송 겸영 금지 등이었지만 실상은 간명한 통제구조를 만드는 것이었다. 따라서 통폐합은 신군부에 좀 더 우호적인 언론사, 통제가 쉬운 언론사를 중심으로 나머지 언론사들을 폐간·흡수하는 방식으로 이뤄졌다.

보안사는 11월 12일부터 통폐합의 대상이 되는 언론사 사주들을 연행해 '통폐합조치에 동의한다'는 내용의 각서를 받아냈다. 이어 11월 14일 한국신문협회와 한국방송협회 명의로 '건전언론육성과 창달에 관한 결의문'이 발표된다. 협박과 강압으로 밀어붙인 통폐합을 언론사들의 자발적인 결단인 양 포장한 것이다. 그 결과 전국 64개 언론사(신문 28개사, 방송 29개사, 통신 7개사)가 18개사로 통폐합됐고, 이 과정에서 또다시 언론인 300여 명이 해직되었다.

신군부는 신문·방송·통신 외의 정기간행물을 통제하는 일도 빠뜨리지 않았다. 언론인 대량 해직이 실행되던 7월 31일 신군부는 이미 '청소년의 건전한 정서에 유해한 내용 게재, 계급의식 격화 조장, 사회불안 조성' 등을 이유로 172종의 정기간행물을 강제로 폐간했다. 이때 기자협회보가 다시 폐간되었고, 『월간 중앙』, 『창작과 비평』, 『뿌리 깊은 나무』, 『씨알의 소리』 등도 포함되었다.

신군부는 이렇게 재편한 언론 구조에서 약간의 균열도 일어나지 않도록 '관리·처벌체계'까지 만든다. 1980년 12월 국가보위입법회의[50]는 기존 '신문·통신사 등의 등록에 관한 법률'·'방송법'·'언론윤리위원회법'을 통합한 '언론기본법'을 제정했다. 이 법은 언론의 '공적 책임'을 강

---

50. 1980년 10월 23일 개정 헌법이 확정되면서 10월 27일 국회·정당·통일주체국민회의가 해산되고, 국가보위비상대책위원회(국보위)는 국가보위입법회의로 개편되었다. 국가보위입법회의는 11대 국회가 개원할 때까지 국회의 입법 기능을 대신했다.

조한 것이 특징인데, 취재원보호 등 그 자체로만 보면 진보성을 갖고 있으나 신군부의 의도는 따로 있었다. '공적 책임'이라는 명분으로 권력 유지에 위협이 되는 언론행위를 처벌할 수 있게 법적 근거를 만든 것이다.

문화공보부장관이 정기간행물의 등록을 취소하거나 1년 이하의 발행을 정지시킬 수 있도록 한 것(제24조)은 이 법의 대표적인 독소조항으로 꼽는다. 정기간행물을 폐간 또는 정간할 수 있는 근거 중에 하나인 제3조 4항은 "언론은 폭력행위 등 공공질서를 문란케 하는 위법행위를 두고 고무 찬양해서는 안 된다. 이를 반복해서 현저하게 위반할 때는 해당 언론사를 문공부가 등록 취소할 수 있다"는 내용이다.

반정부 시위 등의 보도를 원천적으로 제약하고 있을 뿐 아니라 정부의 자의적 판단에 따라 언론사의 존폐를 결정할 수도 있다는 의미다. 실제로 1985년 이 법에 근거해 『실천문학』과 『창작과 비평』이 폐간되었다.

언론기본법은 12월 31일 제정·공포되어 1987년 폐지될 때까지 전두환 정권의 언론통제 근간이 된다.

한편 신군부는 일상적인 보도통제를 위해서 1981년 1월 6일 문화공보부에 홍보조정실을 만들었다. '언론사의 보도협조·지원을 위한 종합계획 수립'이 겉으로 내세운 홍보조정실의 설치 목적이었다. 그러나 홍보조정실의 실제 업무는 언론사에 '보도지침'을 내려 보내 언론보도를 통제하는 것이었다. 모두가 알고 있지만 아무도 말하지 못했던 이 보도지침의 실체는 1986년, 민주언론운동협의회를 통해 비로소 폭로된다.

광주항쟁, 언론을 묻다

아아, 광주여 무등산이여
우리들의 영원한 청춘의 도시여

아아, 우리들의 도시
우리들의 노래와 꿈과 사랑이
때로는 파도처럼 밀리고
아아, 살아남은 사람들은 모두가 죄인처럼 고개를 숙이고 있구나

_1980년 6월 2일 전남매일신문 1면 중

1980년 6월 2일 전남매일신문 1면에는 시 한편이 실렸다. 김준태 시
인의 「아아, 광주여! 우리 민족의 십자가여!」. 계엄사의 검열로 시는 3
분의 2가 잘려나가고 제목도 '우리 민족의 십자가여' 부분은 삭제되었
다. 그러나 당시 어떤 언론보도도 이 시보다 광주항쟁을 정확하게 말
해주지 않았다.

중앙지들이 처음으로 광주항쟁 관련 기사를 실은 것은 5월 21일이었
다. 그것도 계엄사의 발표를 그대로 전하는 데 그쳤다. 광주에서 소요
사태가 벌어졌는데 유언비어로 사태가 악화됐다, 공공건물이 파손되고
군경 5명과 시민 1명이 사망했다, 계엄당국이 조속한 사태수습을 위해
노력하고 있다는 등 거의 모든 내용이 거짓이었다.

광주 지역 언론에서는 이보다 앞서 시위 보도가 나왔지만 역시 계엄
군의 폭력진압은 빠졌다. 19일 밤 광주MBC는 전남북 계엄분소장의 발
표문을 그대로 내보냈는데, 단 한 명도 사망하지 않았다, 일부 학생들

이 소요를 벌일 경우 시민들은 출입을 삼가라는 등의 내용이었다. 20일에도 광주 지역 방송은 계엄사의 발표를 그대로 전했다. 언론을 향한 광주시민의 분노는 극에 달했고, 20일 밤부터 21일 새벽에 걸쳐 광주MBC와 광주KBS는 시위대의 공격을 받고 불탔다.

모든 언론이 신군부와 계엄군의 '입'과 같았다. 21일 오후 이희성 계엄사령관은 광주항쟁을 날조, 왜곡하는 담화를 발표했다. 담화는 당시 상황을 "상당수의 타 지역 불순인물 및 고첩들이 사태를 극한적인 상태로 유도하기 위하여 여러분의 고장에 잠입, 터무니없는 악성유언비어의 유포와 공공시설 파괴 방화 방비 및 재산약탈행위 등을 통하여 계획적으로 지역감정을 자극, 선동하고 난동행위를 선도한데 기인된 것"이라며 불순분자, 고정간첩을 사태의 배후로 지목했다. 또 이들에게 동조하는 사람들은 "깡패 등 불량배들"로 "무기와 폭약을 탈취하여 난동을 자행하기에 이르렀으며 이들의 극한적인 목표는 너무나도 자명하여 사태의 악화는 국가 민족의 운명에 파국적인 결과를 초래할 것이 명약관화"하다고 주장했다.

'고정간첩과 불순분자, 깡패와 불량배들에 의한 국가적 위기'. 항쟁 기간 내내 언론은 계엄사가 제시한 보도 프레임을 충실하게 따랐고, 계엄군의 학살을 철저하게 은폐했다. 현장 취재보다는 계엄사의 발표나 계엄군의 주장에 의존한 보도가 대부분이었고, 현장 취재 역시 계엄군의 통제 범위 아래 이뤄졌다. 예를 들어 2008년 국방부과거사위 조사에 따르면 5월 23일 국방부 출입기자단 21명은 국방부 대변인의 안내를 받아 광주를 방문 취재했다. 이들이 취재한 것은 군인과 시위대가 대치하고 있는 장면, 광주시가지 항공촬영, 불탄 광주MBC 건물, 차량 소실현장 등이었다. '폭도들의 만행'을 보여주려는 의도로 기획된

'관제취재'였다.

모든 언론보도는 무질서한 광주와 시위대의 만행, 정부의 사태수습 노력에 초점을 맞췄다. 여기에 더해 '미국이 한미연합사 소속 병력을 데모 진압에 투입하는 데 동의했다'거나 '광주로 진입하려던 남파간첩을 검거했다', '계엄사가 김대중 내란음모 사건의 중간 수사 발표를 했다'는 등의 기사가 곁들여졌다. 심지어 5월 27일 전남도청에서 마지막까지 저항하던 시민군이 계엄군에 유혈진압된 후에는 계엄군의 노고를 칭찬하는 보도까지 등장했다.

28일자 조선일보 사설은 한국언론사에 남을만한 곡필이었다. 일부 신문이 행간에서라도 무거운 분위기를 남긴 반면, 조선일보는 「악몽을 씻고 일어서자-광주에 국민적 동포애를 호소하면서」라는 사설을 싣고 수천 명이 학살당한 광주를 향해 '축하 메시지'를 보냈다. "지금 오직 명백한 것은 광주시민 여러분은 이제 아무런 위협도, 공포도, 불안도 느끼지 않아도 될, 여러분의 생명과 재산을 포함한 모든 안전이 확고하게 보장되는 조건과 환경의 보호를 받게 됐고 받고 있다는 사실이다." 나아가 조선일보는 "광주사태를 진정시킨 군의 어려웠던 사정을 우리는 알

광주항쟁을 유혈진압한 계엄군을 치하한 5월 28일 조선일보 사설

고도 있다. 비상계엄군으로서의 군의 자제에 자제를 거듭했던 사실을 우리는 알고 있다. … 때문에 신중을 거듭했던 군의 노고를 우리는 잊지 않는다"며 계엄군을 치하했다.

신군부의 여론조작과 언론의 적극적인 협조는 대부분 국민들에게 광주항쟁을 잘못 알게 했고, 신군부의 학살을 불가피한 자위권 발동으로 받아들이게 했다. 그러나 외신보도, 살아남은 사람들의 증언, 광주항쟁을 알리기 위한 희생과 투쟁을 통해 광주의 진실은 조금씩 알려지게 되었다.

'광주사태'가 '5·18광주민주화운동'으로 공식 인정되기까지 그로부터 8년여의 시간이 걸렸다. 1987년 6월항쟁, 1988년 국회 '5·18광주민주화운동진상조사특별위원회' 설치, 1989년 광주청문회를 거치면서 광주항쟁은 비로소 "폭도와 불순분자들에 의한 난동"이라는 신군부의 조작에서 벗어났다.

'광주사태'가 '5·18광주민주화운동'으로 바뀌는 과정은 곧 한국사회의 민주화 과정이었다. 아울러 1980년 이후 한국사회의 민주화는 온전히 광주항쟁으로부터 얻어진 것이기도 했다. 광주항쟁은 1980년 5월 18일부터 27일까지 고립된 도시에서 단 열흘 동안 벌어진 사건이었다. 그러나 그 영향력은 향후 민주화의 경로를 규정할 정도로 엄청났다.

"5·18은 우리 역사에서 하나의 사건이 아니라 우리의 역사를 다시 시작하게 만든 사건이며, 아울러 우리 모두에게 각자 새로운 역사를 시작하게 만드는 사건이다. 단적으로 5·18은 구조주의적으로 이해할 수 있는 사건이 아니라 구조를 만든 사건이었고 모든 인간적 사회적 요인들을 다시 배열시킨 사건이었다."[51]

광주항쟁은 신군부의 정통성을 뿌리째 흔들어 놓았다. 수천 명의 시민을 학살한데 대한 대내외적 압박은 전두환 정권에 부담이 될 수밖에 없었다. 전두환이 '7년 단임제를 통한 평화적 정권교체'를 약속한 것, 1983년 12월 유화조치를 실시한 것 등은 취약한 정통성을 보완하기 위한 방편이었다. 나아가 1987년 6월항쟁이 터졌을 때 전두환이 계엄군의 유혈진압을 선택하지 못한 것은 광주의 경험 때문이었다. 또다시 군대를 투입했을 때는 감당하기 힘든 정치적 압박을 받을 수밖에 없었고, 무엇보다 미국이 더 이상 이런 방식을 원하지 않았다.

민주화운동 진영에도 광주항쟁은 질적 변화를 이끌어냈다. 광주 시민들은 계엄군의 총칼 앞에서 목숨을 걸고 싸웠다. 결과가 뻔히 보이는 마지막 순간까지 수백 명의 시민군이 전남도청을 지키다 죽었다. 민주화운동 진영뿐 아니라 광주항쟁의 진실을 접하게 되는 젊은이들은 충격과 부채감을 가질 수밖에 없었다. 이러한 충격과 부채감은 전두환 정권에 대한 저항 세력을 만들어냈고, 광주항쟁의 진실을 은폐하면 은폐할수록 저항의 강도를 높이게 했다. 분신, 투신, 점거 등의 극단적인 투쟁방식이 늘어난 것은 이전과 달라진 1980년대의 특징이다.

또한 광주항쟁에서 보여준 기층 민중들의 투쟁, 자국민에 대한 국가의 학살은 민주화운동 특히 학생운동의 이념화와 급진화를 불러왔다. 1970년대 재야 민주화운동은 '반독재 민주화'로 규정되었다. 그 중심 세력도 학자, 종교인, 문인, 학생 등 지식인 집단과 야당인사들이었다. 그러나 광주항쟁이라는 국가폭력과 거기에 맞선 민중의 존재는 '국가'와 '민중'에 대한 새로운 시각을 모색하게 만들었다.

---

51. 최정운, 『오월의 사회과학』, 오월의봄, 2012년, 26쪽.

미국에 대한 인식도 크게 달라졌다. 광주항쟁 당시 많은 시민들이 "미국이 우리를 도와주러 올 것"이라는 기대를 품었다고 알려진다. 그러나 미국은 신군부의 학살을 방임 내지 묵인했고, 이러한 사실이 알려지면서 미국은 광주학살의 공범으로 인식됐다. 나아가 민족문제, 분단문제를 극복하지 않는 한 안보를 빙자한 독재권력의 탄압과 이를 지원하는 미국으로부터의 예속을 벗어날 수 없다는 의식이 생겨났다.

1980년대 민주화운동이 '민주'·'민중'·'민족(자주)'의 가치를 전면에 내세우게 된 것은 광주항쟁의 직접적인 영향이었다. 물론 1970년대 민주화운동에서도 '민족'과 '민중'이 언급되는 경우가 있었다. 특히 1970년대 말 노동운동, 농민운동이 성장하면서 민중의 권익이 민주화운동 진영의 과제가 되기도 한다. 통일도 민족의 과제로 설정되었다. 그러나 여전히 재야 민주화운동의 당면 목표는 유신헌법 철폐, 즉 정치적 민주주의를 이루는 데 있었다. 이에 비해 1980년 민주화운동은 정치적 민주주의, 민중의 평등, 민족 자주의 과제가 동등한 지위를 가지게 됐다고 할 수 있다.

광주항쟁은 언론운동에도 큰 영향을 끼쳤다. 광주항쟁을 통해 제도언론의 끔찍한 왜곡보도를 경험한 민주화운동 진영은 '새로운 언론'을 갈망하게 되었다. 각 분야에서 제도언론을 대신하는 저항매체, 대안매체가 만들어졌다. 그러나 이런 매체들은 극히 제한적인 범위에서만 역할을 했다. 민중의 편에서 진실을 말하는, 그러면서도 대중적인 언론매체는 유신정권과 신군부가 쫓아낸 해직기자들의 몫이었다. 이들은 이제 '언론자유'를 넘어 새로운 언론 창간을 고민하게 되었다. 민주언론운동협의회와 「말」은 이런 배경에서 탄생한다.

제도언론은 광주항쟁을 계기로 5공 정권과 유착해 거대자본으로 성장해갔고, 이들이 쫓아낸 해직기자들은 '민족·민주·민중' 언론을 만들어 5공 정권에 맞서 싸우게 되었다.

민주언론운동협의회의 탄생

유화국면과 조직운동의 활성화

1981년 2월 제5공화국 헌법에 따라 통일주체국민회의는 다시 전두환을 대통령으로 선출했다. 3월 3일 취임식에서 전두환은 민주주의 도착화, 복지사회의 건설, 정의사회의 구현, 교육혁신과 문화창달 등 국정 4대 지표를 밝혔다. 그러나 이미 신군부는 각종 폭압 조치를 통해 5공 정권의 통치기반을 닦아놓은 상태였다.

제10대 국회의원 231명 중 210명이 정치활동 규제대상이 되었고, 언론인 외에도 교수 86명, 교사 611명, 8,663명의 공직자가 해직되었다. 사회정화라는 명목으로 1980년 말까지 약 57,000여 명이 영장 없이 체포되어 3,000여 명이 구속되고 4만 여명이 삼청교육대에 보내졌다.[52]

또 국가보위입법회의를 통해 '국가보안법', '집회 및 시위에 관한 법률'을 개악하고 '사회보호법'을 제정함으로써 표현의 자유, 사상의 자

---

52. 한국역사연구회, 『한국역사』, 역사비평사, 1995년.

유, 집회시위의 자유를 원천적으로 제약했다. 나아가 '노동조합법', '근로기준법', '노사협의회법' 등 노동관계법도 개악해 노동 3권을 사실상 무력하게 만들고 '제3자 개입금지' 조항으로 노동운동에 대한 연대투쟁을 봉쇄했다.

유신정권의 긴급조치 못지않은 억압 장치들이 만들어졌고, 재야 민주화운동은 일시적으로 소강상태에 빠졌다. 그러나 다시 저항이 시작되는 데는 오랜 시간이 걸리지 않았다. 학생운동이 가장 먼저 일어섰다. 1980년 하반기부터 움직임을 보이던 학생운동은 점차 저항의 강도를 높여갔다. 투쟁은 과거보다 체계적이고 조직적으로 전개됐으며, 급진적인 이념으로 무장되었다. 광주학살의 책임을 묻는 반미투쟁도 격렬하게 일어났는데, 1982년 3월 부산 미문화원 방화 사건이 대표적인 사례다.

전두환 정권은 학생운동에 대한 연행, 구속뿐 아니라 강제징집이라는 방식을 동원해 학생운동의 기반을 흔들었다. 1988년 5공 특위 당시 국방부가 국회에 제출한 자료에 따르면 1981년 11월부터 1983년 11월까지 447명의 대학생을 강제징집한 것으로 나타난다. 그러나 이런 탄압만으로는 터져 나오는 학생들의 저항을 막을 수 없었다. 학생들은 그야말로 목숨을 건 투쟁을 벌였고 실제로 시위 과정에서 다수가 다치고 죽었다. 결국 1983년 11월 전두환 정권은 해직교수 86명과 제적학생 1,363명의 복직과 복교를 허용하고 대학에 상주하던 경찰 병력을 철수하는 '대학자율화조치'를 발표한다.

학생들의 투쟁과 희생은 전두환 정권에 정치적 부담을 줌으로써 유화국면을 이끌어내는데 큰 역할을 했다. 물론 유화국면의 배경에는 다른 요인들도 작용한 것으로 보인다. 1984년 5월 교황 방문과 1986년 아시안게임을 앞둔 상황에서 전두환은 국제적 이미지 개선이 절실했다. 전두환의 인척인 장영자·이철희 어음사기 사건(1982년) 등 집권층의 부패로 악화된 민심을 수습할 필요도 있었다. 그러나 학생들의 강도 높은 투쟁이 결정적 역할을 한 것은 분명하다.[53]

학생운동에 이어 다른 부문운동도 탄압을 뚫고 활동에 나섰다. 그 중에서도 1983년 9월 결성된 민주화운동청년연합(민청련)은 민주화운동 전반에 자극이 되었다. 김근태, 장영달 등 70년대 학생운동 출신들이 주축이 된 민청련은 상시적인 공개조직으로 투쟁성 회복, 청년 내부 역량 체계화, 다른 민주화운동 세력과의 연대, 대중운동 참여와 지원 등을 과제로 설정했다.

민청련 결성 이후, 특히 유화국면이 조성되는 1984년부터 1985년 상반기에 걸쳐 각 분야에서 공개적인 조직 결성이 잇따랐다. 이 시기 각 분야에서 만들어진 단체들은 1980년대 민주화운동의 주축이었다(표2 참조). 지방에서도 전북민주화운동협의회, 전남민주청년협의회, 인천지역사회운동연합 등이 속속 결성됐다. 각 분야의 조직 결성은 1985년 3월 29일 모든 부문운동과 지역운동이 결집한 민주통일민중운동연합(민통련)으로 이어졌다.

1970년대 재야 민주화운동은 학계, 종교계 등의 명망가와 지식인들

---

53. 당시 노신영 안기부장은 이런 말을 했다고 한다. "지금 제적된 학생이 1200여 명이고, 교도소에 들어간 학생만 해도 350명에 가깝습니다. 이들을 관리하기란 대단히 어렵습니다. 더욱이 명년(84년) 5월이면 교황이 한국을 방문합니다. 그분은 폴란드 분으로 자유화에 대한 의지가 어떤 교황보다 강합니다. 많은 학생들이 교도소에 들어가 있으면 우리 정부에 부담이 되지 않을 수 없습니다. 결국 탕평책을 쓰지 않을 수 없는데 연말을 기해서 일제히 털어버리고, 새로 '정화탱크'를 하나 만들어 학생들을 선도해나가야 한다고 생각합니다." 노신영이 말한 '정화탱크'는 1985년 '학원안정법' 파동으로 실체를 드러낸다.(이종찬, 「학생 '정화탱크' 준비작업 끝나 … 입법만 해주시오」-동경 이종찬 회고록 (22)학원안정법 파동, 2015년 1월 17일, 동아일보)

'학원안정법 철회'가 적힌 대형 현수막을 뒤로한 채 대책회의를 열고 있는 송건호, 문익환(왼쪽에서 두 번째, 세 번째)

이 중심이 되어 사안별로 연대하는 방식이었다. 반면 1980년대에 들어서면 민주화운동의 기반이 각 분야로 크게 확산되었을 뿐 아니라 상시적인 조직과 이 조직에서 일하는 '직업운동가'들이 등장하게 된다. 운동의 양태가 조직적이고 체계적으로 변화한 것이다.

언론운동 분야도 마찬가지였다. 민주언론운동협의회 성유보 초대 사무국장은 1984년 전후의 분위기를 이렇게 회고했다.

"우리 해직기자들보다 훨씬 탄압도 많이 받고 어려운 조건에서 운동했던 청년들이 민청련으로 치고 나왔다. 다른 부문운동에서도 조직들이 만들어지기 시작했다. 해직기자들 사이에서 우리가 이렇게 있어서는 안 되는 것 아니냐는 분위기가 생겼다. 1984년 봄 동아투위와 조선투위가 함께하는 모임 이후에 우리도 각각 활동할 것이 아니라 언론단체 하나를 만들어 싸워보자는 얘기가 나오게 됐다."[54]

비슷한 시기인 1983년 4월 신군부에 의해 해직된 기자들도 조직을 결성했다. 장차 민주언론운동협의회 창립에 한 축이 되는 '80년해직언론인협의회'가 그것이다. 이들은 창립선언문에서 "물샐 틈 없는 언론탄압은 제도언론, 관제언론이라는 참담한 결과를 초래, 국민의 언론불신감을 심화시키고 있다"고 지적하고 "권력의 강압으로 설 땅을 빼앗긴 채 우리 언론은 국민의 알 권리를 외면하고 민중의 목탁이기 보다는 정권유지를 위한 홍보기구로 전락해 있다"고 비판했다. 아울러 "민주화 실현", "언론자유 보장", "해직언론인 원상회복" 등을 주장했다.[55]

당시 80년해직언론인협의회 결성과 유지에 주도적 역할을 담당했던 해직기자들은 김태홍, 정남기, 노향기, 정상모, 전진우, 김동호, 최형민, 정연수, 이원섭, 윤덕한, 박우정, 박성득, 홍수원, 이경일, 표완수, 고승우, 정동채, 백맹종, 현이섭, 이영일, 왕길남, 김상기, 이희찬 등 비교적 젊은 연배의 기자들이었다.[56]

한편, 민주화운동이 침체에서 벗어나는 가운데 야당에서도 변화의 움직임이 일어났다. 1983년 5월 연금 상태였던 김영삼은 광주항쟁 3주기를 맞아 민주화를 요구하며 단식투쟁에 돌입했다. 그러자 미국에 망명 중이던 김대중이 즉각 지지를 표명, 8월 15일 민주화 공동성명을 발표하게 된다. 이어 1984년 5월 18일 광주항쟁 4주기에 맞춰 민

---

54. 고(故) 성유보 선생 인터뷰, 2014년 6월 23일.
55. 고승우, 「5공 정권과 80년 저항언론인들의 언론운동」, 5·18기념재단, 『5·18민주화운동과 언론투쟁』, 2014년, 409쪽.
56. 김태홍, 「80년해직언론인협의회와 민주언론운동협의회」, 한국기자협회·80년해직언론인협의회, 『80년 5월의 민주언론』, 1997년, 198쪽.

주화추진협의회(민추협)이 결성되었다. 양 김씨는 이후 신민당을 창당,
1985년 2·12총선에서 제1야당으로 급부상하면서 전두환을 압박하게
된다.

〈표 2〉 1980년대 주요 운동조직(1983~1986년)

결성일	명칭
1983년 9월 30일	민주화운동청년연합(민청련)
12월 20일	해직교수협의회
1984년 3월 10일	한국노동자복지협의회(노협)
4월 14일	민중문화운동협의회(민문협)
5월 18일	민주화추진협의회(민추협)
6월 29일	민중민주운동협의회(민민협)
10월 16일	민주통일국민회의(국민회의)
11월 3일	전국민주화투쟁학생연합(전학련)
12월 19일	자유실천문인협의회(자실)
12월 19일	민주언론운동협의회(언협)
1985년 3월 29일	민주통일민중운동연합(민통련)
5월 4일	민중불교연합(민불련)
8월 25일	서울노동운동연합(서노련)
12월 28일	민주화실천가족운동협의회(민가협)
1986년 2월 7일	인천지역노동자연맹(인노련)
5월 15일	민주교육실천협의회(민교협)
6월 21일	한국출판문화운동협의회(한출협)

자료: 정대화, 「한국의 정치변동 1987~1992 : 국가-정치사회-시민사회의 관계를 중심으로」, 서울대학교 정치학
과 박사학위논문, 1995년, 86쪽 〈표3-1〉의 '재야운동 조직상황, 1983~1986'을 일부 수정하여 작성.[57]

---

57. 정해구, 『전두환과 80년대 민주화운동』 2011년, 역사비평사, 122쪽에서 재인용.

'언협'을 만들다

해직기자들은 1984년 봄부터 새로운 언론운동단체를 만들기 위한 준비에 나섰다. 동아투위 이병주 위원장과 이부영·성유보 위원, 조선투위 최장학 위원장과 정태기·신홍범 위원, 80년해직기자협의회 김태홍 회장, 그리고 한국일보 해직기자 임재경 등이 먼저 뜻을 모았다. 몇 차례 준비모임 과정에서 출판인들에게도 참여를 제안하기로 했다.[58] 당시 출판사들은 문화공보부 간행물윤리위원회 심사를 받아야 했는데 판금, 압수 등의 탄압이 빈번했다. 언론자유, 표현의 자유는 해직언론인과 출판인들의 공통된 과제였다.

그해 12월 10일 70~80년대 해직기자와 출판인 30여 명이 서울 청진동의 한 음식점에서 '민주언론운동협의회(언협)' 발기인대회를 열게 된다. 당시 발기인으로 참여한 사람들은 아래와 같다.

▶송건호
▶동아투위: 권근술·김인한·김종철·김태진·성유보·윤활식·이병주·이부영·이종욱·이태호·임채정·정동익
▶조선투위: 성한표·신홍범·최장학
▶80년해직언론인협의회: 김동호·김태홍·노향기·이경일·정상모·현이섭·홍수원
▶출판계: 김도연·김승균·나병식·이호웅

---

58. 성유보, 「멈출 수 없는 언론자유의 꿈(87)-해직기자들이 세운 '언협' … 난 사무국장 맡아」, 2014년 5월 6일, 한겨레.

이어 12월 19일. 서울 장충동 베네딕트 수도원 '피정의 집'에서 100여 명이 참석한 가운데 민주언론운동협의회(언협) 창립총회가 열렸다.

전두환 정권의 탄압 때문에 총회 장소를 구하는 것도, 현수막을 만드는 것도 쉽지 않았다. 당시 베네딕트 수도회의 독일인 신부 몇 사람이 한국 민주화운동 단체들에 관심을 갖고 도와주었던 덕분에 가톨릭 신자들이 기도하는 장소를 빌려 총회를 열 수 있었다. '민주언론운동협의회 창립총회'라는 현수막 대신 종이에 먹물로 써서 벽에 붙였다. 소박하게 열 수밖에 없었던 총회였지만, 언론운동 세력이 집결한 전문 단체의 출범 자리였다. 이날 문익환, 박형규, 김승훈, 이돈명, 이우정, 백기완, 김근태 등 재야인사들도 함께해 언협 결성을 축하했다.

'민주언론운동협의회'라는 이름은 단체의 성격과 지향을 그대로 담았다.

1970년대 언론운동은 동아투위, 조선투위 해직언론인들의 '자유언론 실천' 투쟁이 중심이었다. 그런데 유신정권, 신군부에 맞서 싸우는 과정에서 해직기자들은 사회민주화와 자유언론의 불가분한 관계, 민족문제와 기층 민중에 대한 언론의 역할을 인식하게 되었다. 이 같은 인식의 확장은 1980년대로 접어들면서 언론운동의 목표를 '자유언론'에서 '민주언론' 또는 '언론민주화'로 나아가게 했다.

'협의회'라는 형식은 동아투위, 조선투위, 80년해직언론인협의회 등 기존 조직의 활동을 존중하면서 이들의 역량을 조직적으로 결합하려는 취지였다. 초대 의장과 임원, 집행부 구성에도 이런 취지는 반영되어 있다. 해직기자와 지식인 사회에서 존경받던 송건호 전 동아일보 편집국장이 의장으로 추대되었고, 3개 단체와 출판계의 대표성을 고루 반영해 공동대표단과 실행위원회가 꾸려졌다(표 3 참조).

〈표 3〉 민주언론운동협의회 초대 대표단과 집행부

의장	송건호
공동대표	김인한(동아투위) 최장학(조선투위) 김태홍(80년해직언론인협의회) 김승균(출판인 대표)
실행위원	윤활식 이부영(동아투위) 신홍범 성한표(조선투위) 노향기 박우정(80년해직언론인협의회) 이호웅 김도연(출판인)
감사	이경일(80년해직언론인협의회) 나병식(출판인)
사무국장	성유보(동아투위)
간사	김원옥

언협 창립총회를 마친 뒤 기념 촬영한 집행부. 김태홍, 김인한, 송건호, 최장학, 김승균, 김도연, 노향기, 박우정, 신홍범, 성한표, 윤활식, 이부영, 이호웅(앞줄 왼쪽부터 시계 반대 방향 순)

당시 언협 조직 구성에 대해 조선투위 출신의 신홍범 초대 실행위원은 이렇게 회고한다.

"1984년은 동아투위, 조선투위가 만들어진 지 10년 가까이 되는 해였다. 우리들만의 조직으로는 부족하다는 판단이 들었다. 회원들이 나이가 들어갔을 뿐 아니라 전두환 정권에 맞서려면 흩어져 있는 힘을 모을 필요가 있었다. 또 살아 있는 조직이 되려면 보다 열린 구조를 만들어 젊은 힘을 충원해야 했다. 우리는 동아·조선투위와 80년해직언론인, 출판인들, 여기에 더해 언론운동에 동참하려는 개인도 회원이 될 수 있게 했다."[59]

실제로 언협의 실무를 책임진 사람들은 1980년 해직기자들이었다. 동아·조선투위 해직기자들에 비해 상대적으로 젊은 연배였던 김태홍, 박우정, 홍수원, 박성득, 정상모 등은 사무국 운영과 「말」지 제작 등에서 큰 역할을 하게 된다.

일반인 회원 제도는 당장에는 큰 '성과'가 없었지만 이후 언협 역사에서 중요한 의미를 갖는다. 창립 당시 언협 정관은 정회원을 '언론민주화운동에 적극 참여하려는 사람으로 월 5,000원 이상의 회비를 납부하는 사람', 자료회원을 '연 회비 30,000원 이상을 납부하는 사람', 회보회원을 '연 10,000원 이상을 납부하는 사람'으로 정하고 있다. 해직언론인이 아닌 일반인에게 조직의 문을 열어둔 판단은 합당한 것이었다. 채 10년도 되지 않아 언협은 시민언론단체로 나아가게 된다.

80년 대부분 민주화운동 단체들이 '민주'를 약칭에 넣는 것이 일반적인 분위기였지만 해직기자들은 민주언론운동협의회의 약칭을 '언협'

59. 신홍범 초대 실행위원 인터뷰, 2014년 4월 17일.

으로 썼다. 여기에는 각별한 이유가 있었다. 1980년 신군부에 의해 사실상 와해된 기자협회는 그 이후 제 역할을 하지 못했다. 해직기자들은 제도언론과 제도언론 기자들을 대표하는 기자협회 즉, '기협'에 맞선다는 의미로 '언협'이라는 약칭을 선택한 것이다. 90년대 들어 언협이 시민언론단체로 외연을 확장한 이후 '민언협'이라는 약칭이 함께 쓰이기 시작했다.

새 언론, 언론민주화 그리고 사회민주화

'언협'에 담긴 뜻은 창립선언문을 통해 구체적으로 확인할 수 있다.
"우리는 오늘 언론을 박탈당한 캄캄한 암흑시대를 살고 있다"로 시작한 선언문은 제도언론에 대한 통렬한 비판과 언론 부재에 따른 우리 사회의 위기를 조목조목 지적했다. 나아가 언협의 과제를 '새로운 언론의 창조', '언론민주화 운동', '민주화운동과의 연대'로 설정하고 있다.

"표현수단을 빼앗긴 민중으로부터 자기의 삶을 스스로 표현하려는 민중언론이 태동되고 있다. 오늘의 거짓된 지배문화를 거부하고 진정한 민족·민중문화를 건설하려는 새로운 문화운동과 더불어 민중언론은 도처에서 광범위하게 확산되고 있다.
우리 민주언론운동협의회는 이 같은 새로운 언론에 대한 요구에 부응하여 일찍이 우리가 가져보지 못했던 참다운 민주·민족언론을 창조하고자 한다. 그것은 더 말할 것도 없이 제도언론을 부정, 극복하는 것일 뿐만 아니라 우리의 민중적·민족적 요구에 굳건히 선 새로운 언론의 창조를 뜻한다."

"언론활동이란 모든 종류의 말할 권리와 알릴 권리의 실천을 포함하는 것이기 때문에 우리 민주언론운동협의회가 신문, 방송, 출판을 비롯한 모든 언론매체의 민주화를 요구하는 것은 당연하며, 따라서 우리는 민주언론을 실현하고자 하는 모든 분야의 자생적 언론종사자들과 함께 이 운동을 펴나갈 것이다. 제도언론 속에서 오늘의 범죄적 언론에 양심의 고통을 느끼는 사람들 역시 이 운동의 대열에 참가시키려고 노력할 것이다."

"언론민주화란 사회의 전반적 민주화와의 통일적 관계 속에서만 가능한 것이다. 언론의 민주화 없이 사회의 민주화가 불가능한 것과 마찬가지로, 사회의 민주화 없이 언론의 민주화가 독립적으로 실현될 수 없음 또한 분명하다. 이것이 바로 언론민주화운동이 사회의 민주화운동과의 연대 속에서 추진되지 않을 수 없는 이유이다. 우리는 진정한 여론 없이 인간다운 삶이 불가능하다고 믿는 모든 사람들의 호응과 지원을 기대한다."

언협은 창립선언문에 밝힌 이런 과제들을 실천해나갔다.
1985년 1월 처음으로 열린 실행위원회는 세 가지를 의결했다. ①기관지(잡지) 창간, ② 각계 민주화운동과의 적극 연대, ③ 문화 관련 단체들과의 표현의 자유 투쟁이었다. 잡지 창간이 언협의 핵심 사업이 된 것은 자연스러운 일이었다.
"창립되자마자 언협의 해직기자들은 신문 만들 궁리부터 시작했다.

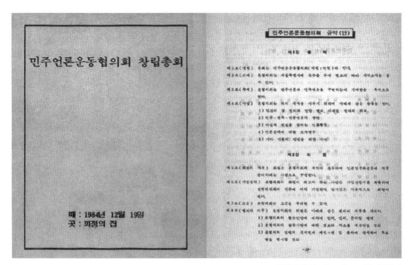

「창립총회 자료집」 표지와 규약

그리고 그것은 글쟁이들에겐 극히 자연스러운 일이었다. 우리들에겐 해직은 실직과 동시에 글로부터의 추방을 의미했다. … 글을 빼앗긴 우리는 글을 갈망하고 있었고 언협이 결성되자마자 당연히 글을 쏟아 부을 신문 만들기로 논의를 모았던 것이다. 여러 가지 이유로 신문창간안은 부결되고 새 신문 창간은 언협의 장기과제로 설정되었다. 그리고 신문 대신 잡지를 창간하기로 의견을 모았고, 바야흐로 「말」지 창간은 이때 예비되기 시작했던 것이다."[60]

해직기자들의 열망은 그로부터 5개월 여 후 「말」을 통해 실행된다.

다른 단체들과의 연대는 일상적으로 이루어졌다. 언협은 그해 3월

---

60. 박우정, '언론과 나-천직을 찾게 해준 언협의 「말」지', 「민주언론운동」, 1997년 5~6월호.

민주화운동 단체들이 결집한 민주통일민중운동연합(민통련)에 가입했을 뿐 아니라 민통련 지도부에도 참여했다. 송건호 의장이 지도위원, 김승균 공동대표가 민주통일위원장, 이부영 실행위원이 민생위원장을 맡았다. 이후 9월 민통련 조직개편 때 동아투위 김종철 위원이 대변인, 성유보 초대 사무국장이 언론분과위원장을 맡는 등 민통련을 통한 연대는 지속된다.

언론운동단체로서 문화단체들과의 연대는 특히 활발했다. 창립 시기가 같은 언협과 자유실천문인협의회(자실)는 1987년까지 마포에 있는 건물 한 층을 빌려 사무실로 나눠 쓰기도 했다. 운동단체들은 언협과 자실, 민중문화운동협의회(민문협)를 합쳐 '문화 3단체'로 불렀다. 문화 3단체는 언론기본법 철폐, 표현의 자유 보장, 구속 출판인 석방 등을 위한 투쟁을 함께했다(표4 참조).

〈표 4〉 언협-문화단체들의 주요 연대활동(1985~1986년)

1985년 5월 6일	민주언론운동협의회·자유실천문인협의회·민중문화운동협의회 등 문화 3단체, '출판의 자유에 대한 폭력적 탄압을 즉각 중단하라'는 성명서 발표
1985년 5월 17일	문화 3단체, '광주항쟁과 시민학살의 진상은 밝혀져야 한다. 도서출판 풀빛사 나병식 사장을 석방하라'는 내용의 성명서 발표 (*도서출판 풀빛은 『죽음을 넘어 시대의 어둠을 넘어-광주 5월 민중항쟁의 기록』을 제작하던 중 대표 연행 및 인쇄물 압수당함)
1985년 8월 24일	민주언론운동협의회, 『민중교육』 관련자 구속조치와 계간지 「실천문학」 폐간에 항의하는 '언론·출판·문화에 대한 계속되는 탄압을 규탄한다' 성명서 발표
1985년 8월 30일	문화 3단체, 도서출판 이삭의 등록 취소와 계간지 「실천문학」의 폐간 조치, 『민중교육』 관련 출판인 및 교사 3명 구속에 항의하는 '전체주의적 문화탄압을 즉각 중단하라' 성명서 발표, 농성
1985년 9월 3일	문화 3단체, 항의 농성을 마치고, '언론기본법 철폐운동을 전개하자' 성명서 발표

1985년 9월 6일	민중문화운동협의회 등 문화운동단체들, 언협 사무실에서 '민족통일의 길목에서 오늘을 바라본다' 성명서 발표. '양키 매판문화 척결과 민족민중문화 수호투쟁위원회' 결성
1985년 12월 11일	문화 3개단체, '창작과비평사를 원상복구시켜라' 성명서 발표. 시한부 항의 농성
1986년 3월 5일	민주언론운동협의회, '경찰의 출판인 구타행위를 규탄한다' 성명서 발표
1986년 4월 25일	출판 관련 인사 60여 명, 언협 사무실에서 도서출판 청사 대표 함영회씨 연행에 항의하는 철야농성을 벌인 후, '출판자유수호와 외국인저작권 보호반대 대책준비위원회' 구성. '출판인의 자유와 권리의 쟁취를 위한 선언' 발표
1986년 7월 2일	한국출판문화운동협의회(1986.6.21 창립), 언협 사무실에서 '불법연행 출판인을 즉각 석방하라' 성명서 발표하고 50여 명 항의농성. 농성 후 마포경찰서 연좌시위
1986년 8월 28일	한국출판문화운동협의회, 민주언론운동협의회, 민중문화운동협의회, 자유실천문인협의회, 민족미술협의회, 민주교육실천협의회(문화 6단체), 인문사회과학 서적상 탄압 규탄 성명서 발표
1986년 10월 11일	문화 6단체·전남사회운동협의회·도서출판 광주 고규태 씨 구속에 항의하는 성명서 발표
1986년 11월 12일	문화 6단체, 민주언론운동협의회 사무실에서 시국선언 발표
1986년 12월 15일	한국출판문화운동협의회, 언협 사무실에서 '보도지침' 관련 '진실은 반드시 밝혀지고 만다'라는 성명서 발표하고 언협과 공동으로 항의농성
1986년 12월 22일	문화 6단체, 언협 '보도지침' 관련 구속자의 석방을 요구하는 공동성명서 발표 한국출판문화운동협의회, 언협과 공동으로 항의농성

한국출판문화운동동우회, 『한국출판문화운동사』(2007)와 민주화운동기념사업회 『한국민주화운동사 연표』(2006)를 토대로 작성

언협 출범을 통해 언론운동은 명망가들의 인적네트워크나 느슨한 위원회 형태를 넘어 '언론민주화'라는 분명한 목표와 실행계획을 가진 상설 조직운동으로 자리 잡았다. 뿐만 아니라 언론운동이 다른 민주화운동 세력과 좀 더 조직적으로 연대할 수 있는 길을 열어주었다. 이런 연대의 기반을 통해 언론운동은 민주주의와 통일, 민중의 권리를

위한 운동에도 일익을 담당할 수 있게 됐고, '보도지침' 폭로 등으로 탄압받을 때는 민주화운동 세력의 지지와 지원을 받을 수 있었다.

해직기자와 학생운동권의 만남

언협이 상설 운동조직으로 활동하기 위해 현실적으로 필요한 두 가지가 있었다. 상근인력과 자금이다. 다른 조직도 마찬가지였겠지만, '매체 발간'이 첫 번째 과제였던 언협은 적지 않은 자금과 실무 인력이 활동의 기본조건이었다.

초기 자금 마련은 해직기자들과 종교계의 도움으로 해결할 수 있었다.

"「말」을 만드는 데는 적지 않은 자금이 필요했다. 언협은 회원들이 십시일반으로 후원금과 회비를 모아줘 출범하는 데 차질이 없었으나 월간지를 출간하기에는 모자람이 많았다. 이를 두 곳에서 해결해주었다. 기독교교회협의회의 고 김관석 목사가 700만 원을 내놓았다. 당시 이 돈을 전달한 이부영이 '종로5가에서 보낸 돈이다'라고만 했고, 우리는 부러 더 알려 하지 않았다. 다른 한 사람은 조선투위의 고 백기범이었다. 그는 300만 원을 내게 직접 건네주었다. 1,000만 원이면 최소한 3,000부 발행 월간지 4~5회는 제작할 수 있는 돈이었다."[61]

초기 자금은 해직기자들의 노력으로 마련되었지만, 잡지제작 실무는

---

61. 성유보, 「멈출 수 없는 언론자유의 꿈(90)-월간 '말' 창간 … 마포서 연행돼 29일 구류」, 2014년 5월 12일, 한겨레.

해직기자들만의 힘으로는 어려운 일이었다. 해직기자들이 편집의 방향을 잡고, 상당 분량의 기사를 쓴다고 해도 취재, 편집디자인, 영업 등은 '젊은 인력'이 요구되었다. 학생운동 출신의 젊은이들이 언협에 직업활동가로 들어온 것은 이런 배경에서였다.

1980년대 초반 학생운동에 뛰어든 젊은이들은 대체로 비슷한 경로를 밟았다. 1, 2학년에는 써클활동을 하다가 3학년 정도가 되면 시위를 주동해 감옥에 가거나, 학교를 그만두고 노동현장에 투신하는 것이다. 운동조직의 상근활동가, 그것도 연배가 한참 높은 해직기자들의 단체에 학생운동 출신이 들어오는 것은 흔치 않은 '코스'였다.

뿐만 아니라 해직기자들과 학생운동가들은 성향이나 이념에서도 차이가 컸다. 해직기자들이 자유주의 성향이 강한 전형적인 지식인집단이었던 반면 광주항쟁의 직접적인 영향을 받은 학생운동가들은 급진적인 변혁이론을 따랐다. 이들에게 해직기자들의 언론운동은 '그다지 치열하지 않은 쁘띠부르주아 운동'으로 인식됐다.

그러나 전두환 정권 아래 언협에서 일을 할 만한 젊은이는 사실상 학생운동 출신밖에 없었다. 해직기자들의 다음과 같은 회고는 당시 분위기를 잘 말해준다.

"일단 해직기자가 아닌 젊은 시민회원 겸 상근간사들을 뽑기로 했다. 고 김도연 실행위원이 간사로 맨 처음 추천한 사람이 최민희였다. 나는 최민희(국회의원·새정치민주연합)가 전두환 독재 초기 저 엄혹했던 82년 가을 이화여대에서 시위를 하다 감옥을 다녀왔다는 얘기를 듣고 면접을 한 뒤 실행위원회에 간사 임명을 제안했다. 그해 말 내가 사무국장을 그만둘 때까지 실무진으로 이화영, 정봉주(전 국회의원), 정수웅, 김원옥, 배시병 등을 선발했는데, 그때마다 고 김도연과 최민희

의 추천을 존중했다."[62] (성유보 초대 사무국장)

"「말」지 영업사원에게는 바로 형사가 따라 붙는다. 일거수일투족을 감시당하고 사무실에 들어오면 사무국장이나 선배 기자들이 주고받는 얘기라고는 맨날 잡혀가는 얘기, 매 맞는 얘기, 학교에서 쫓겨난 얘기, 직장에서 쫓겨난 얘기, 형사들 얘기, 안기부 얘기들뿐이니 영업사원은 며칠 못가고 도망가고 만다."[63] (김태홍 2대 사무국장)

해직기자들과 학생운동 출신을 처음 연결한 사람은 30세의 김도연 실행위원이었다. 도서출판 공동체를 운영하는 출판인으로 언협 초대 실행위원을 맡았던 그는 민주화운동청년연합(민청련)의 핵심 회원이기도 했다. 후배들의 신임을 받던 그를 통해 학생운동 출신이 언협에 첫발을 내딛은 것이다.

1호 간사 겸 기자인 최민희 이후 언협에 들어온 실무자들 역시 대부분 학생운동 출신이었다. 「말」지 기자를 포함해 실무진들은 모두 '간사'로 불렸다. 언협에서 기자는 영업직원이기도 했다. 「말」이 발간되면 기자들은 사회과학 서점 등에 책을 배포하고, 집회나 시위처럼 군중이 모이는 곳으로 달려가 직접 책을 팔았다.

그러나 학생운동가를 기자로 만드는 데는 훈련이 필요했다. 물론 이들은 공개적인 취재가 어려운 조건에서도 온갖 투쟁 현장을 누비며 헌신성을 발휘했다. 문제는 학생운동 출신들이 성명서나 선언문 같은 글만 써왔다는 데 있었다. 기사라는 형식 차체가 이들에게 낯선 일이었다. '가슴만 뜨거운' 초보 기자들의 훈련은 박우정, 홍수원 등의 해직

---

62. 성유보, 앞의 글.
63. 김태홍, 『작은 만족이 아름답다』 인동, 1999년, 149쪽.

기자들이 맡았다.

"젊은 실무자들이 기사를 써오면 처음에는 대부분 성명서 비슷했다. 기본적인 훈련부터 시작했는데 원고를 첨삭해 돌려주고 보충 취재를 지시했다. 그렇게 몇 번하고 나면 대부분 기사 쓰는 방식을 습득했다."[64] (박우정 「말」 2대 편집장)

"박우정, 홍수원 두 선배들은 교정 교열을 굉장히 까다롭게 보았다. 그런데 젊은 기자들의 글이 마음에 들지 않았을 텐데도 큰소리를 내거나 원고를 구겨버리는 법이 없었다. 후배들이 두 분의 도움을 많이 받았다."[65] (이석원 초대 사무차장)

해직기자들의 전문성과 균형감각, 학생운동권의 진보성과 헌신성, 세대와 경험이 다른 운동가들의 역량은 언협에서 시너지효과를 냈다. 해직기자들은 학생운동 출신 실무자들의 헌신성을 존중했고 돌파력을 인정했다. 젊은 실무자들은 언론단체활동가로서 해직기자들의 균형감각을 받아들이게 됐다.

"송(건호) 의장은 말이 많은 분이 아니었다. ⋯ 언협의 역할에 대하여도 분명히 한계를 긋고 있었다. '언협은 언론운동단체이므로 민통련 등의 활동을 측면에서 지원하고 보도하는 기능을 주로 해야 한다. 제도언론에서 보도하지 않는 재야나 기층 민중들의 움직임을 기관지를 통해 보도하는 것이 언협이 할 역할이다.' 송 의장의 이와 같은 생각은 때로 젊은 간사들과 상충될 때도 있었고 간혹 언협이 지나치게 소극적이라는 비판을 받을 소지를 제공하기도 했다. 그러나 「말」지가

---

64. 박우정, 「말」 2대 편집장 인터뷰, 2014년 4월 15일.
65. 이석원, 초대 사무차장 인터뷰, 2014년 6월 20일.

한 호 한 호 발간되고 「말」지를 통해 운동권 내 언협의 위상이 확실해지면서 송 의장의 생각은 언협다운 생각으로 자리잡아갔다."[66] (최민희 「말」 기자)

젊은 실무자들의 결합으로 언협에서는 민주화운동 각 세대의 조화로운 역할 분담이 완성되었다. 동아·조선투위를 비롯한 1970년대 해직기자들은 지도부로서 조직을 이끌었고, 1980년대 해직기자들은 언협 운영과 「말」지 제작의 집행책임을 맡았으며, 학생운동 출신의 젊은이들은 실무자로 현장을 뛰었다.

한편으로 20대 학생운동 출신들의 결합은 해직기자 조직에 활력을 불어넣었을 뿐 아니라 언협의 미래를 준비할 수 있는 토대가 되었다. 언협이 해직기자들만의 조직으로 남았다면 특정 세대, 특정 집단의 운동으로 활동을 마감할 수밖에 없었을 것이다. 해직기자들도 이런 사실을 잘 알고 있었기 때문에 언협 결성을 준비할 때부터 '열린 조직'을 지향했다. 운동의 젊은 세대를 영입한 것은 '열린 조직', '미래가 있는 조직'을 위한 첫 단계였다고 할 수 있다.

언협이 시대의 변화에 따라 역할을 재조정하면서 30년 넘게 언론운동을 해올 수 있었던 것은 새로운 세대와의 적극적인 결합이 있었기 때문이다.

---

66. 최민희, '언협야사(3)-언협의 정신적 지주, 송건호 회장', 「민주언론운동」, 1997년 1~2월호.

'민족·민주·민중언론'의 디딤돌

「말」, 그들이 만들면 다르다

1985년 6월 15일 「말」 창간호가 세상에 나왔다.

'민족·민주·민중언론의 디딤돌'이라는 부제를 달고 나온 언론운동 단체의 기관지. 등록되지 않은 '비합법매체'. 그러나 「말」지에 대한 반응은 예상을 넘어섰다. 운동단체들 사이에서는 말할 것도 없고 일반 독자들의 호응이 폭발적이었다. 창간호는 서점에 깔린 지 하루 만에 재판에 들어갔다. 교보문고에서는 첫날 내놓은 30부가 오전 중에 다 팔렸고, 다음 날 추가 주문된 50부도 하루 만에 매진됐다.

"재판에 재판을 거듭하여 「말」지는 창간호부터 무려 8,000부를 찍었다. 지금은 밀리언셀러가 나오는 세태라 8,000부가 우습게 보일지 모르지만 사회과학 관련 서적이 2,000부를 넘기면 베스트셀러로 대접받을 때였다. 광고 하나 하지 않은 잡지가 교보, 종로에서 수십 부씩 팔려나가다니, 이건 출판계의 이변이었다."[67]

물론 공안기관들이 이런 상황을 내버려 두지 않았다. 당장 일반 서점들에 압력을 넣어 「말」지를 팔지 못하게 했지만 「말」지의 존재는 입소문을 타고 퍼져 나갔다. 「말」지는 운동단체, 사회과학 서점, 집회 현장 등을 통해서 팔려 나갔을 뿐 아니라 '은밀하게' 팔고 사는 귀한 잡지가 되었다.

「말」지가 대중적으로 성공한 이유는 여러 측면에서 찾을 수 있다.

첫째, 「말」지는 운동단체에서 만들었지만 기존의 '운동권 매체'와는 다른 형식을 취했다. '말'이라는 제호부터 달랐다. 당시 많은 운동단체들이 기관지를 내고 있었는데 대부분 '민주' 또는 '민중', '민족' 같은 단어를 제호에 넣었다. 예를 들어 문화 3단체에 속하는 민중문화운동협의회의 기관지는 『민중문화』, 자유실천문인협의회의 기관지는 『민족문학』이었다. 다른 곳도 비슷했다. 민청련은 '민주화의 길', 민주통일국민회의는 '민주통일'이 기관지 제호였다. 노동자, 농민 관련 단체는 '노동자', '농민' 등 운동의 주체를 제호로 쓰기도 했다.

이런 분위기에서 언협은 '말'이라는 매우 독특한 제호를 선택했다. 제호에 대한 논의는 1985년 2월경 이뤄졌는데, '말'을 제안한 사람은 신홍범 실행위원이었다. 그는 프랑스 대문호 장폴 사르트르의 저작 『말 Les Mots』[68]에서 아이디어를 얻었다.

"그때 '민주언론', '민주통신'을 제안하거나 지지한 분들도 있었다. 그런데 나는 '민주'나 '자주' 같은 말이 제호가 되면 시민들이 마음 놓고 사볼 수 없다고 생각했다. 중립적인 느낌을 주는 제호가 필요했는데

---

67. 최민희, '민언련 야사-「말」지, 적의 허를 찌르다', 「민주언론운동」, 1999년 5~6월호.
68. 1963년 사르트가 주관하던 잡지 「현대」를 통해 처음 발표됐다. 사르트르의 유년시절 자서전으로 1부 '읽기'와 2부 '쓰기'로 나뉜다. 책으로 출간된 해는 1964년. 그해 사르트르는 노벨문학상 수상자로 선정되었으나 수상을 거부해 저항적 지식인으로서의 명성을 더욱 높인다.

마침 사르트르의 「말」이 떠올랐다. 사회적으로 하는 말이 바로 언론 아닌가. 언협 기관지로서 어울리는 제호 같았다."[69]

사회적으로 하는 말. 「말」은 그렇게 탄생했다. 처음에는 외자에 중립적인 표현을 낯설어하는 사람들도 많았다. '마사회 기관지 같다'는 농담도 나왔다. 그러나 이 제호는 전두환 정권이라는 시대적 상황, 일반 시민들의 정서를 고려한 성공작이었다.

「말」지의 판형과 편집도 당시로서는 획기적인 것이었다.

4×6배판의 운동단체 기관지는 「말」지가 처음이었다. 기본 레이아웃을 만들 때는 해외 시사주간지들을 참고했다. 특히 표지는 그 시점에 가장 중요한 사건을 사진으로 크게 넣고, 제호 아래 몇 가지 주요 기사 헤드라인을 간단명료하게 드러냈다. 미국의 시사주간지 「타임」과 유사한 점이 보인다. 그런가 하면 오른쪽 아래에 기사의 일부를 게재하는 파격도 시도됐다. 당시 국내 어떤 잡지에서도 볼 수 없는 형식이었다.

"레이아웃의 신선함도 빼놓을 수 없는 성공요인이다. 여타의 민중언론에 비해 「말」지는 가장 '잡지'다웠다. 실제로 「말」지는 창간호 발간 과정에서 레이아웃에 들어간 고민과 작업시간이 가장 길었다는 사실은 해직기자들의 고민의 일단을 보여준다."[70]

"「말」 창간호는 4×6배판 크기의 90여 쪽에 지나지 않는 얇은 인쇄물이었지만 겉모습이 우선 다른 간행물과 달랐다. 신홍범의 강력한 주장에 따라 표지 면부터 기사를 실었던 것인데 종이를 아낀다는 뜻 외에 '손에 드는 순간 읽어라'는 긴급 호소가 담겼던 것이다."[71]

---

69. 신홍범 초대 실행위원 인터뷰, 2014년 11월 10일.
70. 김태홍, 「80년해직언론인협의회와 민주언론운동협의회」, 한국기자협회·80년해직언론인협의회, 『80년 5월의 민주언론』, 1997년, 205쪽.

정세를 고려한 제호와 세련된 편집은 「말」지가 독자들의 이목을 끌고 쉽게 접근하는 데 큰 몫을 했다고 볼 수 있다.

둘째, 해직기자들의 전문성에서 비롯된 객관적이고 수준 높은 기사는 「말」지 성공을 이끈 핵심 요소였다. 당시 운동단체들이 내는 기관지는 대중들을 향해 자신들의 주장을 선전, 홍보하는 매체였다. 반면 「말」지는 엄밀한 사실을 기초로 한 객관적인 보도태도를 견지했다.

해직기자들은 언론인으로서의 정통성을 갖고 있다고 자부하던 사람들이다. 때문에 자신들이 만드는 매체가 형식과 내용 모든 면에서 제도언론보다 앞서야 한다는 사명감을 갖고 있었다. 표현은 날카로웠지만 거칠지 않았고, 사실fact 확인에 까다로웠다. 하다못해 젊은 기자들이 시위 기사를 쓸 때 참가자 수를 부풀리는 것도 용납되지 않았다. 다음 일화는 해직기자들이 얼마나 '사실'에 엄격했는지 보여준다.

후배들에게 일을 가르칠 때 송건호는 그 누구보다 혹독한 사람이었다. 「말」지 창간호에 실린 최민희의 여성 노동자에 관한 기사는 나가기 전까지 송건호로부터 이렇게 부정확한 기사를 써서야 되겠느냐며 호되게 야단을 맞았다. 인터뷰 장소를 밝히지 않았다는 것이 질책의 이유였다.[72]

분석과 논평은 정확하면서도 신중했다. 해직기자들 중에는 정치, 경

71. 성유보, 「멈출 수 없는 언론자유의 꿈(90)-월간 '말' 창간 ··· 마포서 연행돼 29일 구류」, 2014년 5월 12일, 한겨레.
72. 정지아, 『나는 역사의 길을 걷고 싶다-참언론인 송건호의 생각과 실천』, 한길사, 2008년, 337쪽.

제, 노동, 외교 등 각 분야의 전문가들이 많았다. 이들이 쓴 기사는 독자들이 쉽게 접할 수 없는 수준 높은 정보였다. 특히 「말」지의 국제 기사는 외신을 철저하게 통제했던 전두환 정권 아래서 국제정세와 한반도 문제를 제대로 이해할 수 있는 통로가 되었다.

해직기자들이 제도언론에서 쌓은 전문적 능력과 언론인으로서의 사명감 덕분에 「말」지는 품위와 균형, 전문성을 갖출 수 있었고 이는 독자들의 신뢰로 이어졌다. 「말」을 만드는 주축이 해직기자들이라는 사실 자체가 「말」지의 공신력을 높여준 측면도 있었다. 언론자유를 요구하다 권력에 의해 쫓겨난 해직언론인들은 직업운동가라기보다 양심적 지식인, 언론 전문가로 인식되었기 때문이다.

셋째, 참신한 형식. 해직언론인들의 전문성보다 더 근본적인 「말」지 성공의 요인은 보도 내용 자체였다. 언협이 창립선언문에서 지적했듯 전두환 정권 아래 '언론은 없었다'. 언론통폐합에서 살아남은 언론사들은 독점적 지위와 각종 특혜를 누리며 권력에 자발적으로 유착했다. 이들은 권력의 통제를 따르는 데서 나아가 전두환 찬양과 정권 홍보에 앞장서며 여론을 조작했다. 전두환 정권의 '나팔수' 노릇에 열중한 공영방송 뉴스는 '땡전뉴스'라는 비난을 받았고, 제도언론에 대한 국민의 불신은 깊었다. 언론다운 언론을 찾을 수 없을 때 「말」지가 등장한 것이다.

'새 언론'으로 나아가는 디딤돌

「말」은 '진정한 말의 회복을 위하여'라는 창간사를 통해 "오늘의 언론기관은 이미 지난날과는 달리 권력과 이권을 주고받는 깊은 유착관계에 있다"고 제도언론의 실상을 비판하면서, 「말」지 창간의 이유와 목표를 다음과 같이 밝혔다.

이 시대 참다운 언론운동을 향한 디딤돌로서 「말」을 내놓는다. '말다운 말의 회복', 진실을 알고자 하는 다수의 민중들에게 이 명제는 절실한 염원이다. 거짓과 허위 유언비어가 마치 이 시대를 대변하는 언어인 양 또 하나의 폭력으로 군림하고 있음은 우리가 처해 있는 숨길 수 없는 현실이다. …

「말」은 그 자체가 자유롭고 독립적이기를 바란다. 「말」은 어느 누구의 사사로운 소유물이 아니며 오직 민족과 국가의 역사적, 발전적 시각을 대변하는 문자 그대로의 공공기관이 될 것이다. …

「말」은 민중을 위한 진실보도 사회정의를 위한 진실보도를 위해 줄기찬 노력을 계속할 것이다.

창간사의 약속대로 「말」지는 제도언론이 철저하게 외면했던 노동자·농민·빈민 투쟁의 진실, 민주화운동 진영의 움직임과 정권의 탄압, 국제 정세와 한반도 통일, 환경, 여성, 언론 등 각 분야의 문제들을 다뤘다. 사실보도, 진실보도에 목말랐던 독자들에게 이런 보도가 뜨거운 반응을 얻은 것은 어쩌면 당연한 일이었다.

그러나 언협은 「말」을 민족·민주·민중언론의 완성으로 생각하지 않았다. 「말」의 부제가 '민족·민주·민중언론의 디딤돌'이었던 것도 이 때문이다. 「말」지는 언협이 구상하는 '새로운 언론'을 향한 디딤돌 같은 매체였다. 언협이 궁극적으로 지향했던 새로운 언론의 모습은 창간호의 '제언-새 언론 창설을 제안한다'에서 잘 드러난다.

언협은 제언을 통해 새로운 언론기관의 필요성은 "민중언론시대의 요청"이라고 전제했다. '민중언론시대'란 당시 각 분야의 민중들이 스스로 언론매체를 만들어내던 상황을 일컫는다.

제언은 "민중언론은 제도언론이 민중의 소리를 거의 외면하여 일체의 표현 수단을 빼앗긴 민중이 이제 스스로 자신을 표현할 수밖에 없는 현실 속에서 불가피하게 요청된 것"으로, "갖가지 현실적 조건과 제약 때문에 제대로 역할을 하고 있지 못한 안타까운 현실"이라고 지적했다. 따라서 "민중언론의 지향과 성과들을 올바로 수렴하면서 그 형식과 내용을 새롭게 하는 진정하고도 '창조적인' 언론의 필요성이 제기되고 있다"고 주장했다.

언협은 새 언론의 역할과 이런 역할을 해내기 위한 소유 구조를 다음과 같이 규정했다.

새로운 언론은 민중 자신이나 그들을 대변하는 사람들이 제작하는 민중의 표현 기관이 될 것이다. 새로운 언론은 민중의 소유이므로 그 내용 역시 민중에 의해 제작되지 않으면 안 된다. 기존의 제도언론이 수직적 하향식으로 체제의 입장에서 제멋대로 민중현실을 다루는 것과는 달리 새 언론에서는 민중이 아래로부터 자기의 현실과 의사를 표현해야 한다.

새로운 언론이 현재의 반민족적·반민중적 제도언론의 극복으로서 제기된 것이라면 그 언론이 민족언론이 되어야 함은 너무나 당연하다. 우리 민족 최대의 과제인 분단 극복을 위해 소임을 다해

야 할 것은 말할 것도 없고 모든 식민주의적 외세로부터 민족의
독립과 자존을 지키는데 진력하는 언론이 되어야 할 것이다.

새 언론기관은 기존 언론기관이 소수 또는 개인의 언론기업들
에 의해 독점되고 있는 것과는 달리 민주언론을 갈망하는 민중
스스로가 출자하여 공동으로 소유하고 함께 움직이는 민중의 표
현기관이 될 것이다.

소유에서부터 편집까지 민중의 힘으로 움직이는 언론. 언협은 이런
언론을 탄생시키기 위한 '범국민운동'을 「말」 창간호를 통해 제안하기
도 했다. 이 제안은 6월항쟁 이후 세계 최초 국민주 신문 창간운동으
로 실현된다.

한겨레신문이 당초 언협이 제안했던 '새 언론'을 얼마만큼 구현했는
가 하는 문제는 별도의 평가가 필요할 것이다. 그러나 전두환 정권의
폭압 통치 아래에서도 언협은 완전한 민족·민주·민중언론을 꿈꾸었
고, 그 전 단계로 「말」을 창간해 제도언론이 보도하지 않았던 민중의
현실을 충실하게 전했다. 민족·민주·민중언론, 언론다운 언론을 만들
겠다는 해직기자들의 의지가 「말」지를 성공시킨 또 하나의 '저력'이었
다고 할 수 있을 것이다.

시대의 진실을 담다

두 명의 청년이 창밖을 내려다보고 있다. 그중 한 명은 팔을 뻗어 건

물 벽에 '미국'과 '광주'라는 단어가 쓰인 종이를 붙이려 한다. 둘의 표정에서 분노나 동요를 찾아볼 수 없지만 '미국'과 '광주'만으로도 그들이 누구인지, 무엇을 주장하려는 것인지 알 수 있다.

1985년 5월 한국사회를 발칵 뒤집어 놓은 대학생들의 서울 미문화원 점거농성.[73]

「말」창간호는 이들의 모습을 표지사진으로 담았다. 보도사진의 역할이 무엇인지 보여주는 강렬한 표지였다. 이어 커버스토리에 해당하는 '초점'에서도 미문화원 점거농성을 다뤘다. '미 문화원 농성이 의미하는 것-광주의 비극은 누구 책임인가?', '미국은 광주문제에 책임 없다?-글라이스틴 전 주한대사, 책임회피 발언'이 실렸다.

「말」창간호

제도언론들은 미문화원 점거 학생들을 '반미'와 '용공'으로 몰기에 바빴다. 그러나 언협은 「말」을 통해 학생들이 왜 점거농성을 벌였는지,

---

73. 서울 지역 '전국학생총연합(전학련)'에 소속된 서울 지역 5개 대학의 73명의 학생들은 미문화원 2층 도서관을 점거, 전두환 정권과 미국에 광주학살 책임을 물었다. 이들은 광주학살을 지원한 데 대한 미국 정부의 공개 사과, 전두환 군사독재정권에 대한 지원 중단, 미 대사와의 면담 및 농성학생들의 내외신 기자회견 보장 등을 요구했다. 요구는 거절되었고 26일 학생들은 스스로 농성을 풀었다. 5월 28일 롯데호텔에서 남북적십자회담이 예정돼 있다는 김영삼, 김대중의 설득을 받아들인 것이다. 73명 중 25명이 구속되고 전학련 간부 12명에게 수배가 떨어졌다.

이들의 주장이 무엇인지 충실하게 보도했다. 아울러 학생들이 "광주문제에 대한 국민들의 인식을 새롭게 했으며 '광주'가 80년대를 사는 우리 모두가 공통적으로 짊어지고 해결해야 할 민족적 부채임을 다시 상기시켰다"고 이 사건의 의미를 부여했다.

「말」지의 미문화원 점거 농성 보도는 어떤 언론에서도 볼 수 없는 객관적이고 정확한 분석이었다. 당시 학생운동은 '5·18투쟁'에 가장 적극적으로 나서고 있었다. 광주항쟁의 진상규명 투쟁, 항쟁의 성격에 대한 분석과 논쟁 등에서 어떤 집단보다 앞섰다. 광주항쟁 5주년을 맞는 5월 17일에는 전국 80개 대학에서 3,000여 명이 넘는 학생들이 시위를 벌였다. 이어진 미문화원 점거농성은 전두환 정권 아래 금기와도 같았던 광주항쟁을 공론의 장으로 나오게 만들었다.

"이 사건으로 인하여 비로소 5·18은 공공의 논의 주제로 떠올랐다. 5월 30일 신민당은 광주사태진상조사를 위한 국정조사결의안을 국회에 제출했고 6월 7일 윤성민 국방부장관은 국회 국방위원회에서 '광주사태보고'를 제출하지 않을 수 없었다."[74]

1985년 5월 광주항쟁을 시대의 화두로 던진 또 다른 하나는 황석영의 『죽음을 넘어 시대의 어둠을 넘어-광주 5월 민중항쟁의 기록』이었다. 책을 낸 풀빛 출판사의 나병식 사장(언협 초대 감사)은 연행되었고 책은 판금조치당했다. 그러나 이 책은 국내외의 수많은 사람들에게 광주항쟁의 실상을 알리는 역할을 했다. 당시 언협은 5월 17일 문화 3단체와 함께 '광주항쟁과 시민학살의 진상은 밝혀져야 한다'는 성명서를 발표한 데 이어(표4 참조) 「말」 창간호에 '출판탄압, 현대판 분서갱유'라

---

74. 최정운, 앞의 책, 72쪽.

는 기사를 통해 전두환 정권의 출판탄압을 다뤘다.

이 밖에도「말」창간호는 대우자동차 파업, 농축산물 수입과 농민, 목동 빈민투쟁, 문익환 목사 대담 등 민중 생존권과 통일문제를 심층적으로 보도했다.

「말」창간호 주요 기사

[초점]

미 문화원 농성이 의미하는 것-광주의 비극은 누구 책임인가?

미국은 광주문제에 책임 없다?-글라이스틴 전 주한대사, 책임회피 발언

[노동]

노동현장이 격동하고 있다

대우 임금인상투쟁의 전말-6박 7일 생존권을 위한 외침

대우자동차 파업, 어떻게 볼 것인가-한국 노동운동의 새로운 지평

[국제] 미국의 제3세계 정책과 필리핀·남미 문제

[경제] 경제성장인가, 외채성장인가

[대담]

'민주통일민중운동연합' 의장 문익환 목사-"민주와 통일은 하나입니다"

[농민] 외국 농축산물 수입으로 침몰하는 농촌

[주민] 누구를 위한 도시개발인가-어느 목동 아줌마의 서울 행적

[여성] 26세=결혼=퇴직

「말」2호에서는 한국전쟁 이후 최초의 동맹파업으로 기록된 '구로동맹파업', 농민들의 '소몰이 투쟁' 등 노동운동과 농민운동 역사에 남을 주요 사건들을 보도했다.

1983년 말 유화국면으로 구로공단에서는 노동자들의 민주노조투쟁이 활발하게 일어나고 있었고, 1985년 5월 1일 영등포에서 노동절 행사가 열리기도 했다. 이런 분위기에서 6월 22일 대우어패럴 노조간부 3명이 불법파업을 주도했다는 이유로 경찰에 구속됐다. 6월 24일 대우어패럴 노동자들은 항의 파업에 들어갔고, 투쟁은 구로공단의 다른 민주노조 사업장으로까지 번졌다. 노동자들은 구속자 석방뿐 아니라 '블랙리스트 철폐', '노동권 보장' 등을 요구했다. 동맹파업은 전두환 정권의 탄압으로 1주일 만에 끝났고 1,300여 명의 해고자와 40여 명의 구속자를 낳았다. 그러나 이 파업은 노동자들이 기업별 노조의 한계와 노동조합의 연대 필요성을 확인하는 계기가 되었고 1987년 노동자대투쟁, 1990년 전국노동조합협의회(전노협) 건설 등 향후 노동운동에 큰 영향을 끼치게 된다.

「말」은 '대우어패럴 동맹파업 왜 일어났나', '연대투쟁으로 발전한 노동운동-대우어패럴 지지 농성이 보여준 가능성'을 통해 구로동맹파업의 원인과 연대운동의 전망 등을 짚었다.

1985년은 농민들의 농산물 수입 반대운동이 격렬한 시기이기도 했다. 농산물 가격 통제로 경제 안정화를 꾀했던 전두환 정권은 농산물 수입을 확대했고 농민들의 삶은 점점 어려워지고 있었다. 특히 소 값 폭락은 농민들의 분노를 폭발시켰다.

1982~1983년에 걸쳐 전두환 정권은 농가 소득을 보전하는 방법이라며 농민들에게 소를 키우도록 권장했다. 그러나 외국 쇠고기 수입으로 쇠고기 값은 폭락했고 농민들은 소 한 마리 당 70여만 원 가량의 피해를 입게 됐다. 7월 1일 경남 고성에서 처음으로 소를 몰고 시위를 벌이는 이른바 '소몰이 투쟁'이 벌어졌다. 이후 8월까지 소몰이 투쟁은 전국

으로 확산돼 2만여 명의 농민이 참여하는 '항쟁' 수준에 이르렀다. 농민들은 소 값 보상뿐 아니라 정부의 총체적인 농정 실패로 인한 농가부채 탕감까지 요구했다.

「말」은 창간호에서 외국 농축산물 수입에 따른 농민의 피해를 보도한 데 이어 2호에서도 농민들의 '소몰이 투쟁', 농가부채 해결 필요성 등을 상세하게 다뤘다.

「말」2호 표지

이후에도 「말」지는 그 시점에 가장 중요한 민중 생존권 문제, 민주주의와 인권 문제, 통일 문제를 놓치지 않았다. 여성노동자의 조기 퇴직 문제, 공해나 원전 같은 환경문제 등의 진보적 의제를 설정하기도 했다. 또 미국의 제3세계 전략, SDI(전략방위계획), 한반도 주변국의 관계 전망 등 국제정보를 제공했다.[75]

당시 「말」지의 이런 보도는 제도언론에서 결코 찾아볼 수 없는 것들로, 전두환 정권 시기의 시대상을 생생하게 보여주는 자료로서의 가치도 갖고 있다.

---

75. 「말」지가 양질의 국제기사를 실을 수 있었던 데에는 언협 내의 이른바 '현대군단'의 역할이 컸다. '현대군단'은 백기범, 박우정, 표완수 등 현대그룹에 적을 두고 있던 해직기자들을 말하는데 이들은 현대그룹의 국제정보를 활용해 「말」지 기사를 쓸 수 있었다.

〈표 5〉「말」2호(1985.8)~9호(1986.12) 주요 보도

호수	발행일	주요 보도
제2호	1985년 8월 15일	[초점] 노동운동과 대우어패럴 동맹파업 [국제] 정착 단계에 들어선 미일 군사협력 제2기 레이건정책의 변화 [국내] 미봉책에 불과한 부실기업 정리 [민족] 통일은 최고의 인간화 운동 남북대화와 남북관계의 변화 [노동·농민] 대우어패럴, 새로운 연대투쟁으로 소 값 폭락 항의시위 전국으로 확산 [환경] 공해실태 발표 믿을 만한가
제3호	1985년 10월 15일	[초점] 민중문화운동의 현황과 과제 [국제] 미국, 달러가치 절하하여 수출 공세 일본 방위비 GNP 대비 1% 돌파 미국의 대한시장 개방압력의 배경 [국내] 외자도입·수출주도 성장정책 [여성] 25세 조기정년제 철폐운동 활발 [노동·농민] 80년대 상반기 노동운동 평가 서산 홍성 간척농민들 불하요구 [문화]「민중교육」지 사건
제4호	1985년 12월 20일	[초점] 시장개방 압력과 한국경제의 앞날 [국제] 미·소 새 시대 개막 [국내] 고문·용공조작 저지운동 잇따른 대학생들 기관 점거 농성 법정에 선 교육-「민중교육」사건 재판 참관기 창작과비평사 폐쇄의 교훈과 과제 [도시] 철거민들 집단항의 움직임 [언론] 언론공룡 KBS의 비리를 묻는다 TV시청료 거부운동 추진
제5호	1986년 3월 25일	[초점] 필리핀 민중은 이렇게 싸웠다 [국제] 소련, 핵무기철폐 3단계 방식 제안 [국내] 재야 민주운동단체 개헌 서명운동 전개 전 민청련 의장 김근태 씨에 중형 선고 [노동·농민] 근로조건 개선 외치며 박영진 씨 분신자살 강경으로 치닫는 정부의 노동정책 농민들 '농협'에 원성 높아 [도시] 철거반대 움직임 더욱 확산 [언론] 시청료 거부운동 더욱 확산

제6호	1986년 5월 20일	[초점] 제동 걸린 보수대연합(5·3 인천사태) [국제] 미국의 대외공작 　　　 -리비아, 니카라과, 앙골라, 아프가니스탄 [국내] 확산되는 교수들의 시국선언 　　　 교도소 내 양심수 폭행 잇따라 [노동·농민] 폭력 탄압 속에 가열되는 임금투쟁 　　　 빚더미에 몰린 농민 자살항거 속출 　　　 절실히 요구되는 농협 민주화 [도시] 노점상, 철거반대 집단항의 [문화] 가중되는 출판탄압과 고문수사
제7호	1986년 7월 31일	[초점] 반미운동과 '보수대연합' [국제] 아시아 민중의 반독재·반제 투쟁 [국내] 부천서 '성고문' 사건 　　　 가중되는 고문탄압 　　　 독재정권과 외화 도피 [노동·농민] 주한미군 근무 한국인 노동자 총파업 　　　 전국으로 번져가는 농가부채 상환 거부운동 [도시] 재개발에 항의하는 세입자들 [환경] 체르노빌이 보여준 엄청난 위험
특집호	1986년 9월 6일	보도지침
제8호	1986년 9월 30일	[초점] 민족생존 기반 위협하는 한·미·일 경제 3각 관계 [국제] 새로운 국면에 접어드는 아·태 지역 [국내] 조계종 승려들 불교악법 철폐시위 　　　 운동권 관련 학생, 노동자 변사체로 발견 　　　 '성고문' 사건 권양의 메시지와 재정신청서 [노동·농민] 태백 지역 광산에 대규모 파업 　　　 '미국농축산물 수입 저지운동' 전국에 확산 [도시] 상계동 세입자들 실력으로 철거 저지 [교육] 교육민주화운동 탄압 속에 계속 확산
제9호	1986년 12월 31일	[초점] 개헌과 용공좌경 [국제] 파탄에 처한 미국의 제3세계 정책 [국내] 건국대 농성 사건 　　　 날조된 좌경용공사건('전노추', 'ML당', '반제동맹당') 　　　 민통련에 해산 명령 [민족] 한국에 랜스미사일 배치 　　　 김일성 소련 방문 [노동·농민] 노동자 생존권 박탈하는 '블랙리스트' [환경] 울산·온산주민 공해보상요구 투쟁

'아랫다방'의 역사

당초 언협은 「말」지를 월간지로 발간하는 것이 목표였다. 그러나 실제로는 두 달에 한번 정도로 그것도 부정기적으로 발행됐다. 현실의 제약이 너무 많았기 때문이다. 「말」지가 창간된 1985년 6월은 유화국면이 끝나는 시점이었다. 각 분야에서 저항이 터져 나오자 위기를 느낀 전두환 정권은 유화정책을 접고 민주 세력에 대한 강력한 탄압 기조로 돌아갔다. 이런 분위기에서 언협의 「말」지 제작이 순탄할 수는 없었다.

민통련이나 노동운동 등 민중운동 단체들에 비하면 '온건한' 축에 속했지만 「말」지가 나올 때마다 편집인은 경찰에 연행돼 구류를 살

정권의 언협 탄압에 맞서서 농성투쟁 중인 민주 인사들. 최장학, 계훈제, 송건호, 문익환(왼쪽부터)

〈표 6〉 창간호~8호까지 「말」 발행인과 편집인

	발행일	발행인	편집인
창간호	1985년 6월 15일	송건호	성유보
제2호	1985년 8월 15일	송건호	신홍범
제3호	1985년 10월 15일	송건호	최장학
제4호	1985년 12월 20일	송건호	성유보
제5호	1986년 3월 25일	송건호	김태홍
제6호	1986년 5월 20일	송건호	성유보
제7호	1986년 7월 31일	송건호	김태홍
특집호	1986년 9월 6일	송건호	김태홍
제8호	1986년 9월 30일	송건호	김태홍

았다. 〈표 6〉에서 보듯 '보도지침' 폭로 이후 언협이 재편되기 전까지 「말」지의 편집인은 계속 바뀌었다. 창간호를 내고 편집인만 29일 구류를 당하게 되자, 송건호 의장의 제안으로 편집인을 돌아가면서 맡았기 때문이다.

'구류 담당자'들은 연행되면 "모든 기사를 내가 썼다"고 주장했다. 말이 안 되는 얘기였지만 '보도지침' 폭로 이전까지는 경찰도 '구류 담당자' 외에는 더 이상 문제 삼지 않았다. 오히려 언협을 담당했던 형사 중에는 윗선의 질책을 피하기 위해 '책이 언제 나오는지만 귀띔해 달라'고 요청하는 경우도 있었다.[76] 민통련, 학생운동, 노동운동, 농민운동, 빈민운동 등에서 워낙 강경 투쟁을 벌이고 있었던 때라 공권력

---

76. 성유보, 초대 사무국장 인터뷰, 2014년 4월 22일.

이 언협에 대해서는 상대적으로 '소홀'한 덕분이었다. 뿐만 아니라 언협 사무실이 있던 마포 지역에는 사회과학 출판사들이 집중돼 있어 마포서가 압수해야 할 책, 연행해야 할 출판인들이 많았다. 「말」지가 '편집인 구류' 정도의 대가를 치르고 발간될 수 있었던 데에는 민중운동 진영의 투쟁, 출판인들의 투쟁이 보이지 않는 지원을 한 셈이다.

공권력의 탄압이 상대적으로 덜했다 해도 전두환 정권에 언협은 '요주의 반정부단체'였다. 「말」지 창간호 3,000부는 인쇄소에서 나오는 순간 고스란히 압수됐다. 군사작전처럼 비밀리에 편집을 했지만 인쇄 과정에서 정보가 흘러나간 것이다. 당시 잡지 제작은 사식작업-대지작업-인쇄의 과정을 거쳐야 했다. 원고가 완성되면 사식집에 맡겨 타자로 찍고, 이 활자들을 대지에 일일이 따서 붙여 편집한 다음, 인쇄소로 넘겼다. 인쇄업자들이 비밀을 지키고 협조해주지 않는다면 제작이 불가능한 일이었다. 비상 상황에 대비해 언협은 창간호 대지를 두 부 만들어 두었고, 3,000부를 압수당한 직후 곧바로 다른 인쇄소에서 창간호를 다시 찍을 수 있었다.

이런 형편에서 언협 사무실은 「말」지의 편집실이 될 수 없었다. 「말」지는 언제나 '비밀 편집실'에서 만들어졌다. 창간호부터 4호까지는 정해진 편집실이 없었다. 조선투위 성한표 위원과 동아투위 김태진 위원의 집, 조선투위 백기범 위원의 직장이었던 현대인력개발원 사무실 등을 옮겨 다니며 「말」지를 만들었다.

5호부터는 종로 주변의 허름한 건물, 민가 등에 별도의 사무실을 마련해 비밀 편집실로 사용했다. 비밀 편집실은 사무국장과 실무 제작팀 외에 송건호 의장조차 그 위치를 알지 못했다. 도청될 가능성 때문에 전화도 놓지 못했고 '편집실'이라는 말 자체를 쓰지 않았다.

"편집실에서 마포 사무실로 연락을 할 때는 공중전화를 여기저기 돌아가면서 썼다. 마포 사무실 지하에 조양다방이라는 곳이 있었는데 '아랫다방에서 봅시다' 하면 비밀 편집실에서 만나자는 뜻이었다. 일종의 암호였다. 진짜 다방에서 만날 때는 '조양다방에서 봅시다'였다."[77]

'아랫다방'이 「말」지의 비밀 편집실을 뜻하는 말이 된 것은 이런 연유에서다.

'아랫다방'에서 「말」지를 만든 실무 제작진들은 〈표 7〉과 같다. 창간호의 편집장은 '뜻밖에도' 해직기자가 아니라 공동체 출판사 대표였던

〈표 7〉 창간호~8호까지 「말」 제작진

창간호	사무국장 편집장 편집기자 레이아웃 영업	성유보 김도연 최민희 우찬제 장진영 이화영 도서출판 공동체 대행	동아투위 출판·민청련
2호~4호	사무국장 편집장 편집기자 영업	성유보 박우정 최민희 정수웅 이화영 정시진 김태홍	동아투위 80년 해직 80년 해직
5호~7호	사무국장 사무차장 편집장 편집기자 영업부장	김태홍 이석원 박우정 최민희 정수웅 정시진 김태광 배시병	80년 해직 80년 해직
8호	사무국장 사무차장 편집장 편집기자 영업부장	김태홍 이석원 박우정('보도지침' 편집은 홍수원) 최민희 김태광 이근영 한승동 권오상 정의길 배시병	80년 해직 80년 해직

자료: 김태홍, 「80년해직언론인협의회와 민주언론운동협의회」, 한국기자협회·80년해직언론인협의회, 『80년 5월의 민주언론』, 1997년, 206~207쪽의 표를 보완해 재구성

---

77. 이석원, 초대 사무차장 인터뷰, 2014년 6월 20일.

김도연 실행위원이었다.

"누가 편집책임을 맡을 것인가. 통상적으로 본다면 사무국장이 지휘를 해야 할 것이나, 당시 전두환 정권은 '제1호 감시 대상' 송건호 의장과 더불어 사무국장인 나의 일거수일투족을 감시하는 터였다. … 그래서 뭔가 '일'을 벌일 때일수록 사무국장인 나는 '아무 일이 없는 듯이' 종일 들어앉아 담배만 피워대며 신문이나 책을 읽고 있는 것이 상책이었다."[78]

이런 상황에서 사무국장을 대신해 「말」지 편집을 책임진 김도연 편집장은 창간호를 내고 물러났다.

"(김도연 편집장은) 재야운동권의 최대 엘리트 집단이었던 언협에서 해직언론인도 아니면서 가장 중요한 사업인 「말」지의 초대 편집장을 맡았다는 사실부터가 지금 생각하면 대단한 일이었지만 말없이 그 일을 해냈다는 것이 더 놀랍기만 하다. 순종하지 않는 실무자들을 데리고 며칠 밤을 새우고, 유랑극단처럼 동가식서가숙 하면서도 언성 한번 높인 일이 없었다."[79]

2호부터는 80년 해직기자 출신의 박우정 편집장 체제였다. 특집호 '보도지침' 제작 때에는 역시 80년 해직기자 홍수원이 '보도지침'의 편집을 맡았고, 박우정 편집장은 8호 「말」지 제작을 맡아 동시작업이 이루어졌다. '보도지침' 폭로 후 정권의 탄압을 받으면서 박우정 편집장 체제는 끝나고 언협은 조직을 재편하게 된다.

한편, 창간호 압수 사건 후 「말」지 제작에서 가장 골칫거리는 인쇄

---

78. 성유보, '멈출 수 없는 언론자유의 꿈(90)-월간 '말' 창간 … 마포서 연행돼 29일 구류', 2014년 5월 12일, 한겨레.
79. 최민희, '민언련야사-「말」지 성공의 주역 두 사람', 「시민과언론」, 2000년 1·2월호.

소였다. 인쇄문제는 80년 경향신문 해직기자 출신의 박성득 회원이 맡았다. 「말」지 인쇄에는 이른바 '위험수당'까지 얹어 비용을 지불했지만 믿을만한 인쇄소를 찾기는 쉽지 않았다. 그나마 경찰의 감시 때문에 한 곳에 계속 맡기는 것은 피했고 서울 지역에서 감시가 심할 때는 지방에서 인쇄를 해오기도 했다. 인쇄업자 중에는 어려운 상황에서 구속을 무릅쓰고 운동단체들의 인쇄를 맡아준 사람도 있었는데, 당시 「말」지 제작진들은 '세진인쇄 강은기 씨'를 「말」지 제작에 큰 도움을 준 사람으로 기억했다.

인쇄를 무사히 끝내면 그 다음 단계는 「말」지를 빼앗기지 않고 파는 일이다. 여느 잡지처럼 광고를 할 수도, 일반 서점에 납품을 할 수도 없는 상황에서 판매 역시 큰 과제였다. 창간호의 판매는 김도연 편집장이 운영하던 공동체 출판사가 대행을 했다. 2호부터 4호까지는 김태홍 공동대표가 영업을 자청해 맡았다.

"책(「말」)이 아무리 나가도 언협에 남는 것은 별로 없었다. 나는 혼자 곰곰 생각했다. 인품도 좋고, 운동도 좋고, 다 좋지만 자금 없이는 아무것도 할 수 없는 것 아닌가. 지금은 여기저기서 받은 지원금과 회비로 그럭저럭 운영할 수 있지만 회비는 갈수록 수납률이 떨어질 것이고, 지원금은 더 이상 기대할 수 없다. 어떻게든 자력갱생하지 않으면 안 된다. 사회단체는 대중의 지지와 자금이 없으면 유지되지 못한다. … 나는 성유보 사무국장에게 나의 의견을 말했다. 성유보 씨는 나의 기본 취지에 동감하면서도 공동체 출판사와의 관계 때문에 망설였다. 나는 성유보 씨에게 '내가 해결하겠다'고 다짐을 주었다. 후배인 김도연 씨는 유하고 무리하지 않는 사람이어서, 내가 저간의 사정을 늘어놓자 동의해주었다. 이렇게 해서 나는 「말」지의 영업부장이 되었다.

언협 창립 1주년 기념식 및 제2회 정기총회에서 선출된 집행부. 왼쪽 두 번째부터 김도연, 홍수원, 이원섭, 윤활식, 김승균, 송건호, 신홍범, 이부영, 김태홍, 김인한, 성한표, 최장학(한 사람 건너), 성유보

그 당시 내 가방에는 늘 「말」지가 몇십 권씩 들어 있었다. 사회과학 서점과 운동단체 중심으로 전국적인 조직을 짜는 한편 나 자신이 한 명의 영업사원이 되어 솔선하고 싶었다."[80]

이렇게 해서 언협은 회원들과 민주화운동단체, 사회과학 서점, 지식인, 일부 현직 언론인 등을 통해 비공식 유통망을 만들어갔다. 여기에 더해 집회나 시위 현장에서의 판매도 '필수'였다. 젊은 기자들은 각자의 방식으로 집회장을 돌며 「말」지를 팔았다.

1985년 12월 19일 언협 2차 정기총회에서 김태홍 공동대표가 사무국장에 취임하면서 「말」지 영업망은 전국적으로 확대되어갔다. 이를

---

80. 김태홍, 『작은 만족이 아름답다』, 인동, 1999년, 112~113쪽.

위해 영업부장도 별도로 채용했다. 안정된 판매 수익 덕분에 「말」지는 지속적으로 발행될 수 있었고, 언협 실무자들은 당시 운동단체 중에서 가장 '고액'의 활동비를 받을 수 있었다.

해직기자들과 젊은 실무자들의 헌신과 이해, 배려가 없었다면 '아랫다방'의 역사는 만들어지지 않았을 것이다. 언협은 전두환 정권의 감시와 탄압, 세대와 성향이 다른 구성원들 사이의 갈등, 생계문제와 같은 현실적 어려움을 극복하고 「말」지를 만들어냈다. 그리고 이렇게 탄생한 「말」지를 통해 언협은 언론운동단체로서 위상을 분명하게 세울 수 있었다.

3장
'말'하라

세상을 뒤흔든 '보도지침' 폭로

권력이 언론에 보낸 비밀통신문

1986년 9월 언협은 한국언론사는 물론 민주화운동사에 기록될 만한 '특종보도'를 하게 된다. 「말」특집호를 통해 '보도지침'의 실체를 폭로한 것이다.

보도지침은 전두환 정권이 문화공보부 홍보정책실을 통해 매일매일 언론사들에 시달한 보도통제 가이드라인이었다. 정권 차원의 보도 가이드라인이 존재한다는 사실은 언론계의 공공연한 비밀이었지만 구체적 증거가 나온 적은 없었다. 언협은 바로 그 증거를 확보해 세상에 알렸다.

「말」특집호는 '보도지침, 권력과 언론의 음모-권력이 언론에 보내는 비밀통신문'이라는 제목으로 9월 6일 발간됐다. 여기에는 1985년 10월 19일부터 1986년 8월 8일까지 약 10개월 동안의 보도지침 내용과 그에 대한 해설이 담겼다.

전두환 정권의 언론통제 실상을 적나라하게 드러낸 자료였다. 문화

「말」 보도지침 특집호

공보부 홍보정책실은 정권에 대한 유·불리를 기준으로 기사게재 여부를 결정했다. 나아가 보도의 방향과 내용, 기사의 크기와 형식 등을 하나하나 지시함으로써 실질적인 편집권을 휘두르고 있었다. 제도언론의 주요 기사가 천편일률 똑같았던 이유도 바로 이 때문이었다.

문화공보부 홍보정책실은 전두환 정권이 1981년 1월 신설한 홍보조정실을 1985년 10월 이름을 바꾸고 인력을 보강한 조직이다. 「말」 특집호는 이 조직에 언론인 출신의 '전문 인력'과 막대한 예산이 들어간 것으로 추정했다. 당시 문공부 직제 제8조에 따르면 홍보정책실에는 실장 밑에 홍보정책관(1명), 홍보기획관(3명), 홍보심의관(1명), 홍보담당관(7명) 등 10명이 넘는 인력이 투입되었다. 정책관은 '홍보정책의 기획·조정', 심의관은 '홍보 활동성과의 분석·평가', 홍보담당관은 '언론인의 취재 보도활동에 대한 협조·지원'을 담당한다고 되어 있다.[81] 그러나 언협의 보도지침 폭로를 통해 그들의 실제 업무가 언론

---

81. 1985년 11월 15일 신민당 유준상 의원은 예산결산위원회에서 "홍보조정실(홍보정책실) 예산이 165억이나 된다는 설이 있는데 그 내역을 밝혀라"고 질의한 바 있으나 이에 대한 답변은 확인되지 않았다. 홍보정책실이 언론사에 시달한 이날의 지침은 '질의내용을 보도하지 말라'는 것이었다.('보도지침이란 어떤 것인가', 「말」 특집호, 1986년 9월)

보도에 대한 치밀한 통제와 여론조작이었음이 드러났다.

물론 홍보정책실만 보도지침의 내용을 만든 것은 아니었다. 청와대 정무비서실과 공보비서실, 안기부, 보안사 등에서도 보도지침은 만들어 졌다. 이들 권력기관에서 이른바 '협조사항'을 홍보정책실로 보내면, 홍보정책실에서 그것을 취합해 언론사에 내려보내는 절차를 밟은 것이다. 보도지침이 일상화되면서 이 절차를 무시하고 청와대와 안기부, 보안사의 실력자들이 개별적으로 전화를 걸어 지침을 내리는 일도 벌어졌다.[82]

「말」특집호가 폭로한 보도지침 사례는 모두 688건이었다. 이 가운데 보도내용을 규제하는 지침이 466건, 보도형식을 규제하는 지침은 222건이다. 보도내용 규제 중 가장 많은 경우는 '보도 불가' 215건으로 46.1%에 이른다.[83]

야당과 민주화운동 단체들의 정부 비판, 야당 지도자 동향, 개헌 요구, 공권력의 인권 유린, 분신 항거, 남북문제와 한반도 정세, 해외의 전두환 정권 비판 등이 여기에 포함된다(표 8 참조).

보도는 허락하지만 특정 용어를 쓰지 못하게 하거나 사진게재를 불허하는 경우도 각각 32건, 20건으로 나타났다. '개헌 서명운동 확산'은 '개헌 서명운동 계속'으로, 국회 '개헌특위'는 그냥 '특위'로 쓰라는 식이다.

보도하지 않을 수 없는 사안에 대해서는 축소보도, 소극적인 보도

---

82. 윤덕한, 「전두환 정권하의 언론」, 송건호 외 『한국언론 바로보기』, 다섯수레, 2000년, 515쪽.
83. 보도지침 분류 기준과 수치는 고승우, 「보도지침 내용 분석」(민주언론운동협의회 편, 『보도지침』, 두레, 1988년)을 따름.

<표 8> 「말」 특집호가 보도한 보도지침의 '보도 불가' 사례

1985년 12월 12일	-아래 사항을 연말 및 송년 특집으로 다루지 말 것 ① 개헌공방 전말 ② 남북대화에 관한 성급한 추측과 전망 ③ 재야권 현황 ④ 양 김씨 인터뷰 ⑤ 88년 후계자 전망 ⑥ 88올림픽 중계료 시비 ⑦ 각종 유언비어 ⑧ 농촌경제의 심각성(소 값 파동 등) ⑨ 중공기 불시착 사건 ⑩ 주미 대사관 무관 사건
1985년 12월 23일	UPI통신이 보도한 '86 한국경제 악화 가능성' 기사는 취급하지 말기 바람
1985년 12월 25일	일본 요미우리신문이 보도한 올해 세계 100대 지도자 순위 내용 (전 대통령 20위, 김대중 6위) 보도하지 말 것
1985년 12월 26일	와다 하루끼가 이끄는 일본 지식인단체에서 '창비' 복간 건의와 전 대통령에게 탄원서 제출(외신보도)한 사실은 일체 보도하지 말 것
1986년 1월 13일	13일 발표된 재야인사, 교수들의 시국선언은 보도하지 말 것
1986년 1월 14일	AFP통신이 보도한 '남북한 인권상황 비교 분석'은 보도하지 말 것
1986년 1월 17일	'미국 의회, 19일 김대중 사면·복권촉구 결의안 제기'는 보도하지 말 것
1986년 1월 23일	김영삼 '민족문제연구소' 주최 세미나는 정치집회이므로 보도하지 말 것
1986년 1월 23일	김근태 공판. "고문당하고 변호인 접견을 차단당했다"는 등의 주장은 보도하지 말도록 (사진이나 스케치 기사 쓰지 말 것)
1986년 1월 30일	김대중, 로이터통신과 회견한 내용, 일체 보도하지 말 것

를 지시했다.

축소보도라고 보기는 어렵지만 국민의 판단을 흐리는 표현을 쓰도록 한 경우도 있었다. 예를 들어 공공요금 인상을 보도할 때는 인상률 (%) 대신 인상금액(원)을 쓰게 했는데, 그 이유는 '평균 몇 % 인상'이 더 크게 오른 것처럼 인식되기 때문이었다.

보도 불가, 특정 용어 불가, 사진게재 불가, 축소보도와 반대로 '적극 부각'을 지시한 경우는 114건이다. 정부여당 홍보, 전두환 미화·찬양, 야당 비난, 학생운동·노동운동의 과격성 강조 등이 여기에 속하는 보

〈표 9〉「말」특집호가 보도한 보도지침의 '적극 부각' 사례

1985년 10월 28일	일본 산케이신문의 시바다 논설위원이 쓴 "한국의 개헌 주장, 성급하기 그지 없다"는 내용의 사설은 눈에 띄게 적절하게 보도해 주기 바람
1985년 10월 30일	문공부 요망(이원홍 문공장관) 대통령, 문화계 인사들과 가진 오찬은 충실하게 취급해주기 바람
1985년 11월 1일	보안사, 간첩 사건 발표, 크게 보도 요망
1985년 11월 1일	서울대 학생시위 기사 → 비판적 시각으로 다뤄 줄 것
1985년 11월 18일	치안본부 발표 '최근 학생시위 적군파식 모방' 이 발표문을 크게 다뤄 줄 것
1986년 2월 27일	대통령 유럽순방 관련, 해설 등 기획물도 눈에 띄게 보도 바람
1986년 3월 3일	일본 산케이신문이 3월 3일자에 전 대통령 취임 5돌을 맞아 사설을 게재했는데, 연합통신 보도로 싣기 바람
1986년 3월 31일	신민당 광주개헌집회 관련. 치안본부장 발표, 눈에 띄게 보도할 것
1986년 4월 8일	대통령 유럽순방 관련, 공동취재(풀) 기사, 연설문 등을 계속 충실하게 보도하기 바람
1986년 4월 19일	대통령 기상회견에 대한 스케치 기사에서, 기내 임시집무실에 "다산의 목민심서가 있는 것이 눈길을 끈다"는 식으로 뽑을 것

도지침들이다.

보도형식에 관한 222건의 지침은 기사를 몇 면에 얼마나 크게 다룰 것인지, 제목은 어떻게 뽑을 것인지, 해설기사를 붙일 것인지 말 것인지 등을 지시한 경우들이다. 크게 부각하고 싶은 기사는 1면 톱기사로 쓰게 했는데 대체로 대통령과 정부여당을 추켜세우는 내용이었다. 반대로 정권에 불리한 기사는 1단으로 축소보도하게 했다.

편의상 보도지침을 보도내용 규제와 보도형식으로 나누어 설명했지만 실상 두 가지가 혼재되어 나타나는 경우가 많았다.

예를 들어 1986년 2월 필리핀 마르코스 독재정권이 민중봉기로 무

너지자 '동병상련'의 위기감을 느낀 전두환 정권은 여러 차례에 걸쳐 보도지침을 시달했다. 어느 면에 어떤 크기로 실을 것인지는 물론이고, △국내 정치인들의 개별적인 논평은 가급적 보도하지 않도록 하고 대변인 논평만 실을 것 △해설, 좌담 등에서 '시민불복종 운동'을 우리 현실과 비교하거나 강조하지 말 것 △'세계 독재자 시리즈', '독재정권의 발자취', '마르코스 20년 독재' 등의 시리즈 싣지 말 것(1986.2.27) 등을 시시콜콜 지시했다.

1986년 5월 3일의 보도지침도 유사하다. 이날 신민당의 인천 개헌 현판식에 맞춰 학생들과 노동자들의 대규모 시위가 벌어졌다. 그러자 △1면 톱기사는 반드시 '한·영 정상회담'으로 할 것 △'학생, 근로자들의 시위'로 하지 말고 '자민투', '민민투', '민통련' 등의 시위로 할 것 △폭동에 가까운 과격, 격렬 시위인 만큼 비판적 시각으로 다룰 것 △이 같은 과격 시위를 유발한 신민당의 문제점을 지적할 것 등의 보도지침이 시달되었다.

제도언론은 이런 보도지침을 충실하게 따랐다. 1988년 열린 국회 언론청문회에서 당시 이광표 문공부장관은 보도지침의 70% 가량이 지켜졌다고 증언한 바 있다. 정부 관료의 증언임을 감안한다면 실제 이행률은 이보다 높았을 것으로 추정된다. 그저 '독재정권의 강압에 떠밀렸다'고 항변하기 어려운 수준이다. 게다가 언론사들이 보도지침의 소극적 수용을 넘어 적극적인 여론조작에 나선 경우는 이행률로 드러나지 않는다. 전두환 정권의 인권유린, 용공조작 사건 관련 보도를 살펴보면 제도언론은 사실상 여론조작의 '공범'이었다. 서울대 '민추위 사건', '권인숙 성고문 사건' 등이 그 대표적 사례다.

1985년 10월 29일 서울지검 공안부는 "좌경용공 학생들의 지하운동

언론 청문회에 증인으로 출석한 김태홍, 신홍범, 김주언(왼쪽부터)

단체인 서울대 '민주화추진위원회'(민추위)를 적발해 위원장 26명을 국
가보안법 위반혐의로 구속했다"고 발표했다. 아울러 검찰은 민주화운
동청년연합 전 의장 김근태를 민추위의 배후 세력으로 지목한 뒤 "김
근태가 문용식을 만나 폭력혁명 방법론 등에 대한 좌경의식화 학습을
시키고 민추위의 불법활동을 고무, 격려했다"고 밝혔다.

　이날 홍보정책실이 내린 보도지침은 ① (검찰 발표를) 1면 톱기사로
써줄 것 ② 김근태 가족의 월북상황, 출신배경 등 신상에 관한 기사가
연합통신 기사로 자세하게 나올 것이니 꼭 박스기사로 취급할 것 ③
해설기사 요망 등이었다.

　제도언론은 이 지침에 따라 검찰 발표를 다뤘는데 김근태를 배후 조
종 세력으로 한 '민추위 체계도'까지 그려 넣었다. 독재정권과 제도언

'고문 및 용공조작저지공동대책위 결성 및 대책회의'에 참석한 송건호 의장(가운데)

론에 의해 그럴듯한 '폭력혁명 조직'이 탄생한 것이다.

　문용식과 김근태는 살인적인 고문을 받아 허위진술한 것이라고 주장했고, 검찰 수사발표 6일 뒤 야당과 종교계, 민주화운동단체들은 '고문 및 용공조작저지공동대책위원회'를 만들어 진상규명에 나섰다. 하지만 이들의 주장은 제도언론에서 찾아볼 수 없었다. 고문 피해자들의 주장은 말할 것도 없고 대책위원회의 결성 사실 자체를 보도하지 말라는 보도지침이 시달되었기 때문이다. 이번에도 제도언론은 보도지침의 지시를 충실히 따랐다. 언론의 협조 아래 전두환 정권은 이 사건을 빌미로 80년대 민주화운동에서 선구자 역할을 했던 민청련을 대대적으로 탄압하게 된다.

　권인숙 씨 성고문 사건은 여론조작을 통해 고문 피해자를 마녀사냥

명동에서 열린 부천 성고문 사건 규탄 시위에 참가한 시민들

한 경우다.

　1986년 6월 학생운동 출신으로 노동운동을 하다 연행된 권인숙 씨가 부천경찰서 문귀동 경장에게 성고문 당하는 사건이 벌어진다. 권씨는 교도소 면회 과정에서 이를 알리고 7월 3일 문귀동을 인천지검에 고발했다. 공권력의 반인륜적인 행태가 알려지면서 사회적 파장이 일자 전두환 정권은 사건을 은폐, 왜곡하고 나섰다.

　7월 16일 검찰은 수사 결과를 발표하는데, 성고문 사실을 인정하지 않았을 뿐 아니라 오히려 "운동권이 성(性)까지 혁명의 도구로 이용하고 있다"고 주장했다. 이날 홍보정책실은 17일치 보도지침을 이렇게 내려 보낸다.

　① 검찰이 발표한 조사결과와 내용만 보도할 것 ② 발표전문 꼭 실어

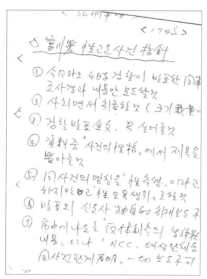

문공부에서 매일 언론사에 내려보낸 보도지침을
받아쓴 메모

줄 것 ③ 자료 중 '사건의 성
격'에서 제목을 뽑아줄 것 ④
이 사건의 명칭을 '성추행'이
라 하지 말고 '성모욕 행위'로
할 것 ⑤ 발표 외에 독자적 취
재보도 내용 불가 ⑥ 시중에
나도는 NCC, 여성단체 등의
사건 관련 성명은 일체 보도
하지 말 것.

여기서 ③의 지시는 "성을
혁명의 도구로 이용했다"는 검
찰 발표를 제목으로 뽑으란

뜻이다. 그러자 17일 모든 제도언론이 이 보도지침에 따라 검찰의 발
표만을 대서특필했다. 권씨는 '혁명을 위해 성까지 도구화'한 여성으
로 매도당했고 이런 분위기에서 가해자 문귀동은 처벌받지 않았다.[84]
심지어 이 사건의 진상을 은폐, 왜곡하는 과정에서 언론사 간부들과
일선기자들이 정부당국으로부터 거액의 촌지를 받아 챙기는 일도 있
었다.[85]

보도지침은 전두환 정권의 언론통제를 증명하는 자료인 동시에 언
론의 파탄을 보여주는 자료였다. 언협은 보도지침을 폭로하면서 언론
이 '권력으로부터 핍박받는 존재'로 인식되는 것을 경계했다. 「말」 특집

84. 문귀동은 1987년 6월항쟁 이후 기소되어 1989년 5년형을 선고받는다.
85. 안병욱, 「의문사 진상규명의 현대사적 의미」, 『의문사진상규명의 역사적 의의와 전망』,
    민주사회를위한변호사모임, 2000년, 12~13쪽.

호에 실린 해설 '보도지침이란 어떤 것인가'에서 언협은 "보도지침이 지면에 얼마나 충실하게 반영되었고 언론의 그 같은 충실한 지침이행이 여론을 어떻게 오도했으며 또 국민을 얼마나 기만했는가를 생각한다면 제도언론에 선뜻 연민의 눈길을 보낼 수는 없을 것"이라고 주장했다. 나아가 "언론은 이제 정치권력으로부터 일방적인 핍박을 받는 쪽이 아니라 현 정권과 손을 잡고 '홍보' 임무를 떠맡음으로써 억압적 통치기능의 일부로 편입되었다"고 진단했다. 권언유착. 언협은 보도지침이 보여주는 권력과 언론 관계의 본질적인 변화를 놓치지 않았던 것이다.

"우리가 해야 한다"

언협이 보도지침을 폭로하는 과정은 간단치 않았다. 보도지침이 세상에 나올 수 있었던 것은 개인의 용기, 조직의 결단, 언론운동 역량의 성장, 민주화운동 진영의 연대가 유기적으로 결합되었기 때문이다.

전두환 정권의 보도지침은 전화나 정보기관 요원들을 통해 언론사 편집책임자들에게 전해졌다. 기자들은 권력의 지시가 존재한다는 사실을 알았지만 이를 증명하기는 어려웠다. 1986년 4월경부터 몇몇 언론사에서 '기관원 출입 금지', '외부간섭 중단' 등을 요구하는 기자들의 결의가 나오기도 했지만 달라지는 것은 없었다.

이즈음 서울대 문리대 72학번 동기인 김도연(「말」지 초대 편집장) 민통련 기관지 편집실장, 한국일보 김주언 기자, 이석원 언협 사무차장 사이에서 보도지침 폭로의 불씨가 피어올랐다. 세 사람이 함께한 자리에서 김주언 기자가 보도지침 자료의 존재를 말해주자, 김도연 편집실장은 그걸 빼내달라고 부탁한 것이다.

"1986년 5월쯤으로 기억한다. 보도지침 같은 게 있다는 건 누구나 아는 비밀이었는데, 김주언이 자기네 신문사 편집서무 책상에 자료가 철해져 있다는 것이다. 그 양이 꽤 된다고 했다. 그럼 그걸로 한번 시작해보자, 이렇게 시작됐다"[86](이석원 당시 언협 사무차장)

"그때 한국일보에는 종로서, 보안사, 치안본부, 안기부 등에서 약 7명 정도의 기관원이 상주하다시피 했다. 보도지침은 전화로 내려오거나 문공부 홍보정책실을 담당하는 기관원이 구두로 지시했다. 이렇게 내려온 지침은 문서로 정리, 복사되어 각 부서 데스크들에게 전달됐다. 신문제작의 가이드라인으로. 내가 보도지침을 처음 본 것은 1985년 10월께였다. 야근자들이 보도록 데스크 책상에 올려놓은 보도지침 사본을 발견했다. 나는 보도지침 사본들을 모아보려 했는데, 어느 날 편집국 서무 책상 위에 보도지침을 철해 놓은 자료를 찾아냈다. 그걸 야근하면서 몰래 복사했고 두 번에 걸쳐 밖으로 빼왔다. 첫 번째는 민통련 김도연에게 전달했는데, 자료를 어떻게 처리할 것인가를 놓고 민통련과 언협 사이에 논의가 이뤄진 걸로 안다. 두 번째는 언협 이석원에게 전달했다."[87](김주언 당시 한국일보 기자)

1986년 6월 김주언 기자로부터 보도지침 사본을 넘겨받은 김도연 편집장은 민통련과 언협이 공동으로 폭로할 것을 제안했다. 반면 당시 언협 김태홍 사무국장은 보도지침 폭로는 언협이 맡아야 한다고 강력하게 주장했다. 그러나 언협 내부에서조차 보도지침 폭로를 언협이 맡

86. 이석원, 초대 사무차장 인터뷰, 2014년 6월 20일.
87. 김주언 인터뷰, 2014년 7월 31일.

는 데 대해 이견이 나왔다.

"민통련과 언협은 보도지침을 두고 '어디서' '어떻게' 문건을 폭로할 것인가를 놓고 이야기를 나누었다. 여러 의견이 나왔다. 언협과 민통련에서 각각 다른 방향으로 폭로하자는 의견, 민통련과 언협이 함께 폭로하자는 의견, 민통련이 독자적으로 하자는 의견 등등이 나왔다. 「말」지 내부에서는 보안문제를 고려하여 민통련의 외피를 쓰자는 의견도 나왔다. 그러나 나는 단호히 보도지침은 언협에서 폭로해야 한다고 주장했다. 나의 강한 주장에 여러 사람이 당황하는 것 같았다. 민통련에서는 '호재'를 놓치는 데 대해 당황했고, 언협 내부에서는 '어떻게 감당하려고 저러나' 하는 시각으로 나를 바라보는 것 같았다. 하지만 해직기자의 단체, 언론운동단체인 언협에서 보도지침을 폭로하지 않으면 어디서 그 일을 한단 말인가. 내 판단으로는 민통련에서 하는 것보다 언협에서 폭로하는 것이 몇 백 배의 효과가 있을 터였다. '될 일'을 하고 겪어야 할 것이 있다면 내가 다 겪겠다고 나는 모두에게 믿음을 주었다."[88](김태홍 당시 언협 사무국장)

김태홍 사무국장의 회고처럼 결정은 쉽지 않았다. 폭로 후의 상황을 언협이 감당할 수 없을 것이라는 의견도 있었고, '시기상조'라는 의견도 있었다. 그 즈음 정치사회적 상황은 어느 때보다 엄혹했다.

전두환 정권은 1986년 연두 국정연설에서 88서울올림픽을 핑계로 "개헌 논의에 대한 유보"를 선언했다. 야당은 즉각 반발했다. 김영삼, 김대중 양 김씨는 2월 12일 '대통령 직선제 개헌 천만 서명운동'을 선언했고, 신민당은 장외투쟁에 나섰다. 김수환 추기경을 비롯한 종교계,

---

88. 김태홍, 앞의 책, 116~117쪽.

대학교수까지 직선제 개헌을 요구하며 전두환 정권을 압박했다. 야당의 개헌 서명운동이 국민의 지지를 받자 전두환은 개헌 논의를 허용하겠다며 야당을 원내로 끌어들임으로써 야당과 재야 민주화운동 진영을 갈라놓았다. 그러나 노동운동, 학생운동을 비롯한 각 분야에서는 다양한 저항이 치열하게 벌어졌다. 노동자 박영진 분신, 서울대 김세진·이재호 분신, 5·3 인천투쟁, 교사 450명 '교육민주화선언' 등이 잇달아 터져 나왔다. 전두환 정권은 5·3 인천투쟁을 빌미로 거센 탄압에 나섰다. 이날 시위로 구속된 사람만 129명에 이르렀다. 특히 배후로 지목된 민통련은 간부 거의 모두가 구속되거나 수배를 당했다. 수배자들에 대한 수단방법 가리지 않는 수사 과정에서 권인숙 씨 성고문 사건도 벌어진 것이다. 민통련은 와해될 위기에 처했고, 1986년 6월 성유보 언협 초대 사무국장이 민통련 사무처장으로 '긴급 투입' 되었다.

이런 상황에서 보도지침 폭로는 가혹한 탄압을 받을 것이 뻔했다. 탄압을 감수하고 보도지침을 폭로할 것인가 아니면 「말」지 제작 등 일상 활동에 주력하면서 기회를 살필 것인가. 언협 집행부는 극비리에 이를 논의했고, 결국 "우리가 해야 한다"는 결론을 내렸다. 다만 보도지침 폭로에 권위를 더하고 제보자인 김주언 기자를 보호하기 위해 천주교정의구현사제단의 도움을 받기로 했다. 당시 민주화운동단체들 사이에서 막후 역할을 했던 재야인사 김정남이 언협과 사제단을 이어주었다.

"언협 측은 보도지침 공개를 앞두고, 어떻게 보도지침을 압수나 수색당하지 않고 공개 효과를 극대화할지, 그리고 어떻게 현역기자인 김주언과 인쇄업소의 안전을 보호할 수 있을지를 놓고 고민하고 있었다. 고민 끝에 얻은 결론은, 김주언이 양심선언과 함께 보도지침 자료를 천주교정의구현사제단 앞으로 보내고, 사제단이 이를 다시 언협에 비밀리에 전달한 것으로 하자는 것이었다. 지금도 마찬가지지만 당시 사제단은 민주화운동에 있어 가장 강력하고 신뢰할 수 있는 모임이었다. 나는 함세웅, 김승훈 신부 등과 상의했고, 그들은 흔쾌히 동의했다. 이에 따라 김주언은 사전에 사제단 앞으로 경위를 담은 양심선언을 썼다. 사제단은 보도지침의 제작, 배포와 그 이후의 구명에도 개입하게 되었다. 실제로 제작비의 상당 부분을 감당했고, 배포 과정에서 주도적 역할을 했다."[89]

이렇게 해서 보도지침 폭로의 '전략'이 마련되었다. 다음은 보도지침의 실체를 효과적으로 알릴 수 있는 자료를 만들어야 했다. 박우정 편집장은 일상적인 「말」지 제작을 맡고, 경향신문 해직기자 출신의 홍수원이 보도지침 특집호의 편집을 맡게 되었다. 그때 함께했던 「말」지 실무자들은 모두 홍수원 특집호 편집장의 모습을 강렬하게 기억하고 있다. '아랫다방'의 무더운 골방에서 그는 거의 석 달 동안 두문불출하며 보도지침 분석과 해설에 매달렸다.

"어두컴컴한 아랫다방에는 방이 두 개 있고 식당 겸 거실이 있었다. 우리는 방 두 개를 편집실로 썼다. 그런데 한 방 옆에 좁고 긴 창고가 있었다. 0.75평이나 될까. … 그때 선생이 만난 것은 독재정권의 언론통제 실상이었다. 선생은 허위와 조작의 세계와 혼자 대결해야 했다. 나는 알 수 있었다. 선생처럼 세상을 곧이곧대로 살아오신 분이 기만으로 전 국민을 우롱하려 했던 정권의 행위에 대해 얼마나 분노하고 있었는지를. 그러나 보도지침 어느 구석을 찾아보아도 분노의 흔적은 남

89. 김정남, 『진실, 광장에 서다』, 창비, 2005년, 547~548쪽.

아 있지 않았다. 홍수원 선생은 분노를 곰삭여 객관적 형식의 보도로 재창조할 수 있는 내적 에너지를 가진 분이었던 것이다."[90]

보도지침 특집호는 객관적 분석과 냉정한 해설을 담아 완성되었다. 표지는 민중화가 박불똥이 사흘 동안 고심해서 만들어준 판화였다. 꽃을 문 뱀 한 마리가 펜대를 휘감고 있고 독재권력으로 상징되는 인물이 그 꽃을 오물 속에 던져넣고 있다. 권력과 언론의 추악한 유착을 읽어낼 수 있는 작품이었다.

'아랫다방'에서 편집이 끝난 보도지침 특집호는 박성득 실행위원에게 넘겨졌다. 그는 믿을 만한 인쇄소를 찾아 22,000부를 제작했고, 무사히 인쇄된 보도지침 특집호는 김태홍 사무국장을 비롯한 실무자들을 통해 각계로 배포되었다. 특집호는 말 그대로 날개 돋친 듯이 팔려 나갔는데 나중에는 '복사판'까지 나돌았다.

편집과 인쇄 외에 특집호 발행의 또 다른 난관은 비용문제였다. 일상적인 「말」지 제작경비 외에 특집호 제작경비가 추가로 필요했다. 이때 몇몇 인사들로부터 지원을 받았는데, 은밀하게 이뤄져야 했던 일이라 기록으로 남기거나 증언으로 확인된 경우는 일부분이다. 김태홍 사무국장은 연합통신 경제부 기자 조성부로부터 촌지를 모은 돈 200만 원을 후원받았고, 김정남을 통해 명동성당으로부터 책값의 '선금'처럼 300만 원을 후원받았다고 기록하고 있다.

한편 보도지침 특집호의 발간과 동시에 9월 9일 언협은 천주교정의구현사제단과 명동성당에서 공동기자회견을 열었다. 이 자리에서 두 단체는 보도지침 자료 공개의 취지를 밝히고, 언론통제 중단과 언론인

---

90. 최민희, '언협야사-가장 민주적인 분, 홍수원 선생님', 「민주언론운동」, 1997년 7·8월호.

의 각성을 촉구했다.

　오늘 우리는 이 나라 언론통제의 구체적 실증이요, 언론상황의 실상을 증거하는 문화공보부의 언론사에 대한 '보도지침' 자료집을 공개, 발표하는 바이다. … 천주교정의구현사제단과 민주언론운동협의회는 문화공보부 홍보정책실의 '보도지침'을 통한 이와 같은 언론통제가 의문의 여지가 없는 사실임을 확인하는 작업을 거쳐 이에 공개하기에 이른 것이다. … 문화공보부 책임자의 경질과 함께 이와 같은 비열한 언론통제가 종결되기를 우리는 바라거니와 '보도지침'을 통한 언론통제를 계속할 경우 제2집, 제3집은 물론, 비공식적으로 행해지는 언론통제의 실상을 낱낱이 공개할 예정으로 있다. 현재 제도언론계에 몸담고 있는 사람들은 부끄러움을 느껴 언론인으로서의 자신의 사명을 되새길 수 있는 계기로 되기를 바라거니와, 국민 일반은 우리가 얼마나 처절한 언론배급 상황하에 있는가를 깨달아 자유언론 쟁취, 새언론 창출이 얼마나 절실한 과제인가를 더불어 함께 고민하고 확인하게 되기를 바란다. 이 '보도지침' 자료집은 현 정권의 언론정책은 물론이고 현 정권의 도덕성을 가름해주는 귀중한 현대사 자료로서, 그리고 자유언론 쟁취를 위한 획기적 기원으로서 기억되고 평가될 것임을 믿어 의심치 않는다. 이 자료집 발간에 협조해 준 모든 인사들에게 감사와 함께 그들의 안전이 지켜지기를 기도 속에 간구하는 바이다.

_1986년 9월 9일 천주교정의구현사제단 / 민주언론운동협의회

보도지침이 불러일으킨 반향

보도지침 폭로에 대한 전두환 정권의 탄압은 거셌다. 「말」 특집호가 발간되자마자 김태홍 사무국장에게 수배가 떨어졌고 언협 사무실은 압수수색을 당했다.

수배생활을 하던 김태홍 사무국장은 1986년 12월 10일 체포돼 치안본부 남영동 대공분실로 연행된다. 12일 검찰은 김태홍 사무국장을 국가보안법 위반 혐의로 구속했다. 같은 날 신홍범 실행위원이 추가로 연행돼 15일 국가보안법 위반과 국가모독 혐의로 구속된다. 한국일보 김주언 기자도 보도지침 사본의 제공자라는 사실이 드러나 12월 15일 연행돼 이틀 뒤 국가보안법 위반, 외교상기밀누설 혐의로 구속됐다. 이밖에 박우정·홍수원 편집장, 박성득 실행위원, 이석원 사무차장, 김도연 초대 편집장도 수배를 받았다.[91]

「말」지 발간 때마다 사무국장에게 '구류 15일'을 살게 했던 것과는 차원이 다른 탄압이었다. 공안당국의 이런 반응은 보도지침 폭로가 전두환 정권에게 얼마나 큰 타격을 주었는지 말해주는 것이다. 높아가는 개헌 여론, 잇따른 인권침해 사건, 민중운동의 고양 등으로 궁지에 몰리고 있던 전두환 정권은 보도지침 폭로로 집권 정당성에 치명적 상처를 입었다. 물리적 폭력에 더해 철저한 언론통제가 독재의 기반이었음이 드러났기 때문이다.

위기에 처한 전두환 정권은 폭주로 나아갔다. 그즈음 언협뿐 아니라

---

91. 이 가운데 박우정 편집장이 1987년 3월 6일 체포, 구속된다. 그러나 국내외 여론의 압박을 받은 전두환 정권은 추가 기소를 하지 못하고 그를 4월 13일 기소유예로 석방한다.

민주화운동, 민중운동 전반에 대해 강경일변도의 탄압이 벌어졌다. 10월 28일 건국대에서 열린 '전국 반외세 반독재 애국학생투쟁연합'(애학투련) 결성식이 열리자 전두환 정권은 건국대를 봉쇄하고 전투를 벌이듯 진압해 무려 1,287명을 구속했다. 또 민통련이 학생들에 대한 폭력탄압을 규탄하는 성명서를 발표했다는 이유만으로 민통련 사무실에 난입, 간부들을 연행·수배하고 민통련에 가입한 노동운동단체, 지역지부 등에 해산명령을 내렸다. 이 밖에도 공안기관들을 총동원해 '서울대 대자보 사건'(10.10), '전국노동자연맹 추진위 사건'(10.18), '마르크스레닌주의당(ML당) 사건'(10.24) 등 공안사건을 잇달아 만들어냈다. 독재정권이 위기에 처할 때 동원하는 전형적인 수법이었다. 그러나 이 같은 용공조작과 탄압은 전두환 정권에 대한 국민의 반감과 저항을 부추겼을 뿐이다. 그로부터 6개월여 만에 6월항쟁이 일어났으니 전두환 정권의 폭주는 오히려 몰락으로 가는 길이었던 셈이다.

언협에 대한 탄압도 전두환 정권에게는 부메랑이었다. 특히 언론인을 연행하고 이들을 국가보안법, 국가모독, 기밀누설 등의 혐의로 구속하자 해외 언론단체, 인권단체, 종교단체들로부터 비난이 쏟아졌다. 보도지침을 국제적인 인권탄압 사건으로 만들어 망신을 자초한 것이다. 뿐만 아니라 미국 하원의원들이 구속자 석방을 요구하는가 하면 상원에서 보도지침 사건에 대한 청문회까지 열려 전두환 정권은 외교적 압박까지 받게 됐다.

- 1987. 1. 5 엠네스티 인터내셔널, 김태홍·신홍범·김주언 구속에 대한 항의와 함께 이들의 즉각적 석방을 촉구하는 공한을 언협에 보내옴

- 1987. 1. 9 미국언론인보호위원회(Committee to Protect Journalist), 캐롤라인 드레이크 사무국장 명의로 된 서한을 미국 언론인들에게 발송해 보도지침 관련 구속자 3인의 석방을 촉구하는 운동을 벌이자고 호소
- 1987. 1. 12 국제출판자유위원회 의장 롤란드 알그란트, 한국의 언론 현실을 비난하고 구속된 3인의 석방을 촉구하는 공한을 김경원 주미 한국대사에게 보냄
- 1987. 1. 14 미국·캐나다 신문협회는 찰스 페릭 의장 명의로 전두환 대통령과 이웅희 문공부장관, 김성기 법무장관에게 공한을 보내 이들의 즉각 석방을 촉구
- 1987. 1. 22 미국 하원의 바바라 복서 의원, 동료 의원들에게 공개서한을 발송해 전두환 대통령에게 보낼 석방촉구 서한에 서명해줄 것을 호소
- 1987. 1. 23 바바라 복서 의원을 비롯한 48인의 미국 의원들, 전두환 대통령에게 3인의 석방을 촉구하는 서한 발송
- 1987. 3. 18 미국 상원, 한국관계 청문회 개최. 국제인권변호인협회 스키븐 쉬니바움 변호사, 보도지침 사건을 세밀히 증언
- 1987. 3. 19 미국 출판자유위원회와 출판자유를 위한 기금에서 청와대에 공한 발송, 구속자 석방과 언론자유 실현 촉구
- 1987. 3. 20 미국 언론인보호위원회(CPJ), 각국의 언론단체에 서한 발송. 한국의 언론자유 실현과 구속 언론인 석방을 위한 활동을 요청
- 1987. 3. 21 미국 언론인보호위원회(CPJ), 구속자 석방과 언론탄압 중지를 요구하는 서한을 청와대로 발송

국내에서도 언협을 지지하고 전두환 정권의 탄압을 비난하는 여론이 거셌다. 천주교정의구현전국사제단, 전국목회자정의평화실천협의회를 비롯한 종교계, 민중문화운동협의회·자유실천문인협의회·민족미술협의회·한국출판문화운동협의회·민주교육실천협의회 등 문화 5단체, 민주화추진협의회, 민주통일민중운동연합 등 민주화운동단체들, 그리고 야당인 신민당이 구속자 석방을 촉구하는 목소리를 냈다. 야당 인사들의 단체인 민주화추진협의회는 태윤기 변호사를 위원장으로 '언론자유 및 보도지침 사건 진상조사위원회'를 구성하기도 했다. 법조계에서는 대규모 변호인단을 구성해 구속자들의 재판을 맡아주었다.

1987년 5월에는 동아일보와 한국일보의 현직기자들이 구속자 석방을 요구하는 성명서를 발표한다. 5월 31일에는 김태홍, 김주언, 신홍범세 사람이 '가톨릭자유언론상'으로 선정돼 보도지침 폭로의 정당성은 더욱 확고해졌다.

- 1986. 12. 15 한국출판문화운동협의회 김태홍·신홍범 구속 항의 성명 발표
- 1986. 12. 16 천주교정의구현전국사제단·전국목회자정의평화실천협의회, 언협과 공동으로 내외신 기자회견. "현 정권이 언론통제의 실상을 폭로한 것에 대하여 국가보안법까지 적용한 것은 실질적인 민주화의 진전을 갈망하는 모든 국민의 여망을 정면 거부하고 있음에 다름 아니다"라는 성명을 발표
- 1986. 12. 20 천주교정의구현사제단·언협, 공동기자회견을 열고 '민주언론 쟁취 및 구속자 석방' 서명운동에 돌입
- 1986. 12. 22 문화 5단체 항의 성명서 발표 및 연대 농성

- 1986. 12. 29 민주화추진협의회·신민당·천주교정의구현정국사
  제단·민주화실천가족운동협의회·언협 공동으로 언론탄압 및
  보도지침에 관한 특별기자회견 개최. 구속자 석방 및 언론·출판
  ·집회·결사의 자유 보장을 요구하는 성명 발표.
- 1987. 5. 25 동아일보 기자 133명, '민주화를 위한 우리의 주장'
  을 발표. 구속자 석방 요구
- 1987. 5. 29 한국일보 기자 150명, '현 언론상황에 대한 우리의
  견해' 발표. 구속자 석방 요구
- 1987. 5. 31 김태홍·신홍범·김주언 3명 '가톨릭자유언론상' 수
  상. 김수환 추기경, '세계 홍보의 날' 기념 강론에서 보도지침 공
  개는 정당한 일이었다고 선언

그러나 제도언론은 보도지침 사건에 있어서도 제 역할을 하지 못했
다. 1986년 12월 23일 동아일보 사설에 "보도지침 관련 보도로 관련자
들이 구속된 마당에서 우리는 또 표현의 자유가 얼마나 극렬하게 구
속되고 있는가를 실감한다"는 언급이 나왔는데, 이것이 오히려 예외적
인 보도였다. 외신들이 잇달아 보도지침의 존재와 언협에 대한 탄압을
타전하는 가운데서도 제도언론은 기껏해야 구속자 재판 소식을 1단으
로 싣는 정도였다.

민주화운동권에서 '보도지침' 사건에 대한 관심과 격려가 가열
되는 것과 대조적으로 제도권의 주류 매스컴에서는 '보도지침'의
공개 사실과 관련 언론인들의 구속 사실조차 '보도지침'에 걸려
보도되지 못하는 사태가 벌어졌다. 12월 20일 중앙일보에서 1단

으로 짤막하게 구속 사실을 보도했으나 1판에 실리고 곧 철회되었고 22일 다시 중앙일보가 문화 5단체의 '보도지침' 관련자 구속에 항의하는 성명 발표 사실을 사회면 1단으로 짧게 보도했다. 23일과 24일에는 동아일보에서 사설에 언론자유 문제를 다루는 중 「말」지 관련인들의 구속 사실을 비록 네 줄로 된 한 문장이지만 언급했고, 김수환 추기경과의 송년대담에서 추기경이 '보도지침' 공개와 관련하여 언론인들의 구속 사실을 언급한 것이 보도되었다.

　12월 26일 연행된 지 16일만에 처음으로 가족면회가 허용되었고 서대문구치소로 이송되고 나니 29일에는 동아, 중앙, 한국, 조선일보에 내용을 모르는 사람이 보면 전혀 알 수 없게 구속기소된 사실만 1단으로 짧게 보도되었다.[92]

　훗날 언론노보는 보도지침이 언협에 의해 폭로된 후에도 계속 언론사에 시달됐다는 사실을 밝혀냈다. 언노련이 발행하는 「언론노보」는 1990년 1월 18일자에서 1986년 9월부터 1987년 2월까지 MBC에 시달된 보도지침을 폭로했다.[93] 전두환 정권은 단 하루도 보도지침 없이 권력을 유지할 수 없었고, 제도언론은 보도지침이 폭로된 상황에서도 정권의 요구를 단호하게 거부하지 못한 것이다.

　보도지침 폭로 이후에도 달라지지 않은 제도언론의 행태는 "언론이 핍박받는 존재가 아니라 억압적 통치 기구의 일부가 되었다"는 언협의

---

92. 민주언론운동협의회 편, 『보도지침』, 두레, 1988년, 65쪽.
93. 윤덕한, 앞의 책, 523쪽.

진단을 확인해주었다. 제도언론에 대한 국민의 불신은 더욱 커졌고 6월항쟁 과정에서도 언론을 향한 불만은 표출되었다. 반면 언협과 해직기자들에 대한 신뢰는 커졌다. 언협이 탄압을 극복하고 다시 「말」지를 발행하자 그 인기는 더 치솟았다.

그러나 「말」지 판매부수 상승보다 더 중요한 사실이 있었다. 보도지침 폭로를 통해 확보한 해직기자들의 언론인으로서 '정통성'과 '공신력'이 장차 한겨레신문의 탄생에 큰 영향을 주었다는 점이다.

"6월항쟁 후에 새 언론 창간운동이 벌어졌다. 그런데 해직기자들이 아무 일도 하지 않고 있다가 갑자기 '새 언론을 만듭시다' 하고 나섰다면 어땠을까? 그저 6월항쟁 분위기에 편승한 행동으로 치부했을지 모른다. 동아투위·조선투위 선배들, 80년 해직기자들이 언협을 만들어 「말」지를 발행하고 보도지침을 폭로하는 활동을 했기 때문에, 또 이런 활동으로 탄압받고 감옥에도 갔기 때문에 국민이 믿을만하다고 받아들여준 게 아닐까? 새 언론을 향한 국민의 열망에 추동력을 부여한 것도 언협이었다. 언협 활동은 한겨레신문 창간의 바탕이 되었다고 생각한다."[94]

---

94. 박우정, 「말」 2대 편집장 인터뷰, 2015년 2월 2일.

"이 법정의 피고는 내가 아니다"

탄압을 뚫고 다시 맞서다

김태홍 사무국장과 신홍범 실행위원을 비롯해 「말」지 제작팀 다수가 수배를 받으면서 언협은 창립 이후 가장 큰 위기를 맞았다. 「말」지 제작을 포함해 언협의 모든 일상 업무가 중단됐다. 언협은 수배 중이던 이석원 사무차장 주재로 비상실행위원회를 열었다.

"그 당시를 회상하면 낡은 사진첩 속의 사진처럼 몇 장면이 떠오른다. 하나는 보도지침 발간 후 송건호 의장님마저 연행되고 열린 첫 번째 실행위원회 풍경이다. 그때 실행위원회에는 세 분이 참석했다. 윤활식 선생님과 정상모 선배, 그리고 이석원 편집차장. … 일행은 별 논의도 하지 못한 채 헤어지고 말았다. 다행히 송건호 의장님이 곧 귀가하여 우리는 한시름 던 듯한 심정이었다. 그 다음 장면은 언협 사무실 풍경이다. 한동안 아무도 발길을 주지 않았던 썰렁했던 사무실. 10월이 되어 찬바람이 불면 일찍 석유 곤로를 피워야 했던 허술했던 사무실은 보도지침 출간 후 한동안 발길이 끊겨 스산하기까지 했다."[95]

그러나 이런 어려움은 보도지침 폭로를 결정했을 때 예견된 일이었다. 언협은 탄압 속에서도 곧 사무국 체제를 정비했다. 사무국장은 80년 해직기자 출신의 정상모 회원이 맡았다. 비상체제의 집행부는 아래와 같았다.

⟨비상체제의 언협 집행부⟩
• 사무국장/정상모
• 사무국 총무/최민희
• 「말」지 편집팀 팀장/이석원
　　　　　　　기자 한승동, 김태광, 권오상, 정의길, 이근영, 최민희
• 영업부장/배시병

정상모 사무국장 체제의 최우선 과제는 「말」지 발행을 정상화하는 일이었다. 그러나 조직이 흔들리는 상황에서 「말」지 발행을 재개하는 데 대해 의견이 엇갈렸다. 더구나 1986년 하반기는 전두환 정권의 민주화운동 탄압이 극에 달한 시기였다. 보도지침 폭로에 더해 「말」지까지 다시 발행한다면 언협이 완전히 무너질 수 있다는 우려가 나올만했다.

"즉각 복간론은 「말」지를 즉시 발간해야 된다는 입장으로, 정상모 사무국장과 80년해직언론인협의회, 수배 중이었던 김태홍 사무국장, 이석원 차장, 젊은 실무팀이 이 입장이었다. 국내적으로 급박하게 돌아가는 정치 상황 속에서 「말」지 발간은 큰 의미를 갖는다는 것이다. 이들은 보도지침 공판에 제대로 대응하기 위해서도 「말」지 복간과 언협의

---

95. 최민희, '언협야사-'보도지침'이 찍은 몇 장의 사진', 「시민과언론」, 2001년 11·12월호.

지속적인 활동이 필요하다고 주장했다. 또한 「말」지를 지속적으로 내는 것이 정권의 탄압에 제동을 거는 유일한 방법이라고 생각했다. 한편 대기론은 탄압 상황하에서 「말」지를 발간하는 것이 권부를 자극하여 언협 조직 와해로 이어질지 모른다는 상황인식 아래 적절한 발간 시기를 기다리자는 입장이었다. 동아·조선투위 회원들이 신중하게 이 입장을 취하고 있었다. 두 입장은 가부를 따질 것 없이 일장일단을 가지고 있는 의견이었다. 즉 「말」지 발간도 필요했고 언협 조직보위도 중요한 일이기 때문이다."⁹⁶

논란이 거듭되는 가운데 학생운동 출신 간사들에게 가장 '온건한 인물'로 여겨지던 송건호 의장이 단호한 입장을 내놓았다.

"계속 발간할 것인지 말 것인지를 놓고 이견이 분분했다. 한쪽에서는 이런 정도의 탄압에 굴복할 수 없으니 계속 내자고 주장했고, 또 다른 쪽에서는 정권의 탄압만 불러올 뿐이라며 휴간을 주장했다. 발행인이었던 김태홍이 구속된 후 다시 발행인을 맡고 있던 송건호는 뜻밖에 단호했다. 이만한 일로 주저앉아서는 조직이 보위되지 않는다는 것이었다. 반대쪽이 끝내 의견을 굽히지 않자 송건호가 단호한 어조로 말했다. '그렇게 겁이 나면 당신은 나오지 말아요!'"⁹⁷

격론 끝에 「말」지 발행은 타협점을 찾는 선에서 결정됐다. 보도지침 폭로에 대한 우호적인 분위기가 확산되는 시점에서 「말」지를 발간하기로 한 것이다. 이렇게 해서 1986년 12월 말 마침내 「말」 9호가 나왔다.

---

96. 김태홍, 「80년해직언론인협의회와 민주언론운동협의회」, 한국기자협회·80년해직언론인협의회, 『80년 5월의 민주언론』, 1997년, 214~215쪽.
97. 정지아 『나는 역사의 길을 걷고 싶다-참언론인 송건호의 생각과 실천』, 한길사, 2008년, 344쪽.

10호는 1987년 3월, 11호는 5월에 발간됐다. 12호와 13호는 각각 '6월항쟁 특집'과 '노동자대투쟁 특집'으로 8월과 9월에 나왔다. 어려움 속에서 다시 발간된 「말」지는 보도지침 폭로 덕분에 판매부수가 더 늘었고, 언협은 재정적으로 안정을 되찾아갔다.

물론 「말」지 발간에 따른 탄압은 감수해야 했다. 민통련까지 폐쇄하며 재야를 '평정'했다고 생각한 전두환 정권 입장에서는 언협의 「말」지 발간을 내버려둘 수 없었을 것이다. 6월항쟁 이전까지 「말」지가 나올 때마다 경찰이 언협 사무실을 들이닥쳐 「말」지를 비롯해 각종 유인물을 압수해갔다. 1987년 3월에는 정상모 사무국장이 연행돼 10일 구류를 살기도 했다. 그런데 이런 침탈이 있고 나면 「말」지는 더 잘 팔렸다. 제도언론에 1단으로 실린 '「말」지 압수' 기사가 일종의 광고효과를 내준 것이다.

한편 1986년 12월 초 김태홍 사무국장, 신홍범 실행위원이 차례로 연행, 구속되면서 비상체제의 집행부는 전두환 정권의 탄압에 대응하는 활동을 본격화했다. 언협은 야당, 민주화운동단체들과 구속자 석방을 위한 연대투쟁을 벌여나가는 동시에 「말 소식」을 만들어 보도지침 관련 소식을 전했다. 2~3개월 만에 한 번씩 나오는 「말」지만으로는 발빠른 있는 대응이 어려웠기 때문이다.

「말 소식」은 한 장짜리 유인물 형식으로 1986년 12월 24일 처음 발간됐다. 보도지침 폭로 이후 경과, 구속자 석방과 언론·출판·집회·결사의 자유 보장을 요구하는 내용이었다. 언협은 김태홍 사무국장 등의 구속에 대해 "(전두환 정권이) 자신들의 불법 행동을 반성하고 시정하기는커녕 오히려 언협 간부를 구속한 것은 적반하장이며, 민주국가의 기본권을 유린하는 보도지침을 작성하고 시달한 사람들이야말로 법치

국가의 체면을 손상했다는 점에서 법의 준엄한 심판을 받아야"한다고 주장했다.

12월 31일 발간된 2호「말 소식」은 29일 민주화추진협의회 김대중·김영삼 공동의장, 천주교정의구현전국사제단 김승훈 신부 등 민주화운동단체 대표들이 '언론탄압 및 보도지침에 관한 특별 기자회견'을 열고 "민주언론 쟁취를 위해 끝까지 공동투쟁을 전개할 것"을 천명했다고 전했다.

「말 소식」제6호

언협은「말 소식」을 민주화운동단체에만 배포하지 않고 거리에서 직접 시민들에게 나눠주며 전두환 정권의 언론탄압을 알렸다. 비상체제에서 탄생한「말 소식」은 이후 보도지침 소식에서 나아가 박종철 고문치사 사건 등 민주화운동 진영의 소식을 알리는 홍보물로 역할하며 6월항쟁 시기까지 계속 발간된다.

「말」지 발간이 안정되고 구속자 석방 운동이 활발하게 전개되는 가운데 언협은 3차 정기총회를 열어 조직을 추슬렀다. 3차 총회는 1987년 4월 2일 베네딕트수도원 피정의 집에서 열렸고 송건호 의장이 다시 선출되었다. 정상모 사무국장도 정식으로 임명된다. 언협은 이날 발표한 결의문에서 탄압에 굴하지 않고 싸울 것을 천명했다.

이 땅의 언론현실은 자유가 신장되기는커녕 홍보정책실이 창설되어 일상적인 신문제작이 완전히 관권에 장악되어 지난번의 보도지침 특집호가 보여주듯이 철저한 제도언론으로 전락되었으며 민주주의는 아직도 가혹한 시련을 겪고 있다. … 우리 민주언론운동협의회는 이들과의 공범자가 되기를 거부하고 이 땅에 민주주의와 정의를 실현시키고자 고난을 각오한 가장 옳은 길을 걷는 언론인의 모임임을 자부한다. 앞으로도 민주언론에 대해 박해와 탄압은 계속될 것이지만 우리는 이 나라에 민주언론이 꽃피고 숙원인 통일이 실현될 그날까지 기꺼이 이와 같은 수난을 감수할 것이다.

정기총회 전후 언협의 주요 활동 중 하나는 보도지침 법정투쟁이었다. 구속된 김태홍, 신홍범, 김주언 세 사람의 첫 재판은 1987년 4월 1일 열렸다. 고영구·김상철·박원순·이상수·조영래·조준희·한승헌·함정호·홍성우·황인철 등 쟁쟁한 인권변호사들이 변호인단을 구성했다.

재판 대응은 한국일보 해직기자 임재경 실행위원의 주도하에 이루어졌다. 그는 각 분야의 지식인, 법조계 인사들과 두터운 친분을 쌓아왔는데 이는 보도지침 재판 과정에서 큰 힘을 발휘했다. 해외단체와 외신 등에 보도지침 사태를 알리는 일에 나섰던 임재경 실행위원은 보도지침 재판에서도 외신 홍보를 맡았다. 외국어에 능통한 그는 여러 면에서 적임자였다.

"재판이 열릴 때 방청은 필수이며 변호사들을 만나야 하는 데다 이따금 외국 기자들에게 한국의 언론 현실을 설파하자니 '백의종군'이라는 게 때로는 등골 빠지는 일이란 걸 알았다. 그 무렵 하루는 독일교회(명함에는 EKD, Evangelische Kirche in Deutschland) 소속이라는 백인

보도지침 첫 재판이 끝난 뒤 법정 앞에서. 채현국, 조영래, 최민희, 임재경, 고은(앞줄 왼쪽부터)

둘이 창비 사무실로 나를 만나러 와 곤경에 처한 언협을 돕고 싶다며 얼마나 지원하면 좋겠냐고 묻는 거였다. 언협이 「말」지 발행을 위해 세계교회협의회wcc 계통의 개신교 재단으로부터 지원을 받은 것은 짐작했으나 백의종군 처지에 금전지원 제의를 응낙한다는 것은 현명치 않을 것 같아 '정신적 지원(모럴 서포트)으로 충분하다'며 고사했다."[98]

보도지침 폭로가 국제적 문제로 떠오르고 언협이 전 세계 양심 세력들로부터 정당성을 인정받을 수 있었던 것은 언협 구성원들의 이런 노력이 있었기 때문이다.

---

98. 임재경, '길을 찾아서-검단산 등반 '말'지를 낳다', 2008년 7월 14일, 한겨레.

보도지침 법정투쟁

4월 1일 오전 10시. 서울형사지법 113호 법정에서 보도지침 첫 재판이 열렸다.

검찰의 공소장은 억지와 궤변, 사실 왜곡으로 점철됐다. 검찰은 보도지침이 단순한 "언론 협조사항"이며 이는 "국내외 언론계의 관행"이라고 강변했다.

"문화공보부 홍보정책실이 통상 국가적 기밀사항에 해당되는 내용이라고 판단하여 언론보도에 신중을 기해줄 것을 언론사에 협조 요청할 경우 그 요청을 받은 언론사는 독자적으로 판단하여 사실보도에 참고해오는 것이 국내외 언론계의 관행으로 되어 있음에도 피고인은 이를 마치 정부가 언론을 통제하기 위하여 시달하는 소위 '보도지침'이라고 오해"[99]했다는 것이다. 그러면서 검찰은 정부의 단순한 협조 요청을 언협이 의도적으로 '보도지침'이라는 말을 붙여 강제성이 있는 것으로 왜곡했다고 주장했다.

게다가 김태홍, 신홍범, 김주언 세 사람에게 적용된 혐의들은 보도지침 폭로와 직접적인 관련도 없었다. '보도지침을 보도했다'는 자체만으로 마땅한 죄목을 찾을 수 없자 검찰은 외교상 기밀누설, 국가모독, 집회 및 시위에 관한 법률 위반, 국가보안법 위반을 억지로 꿰어맞췄다.

세 사람에게 적용된 외교상 기밀누설 혐의는 「말」 특집호가 폭로한 외교 관련 보도지침 중 일부가 '기밀누설'이라는 주장이었다. 검찰이 '보도해서 안 되는 외교상 기밀'이라고 주장한 내용은 모두 11가지였다

99. 민주언론운동협의회 편, 『보도지침』, 두레, 1988년, 88~89쪽.

(〈표 10〉 참조). 그러나 이것들은 외신이나 국내 언론보도 등을 통해 이미 알려진 사실이어서 '기밀'은 어불성설이었다.

국가모독 혐의는 김태홍 사무국장과 신홍범 실행위원에게 적용됐다. 1986년 9월 9일 언협과 천주교정의구현전국사제단이 마련한 기자회견에서 정부의 언론통제를 비판한 행위가 "헌법에 의하여 설치된 국가기관을 비방"한 죄에 해당한다는 것이다.

집시법 위반 혐의는 김태홍 사무국장에게 적용됐다. 검찰은 언협·자유실천문인협의회·민중문화운동협의회 문화 3단체가 1986년 5월에 개최한 광주항쟁 기념행사를 뒤늦게 '불법집회'로 몰았다.

신홍범 실행위원과 김주언 기자는 갖고 있던 복사물과 책이 '이적표현물'이라는 이유로 국가보안법 위반이 적용됐다. 그러나 검찰이 주장한 '이적 표현물'들은 모두 각 분야에서 고전으로 평가받는 저작들이었고, 심지어 신홍범 실행위원이 갖고 있던 자료는 국회도서관에서 책을 빌려 복사한 것이었다.

검찰의 공소 내용은 재판 과정에서 수많은 쟁점을 만들어낼 수밖에 없었다. 무엇이 외교군사상의 기밀사항인가, 이미 알려진 사실이 기밀사항이 될 수 있는가, 기밀사항의 여부를 판단하는 곳이 문공부인가, 보도지침의 성격은 무엇인가, 다른 나라에서도 보도지침과 같은 '협조요청'이 관행인가. 국가모독 혐의에서 '헌법에 의해 설치된 국가기관'은 어디를 말하는가 등등.

당시 변론을 맡았던 한승헌 변호사는 재판의 분위기를 이렇게 기록하고 있다.

"검찰은 그것이 보도지침이 아니라 단순한 보도협조 요청이라고 우겼다. 그러나 거기에는 보도 '가', '불가', '절대불가'라는 지시가 명시되

〈표 10〉 검찰의 김태홍·신홍범·김주언 공소 내용(공소장 발췌 요약)

외교상 기밀누설	외교군사상 기밀에 관한 사항	* F-16기 1차분 7일(워싱턴 시간) 인수식, 국방부 발표시 까지 보도하지 말 것(86.3.5). p.33 (※「말」 특집호 페이 지를 의미함) * 미국방성 "핵 적재 전투기 각국 배치"에서 한국은 빼고 보도할 것(86.7.10). p.55 * 일본 산케이신문이 보도한 "한-베트남 무역거래 활발"은 보도 불가(86.7.30). p.60 * 한-중공 합작회사 설립은 기사화하지 말 것(85.6.30). p.10 * 중공 어선 망명 당국 발표 때까지 보도 금지(86.6.17). p.51
	국가안보에 관한 사항	* F-15기 구매와 관련, 뇌물공여 조사 청문차 내한하는 미 하원 소속 전문위원 3명 관련 기사 보도 억제(85.11.20). p.15 * 미국 FBI국장 방한(1.12-16) 사실 일체 보도 억제 (86.1.11). p.22
	남북대화 관련 사항	* "북한 국회회담(11월 초) 제의" 당국 발표까지 보도통제 (85.10.20). p.6 * 안기부 연락 : 북한의 85.11.1 국회회담 제의에 우리측 12.8 이후 수정 제의에 즈음하여 내외통신에 "북괴의 최 고인민회의(소위 국회)는 허구"라는 해설기사를 실었으 니 인용 보도(1985.10.30). p.10
	북괴 등 대공산권 관련 사항	* 북괴 선전매체들의 보도 내용은 내외통신 보도만 싣고 외신을 간접적으로 인용하지 않는다(86.3.21). p.38 * 산케이신문 보도(30일자 조간), "남북정상회담 아시 안 게임 전 평양서 열릴 듯"은 전재하지 말 것(86.5.30). p.49
국가모독		1986년 9월 9일 명동성당, 언협·천주교정의구현전국사제단 기자회견에서 성명서 등을 낭독하게 함으로써 헌법에 의해 설치된 국가기관을 비방
집시법 위반		1986년 5월 언협·자유실천문인협의회·민중문화운동협의회 주최로 불법집 회 개최. 광주사태 필름상영, "민주화운동 탄압하는 현 폭력살인 정권 물 러가라" 등 구호로 현저히 사회적 불안을 야기
국가보안법 위반		* 신홍범-1984년 12월 국회도서관에서 『혁명영화의 창조』(산지네스 저)를 복사, 소지 * 김주언-1974년 10월 『현대 사실주의』(게오르그 루카치 저) 구매, 소지. 1977년 3월 『역사와 계급의식』(게오르그 루카치 저), 『사회학과 발전』(임 마누엘 데 캇트 저) 구입, 소지

어 있고 '1단으로 써라', '1면 톱으로 써라', '사진 쓰지 말 것' 등의 세부적 명령까지 나와 있다. 보도지침 중에는 '김대중 씨에 관한 기사에서 사진을 쓰지 말 것'도 들어 있었다. 그래서 나는 변론 때 한마디했다. '그렇다면 김대중 씨의 얼굴도 국가기밀이란 말인가.' 외교상 기밀누설죄의 적용은 더욱 희극적이었다. 변호인단에서는 '보도통제 대상이 된 내용이 외교상 기밀인지, 아니면 그러한 내용에 대한 통제가 있었다는 사실이 기밀이란 말인지 밝히라'고 요구하기도 했다."[100]

검찰의 허술한 주장은 방청객들의 웃음거리가 되기도 했다. 이에 대해서는 언론인 류숙열의 보도지침 재판 방청기가 잘 기록하고 있다.

"방청객들은 변호인 측의 석명 요구에서 공소장 내용 중 터무니없이 논리에 맞지 않는 부분들이 지적될 때마다 웃음을 터뜨렸다. 특히 조영래 변호사가 석명을 요구하는 가운데, 기소장에는 '문화공보부 홍보정책실이 통상 국가적 기밀사항에 해당되는 내용이라 판단하여 언론보도에 신중을 기해줄 것을 언론사에 협조 요청할 경우 그 요청을 받은 언론사는 독자적으로 판단하여 사실보도에 참고해오는 것이 국내외 언론계의 관행'이라고 했는데 여기서 '국내외 언론계의 관행'이라는 말은 '국내의 언론계의 관행'이란 말이 잘못 타자된 것이 아닌가, '국내외'의 '외'자가 '의'자로 타자되어야 할 것이 '외'자로 오타된 것이 아니냐고 추정했을 때 큰 웃음이 터져 나왔다. … 검사는 '보도협조 사항'은 지침성, 통제성이 전혀 없으며 통제를 가한 일도 없고 언론이 독자적인 판단으로 해왔으며 이러한 보도협조 사항은 세계적인 관행이라는 내용의 답변 요지서를 낭독했다. 검사가 답변 요지서를 낭독하는 동안

100. 한승헌, 『권력과 필화』, 문학동네, 2013년, 66~67쪽.

방청객들은 너무나 기가 차서 웃음을 터뜨렸다."[101]

검찰이 궤변을 강변할수록 그들의 논거는 설득력을 잃었다. 예를 들어 보도지침이 "국내외 언론계의 관행"이라는 주장은 명백한 거짓이었으므로 변호인 측으로부터 반론이 나올 수밖에 없었다. 그러자 검찰은 자신들의 주장을 억지로 뒷받침하기 위해 '엠바고'와 '오프 더 레코드'를 언론협조 사례로 끌어들였다. 하지만 두 가지 관행이 보도지침과 전혀 다르다는 사실을 변호인 측이 입증하는 것은 시간문제에 불과했다.

재판의 가장 뜨거운 쟁점이었던 '외교상 기밀' 여부를 두고도 검찰은 궁지에 몰렸다. 결국 검찰은 재판 중에 공소장을 변경하는 '굴욕'을 겪었다. 외교상 기밀누설에 해당한다고 주장했던 보도지침 11개 항목 가운데 4개를 스스로 철회한 것이다.

정상적인 재판이었다면 무죄 판결은 당연했다. 그러나 전두환 정권 아래 '정상적인 재판'을 기대할 수 없었다. 공판 초기 변호인 측의 요구를 비교적 공정하게 받아들였던 재판부는 시간이 지나면서 달라진 태도를 보였다. 조금씩 외압에 흔들리는 모습이 나타났고, 검찰 측에 불리한 증인 채택을 번복하는 일까지 벌어졌다.

5차 공판까지의 과정에서 변호인단은 4대 일간지 편집국장, 정치부장, 외신부장, 사회부장, 편집부장 등 20명과 「파 이스턴 이코노믹 리뷰」의 존 맥베드 기자, 미국 ABC 방송국 서울특파원 마이클 웽거트 기자, 문공부 홍보정책실장, 한양대 리영희 교수, 서울법대 최대권 교수를 증인으로 신청했다. 당초 재판부는 이들 중 이영희, 최대권 교수를

---

101. 민주언론운동협의회 편, 앞의 책, 69~70쪽.

제외한 23명을 증인으로 채택했다가 6차 공판 직전인 5월 15일 갑자기 증인 채택을 모두 취소해버렸다.

"변호인단에서는 그 이유를 밝히라고 대들었으나 판사는 함구로 일관했다. 그런데 뜻밖에도 재판부의 증인취소 사유를 검사가 설명(?)해서 모두를 놀라게 했다. 재판장이 사건기록을 검토하기 전에 증인을 채택했는데, 사건기록을 검토한 결과 증인신문이 불필요함을 알게 되어 취소한 것으로 안다는 것이었다. 재판장도 말 못하는 증인취소 사유를 검사가 말할 수 있을 만큼 재판은 흔들렸다."[102]

흔들리는 재판의 결과는 예견대로 '유죄'였다. 6월항쟁이 터지기 직전인 6월 3일 1심 재판부는 세 사람에게 유죄를 선고했다. 김태홍 징역 10월에 집행유예 2년, 김주언 징역 8월에 집행유예 1년·자격정지 1년, 신홍범 신고유예.

집행유예 또는 선고유예로 세 사람 모두 석방되긴 했지만 법정투쟁은 계속됐다.

항소심은 8년여를 끌었고 1994년 7월 5일에 가서야 세 사람은 무죄 판결을 받을 수 있었다. 재판부는 이미 외국에 알려져 있는 사항은 기밀에 해당되지 않으며, 신홍범 등이 소지한 책자들도 이적 표현물이 아니라고 보았다. '국가모독죄'는 1988년 폐지되었고, 집시법의 옥내집회 처벌규정도 1989년에 폐지돼 일부 혐의는 처벌 근거 자체가 사라졌다. 그러나 검찰은 또다시 상고를 했고 1995년 12월 5일 대법원이 상고를 기각함으로써 10년 가까운 법정투쟁은 끝나게 된다.

---

102. 한승헌, 위의 책, 67쪽.

보도지침 폭로로 옥고를 치르고 석방된 신홍범 실행위원을 송건호 의장이 끌어안고 기뻐하고 있다

민주주의와 언론자유의 강의실이 된 법정

무죄 판결이 확정되기까지는 10년의 시간이 걸렸지만 언협의 법정투쟁은 이미 1심에서 목적을 이루었다고 할 수 있다. 보도지침 재판을 앞두고 언협은 「말 소식」 5호에 '우리는 왜 재판에 임하는가'라는 글을 실어 법정투쟁의 목표와 각오를 이렇게 밝혔다.

민주화운동 탄압을 위한 물샐틈없는 법적·제도적 장치가 되어 있고 사법부의 독립성마저 붕괴된 상황에서도 법정투쟁이 갖는 의미는 있다. 그것은 공판이라는 공개적이고 합법적인 장을 통해 다시 한번 민주화운동의 정당성을 밝히고 현 정권의 반민주성을 폭로할 수 있다는 것이다. '보도지침' 폭로와 관련되어 진행되는 현 재판은 그에 덧붙여 저들의 '실정법조차 얼마나 논리적 모순투성이며 자기 정권유지적인 법운용이 이루어지는가를 보여줄 것이다. 우리는 오히려 이번 공판을 우리의 언론자유를 지키고 민주언론사회를 이루려는 노력을 국민에게 알리는 장으로 적극적으로 받아들인다. 재판이 진행되면 될수록 현 정권에 의해 자행되는 언론통제의 실상이 낱낱이 국민 앞에 공개되어 민주언론에 대한 국민적 지지는 비등할 것이다.

법정을 보도지침 폭로의 정당성과 전두환 정권의 반민주성을 알리는 장으로 삼겠다. 이것이 언협의 방침이었다. 보도지침 재판은 민주화운동 진영과 정치권, 언론계, 외신의 큰 관심 속에서 열렸다. 방청석은 공판 때마다 가득 찼다. 피고인과 변호인단은 의연한 태도와 논리적 반박으로 언협이 내세운 법정투쟁의 목표를 실현해갔다. 김태홍·신홍범·김주언 세 사람은 모두진술에서부터 보도지침 폭로의 정당성을 당당하게 주장했다.[103]

〈현정권은 군부독재 소수인을 위한 정권이다〉
민주언론운동협의회에서 '보도지침'을 폭로한 것은 당연하고 정당한 일이었다. …
정부기관이 언론기관에 대해 이 같은 '협조'를 요청한다는 것은 말도 안 되는 소리다. 프랑스 '르 몽드'지에 관해 살펴보자. 대통령

---

103. 민주언론운동협의회 편, 앞의 책, 96~101쪽.

이 있는 엘리제궁 소속 경찰 두 사람이 '르 몽드'지가 제작되어 나오기를 신문사 정문에서 기다리다가 신문이 나오면 이것을 받아들고 오토바이를 타고 궁으로 돌아가서 대통령에게 전달한다는 것이다. 언론기관에 '협조'를 요청한다거나 압력을 가한다는 것은 상상도 할 수 없는 것이다. … 10년 이상 악폐로 내려온 이러한 악습을 없애고 민주언론을 실현하는 것은 양심적 언론인들의 숙원이었다. …

우리는 민주언론운동협의회에서 '보도지침'을 폭로하게 된 것에 대해 만세를 부르고 싶은 심정이다. 한 가지 아쉬운 것은 우리가 숨어서 인쇄하고 제작하는 어려움 속에서 '보도지침'을 만들어야 했기 때문에 22만부를 찍지 못하고 22,000부밖에 배포하지 못한 게 한이다.

_1987년 4월 1일 제1차 공판, 김태홍 모두진술 중

〈재판을 받아야 할 것은 이 땅의 언론 현실이다〉

언론이란 인간이 사회적으로 나누는 말이다. 사회의 집단적 사고는 언론의 매개 없이는 이루어질 수 없다. 사회적 현실과 민중의 의사는 언론 없이는 표현될 수 없다. 신체의 자유를 비롯한 인간의 기본적 권리와 자유 또한 언론의 자유 없이는 확보될 수 없다. … 그렇기 때문에 우리는 언론의 자유를 가리켜 인간의 기본적인 자유와 권리를 획득하는 데 있어서의 열쇠가 되는 자유라고 부르는 것이다. …

한 나라의 민주주의가 어떤 상태에 있는가를 보려면 그 나라의 언론을 보라는 말이 있다. 이는 언론이 그 나라 민주주의의 척도

가 된다는 말이다. 그러므로 언론의 자유를 탄압하면서 민주주의를 말하는 것이야말로 가장 명백한 거짓말이다. …

인간의 고귀한 사회적 공동선이며 공통의 언어인 언론이 권력의 도구로 전락되어 있는 것이 오늘의 언론 현실이다. 우리의 언론현실을 그 구체적 증거를 가지고 고발한 것이 바로 이 '보도지침'이다. 오늘의 언론 현실을 고발하여 이를 바로잡자는 동기 외에 우리들의 행동에는 어떤 동기도 없었고 있을 수도 없다. 우리를 기소한 국가모독이니 외교상 기밀누설이니 하는 것들은 당국에 의해 '만들어진 동기'일 뿐이다. 그런 점에서 우리들을 이 법정에 세운 것은 '보도지침'을 폭로한 데 대한 정치적 보복이라고 생각한다.… 지금 본인이 이 자리에 서 있지만 이 법정에는 우리가 고발한 이 땅의 언론 현실이 서 있는 것이다.

_1987년 4월 1일 제1차 공판, 신홍범 모두진술 중

〈이 재판은 정치적 보복이다〉

오늘날의 언론이 '사회의 정화'라는 제 기능을 다하지 못하고 권력과 유착되어 그 의무를 망각하고 있다는 사실이 현직기자로서 뼈아프게 느껴질 따름이다. '보도지침' 또는 '홍보지침'이란 바로 권력과 언론이 유착돼 있다는 사실을 웅변으로 증명해주고 있는 것이다. …

현행 헌법상에도 언론의 자유는 명시돼 있다. 어떤 법에도 언론을 통제할 수 있다는 근거는 없다. 따라서 언론통제 자체가 명백한 불법일 수밖에 없다. 그럼에도 불구하고 현 정권은 자신들이 만들어놓은 헌법을 무시하면서까지도 언론통제를 자행하고 있다.

그러면서 언론통제 사실을 보도협조라는 명목으로 위장하고 있는 것이다. … '보도지침'을 공개한 것에 대해 이처럼 구속하여 재판을 강행하는 처사는 단순한 정치적 보복이라고 생각할 수밖에 없다. 현정권의 불법적이고 위헌적인 처사를 국민에게 알린 것이 어떻게 재판을 받아야 할 죄라고 할 수 있는가. 우리들이 '보도지침'을 공개한 것은 정당한 행위였음을 자부한다. 본인은 이 재판이 정치적 보복이 아닌 공정하고 자유로운, 그래서 역사에 길이 남을 재판이 되기를 바라는 마음 간절하다.

_1987년 4월 1일 제1차 공판, 김주언 모두진술 중

피고인 신문 과정에서도 세 사람은 언론인으로서의 경험과 지식을 바탕으로 언론자유에 대한 소신을 밝혔고, 한국사회에서 벌어지고 있던 언론통제의 실상을 고발했다. 나아가 선진국의 언론자유 보장 실태, 국가안보와 국민의 알 권리, 비밀외교와 민주주의 등 보도지침 법정은 민주주의의 토론장 또는 강의실이 되어 갔다.

"미국의 경우 1972년 워싱턴포스트지가 워터게이트 사건을 폭로함으로써 닉슨 대통령을 권좌에서 몰아냈으며, 1975년 일본의 「문예춘추」지 5월호는 '금맥' 사건을 폭로함으로써 다나카 수상이 퇴임을 하게된다. 또 1970년대 초 뉴욕타임스가 자유기고가 다니엘 엘스버그가 미국 국방성 기밀문서를 빼내 기고한 '미국의 월남전 참전 정책결정 과정사'라는 연재물을 보도하자 미 법무성은 국가안보를 해쳤다는 이유로 이를 법원에 고소했으나 결국 대법원의 블랙 판사는 '언론자유는 어떠한 법률로도 이를 제한할 수 없다'는 미국 수정헌법 제1조를 적용, 뉴욕타임스에 무죄 판결을 내린 바 있다."[104](김태홍)

"본인은 오론 J. 헤일이란 사람이 쓴 The Captive Press in the Third Reich, 우리말로『제3제국의 수감된 언론』또는『제3제국의 체포된 언론』이라고 번역할 수 있는 책을 읽고 우리의 언론 상황이 나치하의 언론과 매우 흡사함을 알고는 놀란 적이 있다. 첫째는 나치하에서의 언론매체 수의 급격한 감소가 우리의 그것과 매우 유사하다는 점이다. 1930년 독일 바이마르공화국 시절의 정기간행물 수는 약 4,700여 개에 달했는데 나치가 정권을 장악한 후에는 나치즘을 지지하는 소수의 간행물만 남게 되었다. 우리나라의 경우 4·19 직후만 하더라도 수많은 정기간행물이 있었으나 오늘날엔 신문협회에 속한 소수의 신문만이 남게 되었다. 민주주의란 다양성을 전제로 하는 것이다. 이 땅의 언론은 다양성을 상실하고 획일화되었다는 점에서 나치하의 언론과 비슷하다. 오늘의 한국 언론은 허가제나 다름없다고 생각한다. 둘째 나치는 1933년 '신문기자법'을 만들어 발행인으로부터 편집권을 박탈했는데 한국의 언론기본법은 언론기관으로부터 편집권을 박탈했다는 점에서 나치하의 신문기자법과 유사하다. 셋째 나치의 언론통제 기구인 '프레스 쳄버Press Chamber는 한국의 문화공보부 홍보정책실과 매우 비슷하다. 오늘의 한국 언론을 나치하의 독일 언론과 비교할 수밖에 없는 우리의 언론 현실을 슬퍼하지 않을 수 없다."105(신홍범)

"민족의 생존과 직결되는 통일문제는 당사자인 우리가 모르는데 외신이 먼저 보도하는 등 베일에 가려져 있다. '보도지침' 사항에도 있듯이 남북정상회담에 대해 일본 아사히신문은 당시 박동진 통일원장관

---

104. 민주언론운동협의회 편, 앞의 책, 121~122쪽.
105. 민주언론운동협의회 편, 앞의 책, 150쪽.

과의 인터뷰를 통해 전망이 좋다고 보도한 적이 있다. 국내에서는 남북정상회담에 대해 전혀 알려진 적이 없었다. 이처럼 통일문제에 직결되는 사항에 대해 장관이 외국 신문에는 알려주고, 국내에는 그 사실을 보도통제하여 알리지 못하게 하는 것은 통일에 대한 민족의 열망을 무시하고, 이를 비밀 취급하면서 몇 사람이 주무르고 있다는 사실을 반증하는 것이다. … 핵문제는 꽁꽁 베일에 가려진 채 국민들에게는 알려지지 않고 있다. 국내에 핵이 배치되어 있다는 것은 잘 알려져 있지만, 국민들은 그 실상을 정확히 이해하지 못하고 있다. 보도통제 때문이다. 만약 핵이 문제되어 우리 민족이 절멸당할지도 모르는 위기에 처하더라도 이에 대해 보도를 통제할 수 있을 것인가?"[106](김주언)

제도언론에서 단 한 번도 말하지 않았던 민주주의와 언론자유에 관한 문제제기가 보도지침 법정에서 이루어졌다. 검찰의 공소 내용은 재판이 진행되는 과정에서 하나씩 하나씩 근거를 잃어갔고, 전두환 정권의 언론탄압 실상은 더욱 분명하게 드러나게 되었다. "불을 낸 자가 신고한 사람들을 잡아다가 신문하는 것과 같다." 당시 한승헌 변호사는 보도지침 사건을 이렇게 요약했는데, 재판 과정에서 이 말이 그대로 증명된 셈이었다.

1심 재판이 끝난 1987년 7월 미국 '국제개발정책센터International Center for Dvelopment Policy'는 언협에 '바스티유 감옥의 열쇠'를 보내왔다. 프랑스혁명 때 민중들이 무너뜨린 바스티유 감옥의 열쇠는 억압에 대한 저항, 자유 등을 의미한다. 프랑스 라파예트 장군이 미국의 초대 대통령 워싱턴에게 바스티유의 서쪽 열쇠를 선물하면서 더욱 유명해졌

---

106. 민주언론운동협의회 편, 앞의 책, 138~139쪽.

다. '국제개발정책센터'는 언협이 한국의 언론민주화에 기폭제 역할을 한 데 대한 감사의 의미로 이 열쇠를 본뜬 일종의 '공로패'를 증정했다.

보도지침 폭로로 언협은 큰 위기를 맞았고 많은 사람이 고초를 겪었지만, 탄압을 극복해낸 언협은 더욱 신뢰받는 언론운동단체로 확고한 입지를 다지게 되었다.

6월항쟁, 다시 길을 묻다

6월항쟁과 언협

언협이 「말」지를 다시 발간하고 보도지침 법정투쟁을 벌이던 시기 전두환 정권은 말기적 징후를 드러내고 있었다.

1987년 1월 14일 서울대 언어학과 1학년 박종철이 남영동 치안본부 대공분실에서 물고문을 당하다 사망했다. 이 사건은 15일 중앙일보가 '경찰에서 조사받던 대학생 쇼크사'라는 2단 기사로 보도하면서 세상에 알려졌다. 경찰은 "책상을 '탁' 치니 '억' 하고 쓰러졌다"며 박종철의 죽음을 쇼크사로 발표, 사건을 은폐하려 했다. 그러나 고문 가능성을 제기한 가족과 검안의의 증언이 동아일보 16일 보도로 알려지자 19일 경찰은 고문 사실을 마지못해 시인했다. 이어 조한경 등 말단 경찰두 명이 고문치사 혐의로 구속된다.

김근태, 권인숙 사건에 이어 고문으로 인한 사망 사건까지 일어나자종교계와 재야 민주화단체들 사이에서는 고문만은 근절해야 한다는공감대가 확산됐다. 민통련 등 단체들이 극심한 탄압을 받던 조건에서도 범국민추도회가 2월 7일 16개 도시에서 동시 다발적으로 열렸고, 3월 3일 고문규탄 범국민대행진으로 이어졌다. 전두환 정권은 공권력을 동원해 두 대회를 원천봉쇄하고 탄압했지만 고문에 대한 민심의 분노는 조금씩 드러나고 있었다.

여기에 전두환 정권은 '4·13 호헌'이라는 악수를 던졌다. 헌법을 고치지 않고 대통령간선제를 유지하겠다는 선언이었다. 전두환의 호헌선언은 타오르는 불길에 기름을 붓는 격이었다. 이를 계기로 종교계, 교수, 문인, 법조인, 의료인 등 각계에서 "호헌철폐"를 요구하는 성명이 쏟아졌다. 관변단체들은 "호헌지지" 목소리를 내면서 전두환 정권에 들러리 섰으나 심상치 않은 조짐이 보였다. 호헌을 "구국의 결단"이라고 칭송한 한국노총 내부에서 반대 목소리가 나온 것이다. 가장 먼저 제2금융권 노조 대표들이 "호헌철폐"를 주장하고 나서자 제조업 노조에서도 호헌에 반대하는 성명이 나왔다. 6월항쟁을 상징하는 '넥타이부대'의 출현을 예고하는 균열이었다.

이런 가운데 5월 18일 천주교정의구현전국사제단은 전두환 정권에 치명타를 날린다. 명동성당에서 열린 '5·18 광주항쟁 희생자 7주기 추모미사'가 끝난 오후 8시 30분경. 천주교정의구현전국사제단 대표인 김승훈 신부가 단상에 올라가 성명서를 읽기 시작했다. "박종철 군 고문치사 사건의 진범은 따로 있다." 박종철 고문치사 사건이 조작됐다는 폭로가 나온 것이다.[107]

---

107. 당시 이부영(동아투위 위원)은 민통련 사무처장으로 1986년 5·3 인천항쟁을 배후에서 주동했다는 혐의를 받아 영등포교도소에 수감 중이었다. 그는 여기서 박종철 고문치사 혐의로 구속된 조한경 경위와 강진규 경사를 만나 이들을 통해 사건이 조작되었음을 확인했다. 이 같은 사실은 김정남에게 전달됐고 천주교정의구현전국사제단을 통해 폭로됐다.

폭로의 파장은 엄청났다. 검찰은 21일 사제단의 폭로를 인정하고 사제단이 언급한 세 명의 고문 경찰을 추가로 구속하는 선에서 사건을 마무리하려 했다. 그러나 검찰 고위층이 사건조작을 이미 알고 있었다는 사실이 동아일보를 통해 다시 알려지면서 여론은 더 악화됐다. 결국 29일 검찰은 박처원 치안감 등 세 명의 책임자를 은폐조작 모의혐의로 추가 구속했다. 앞서 26일에는 노신영 국무총리와 장세동 안기부장 등 공안정국을 주도한 강경파가 경질된다. 내무부장관, 법무부장관, 검찰총장도 교체됐다.

한편 고문조작 폭로는 따로따로 호헌철폐 운동을 벌이던 야당과 재야 민주화운동단체들을 하나로 결집하는 계기가 되었다. 야당, 종교계, 재야는 9,000여 명으로 구성된 '박종철군 국민추도회'를 발족시켰다.

YMCA 앞에서 시위하고 있는 성유보 당시 민통련 사무처장, 뒤로 최민희 「말」 기자가 보인다

이를 토대로 5월 27일에는 6월항쟁의 지도부가 될 '민주헌법쟁취국민운동본부'(국본)가 출범하게 된다. 국본은 민정당의 대통령 후보 선출 전당대회일인 6월 10일에 맞춰 전국에서 '박종철 군 고문살인은폐조작 범국민규탄대회'(6·10대회)를 열기로 했다. 이날 민정당은 전두환이 지명한 노태우를 대통령 후보로 선출할 예정이었다.

그런데 6·10대회 하루 전 교내시위를 벌이던 연세대 학생 이한열이 경찰이 쏜 최루탄에 맞아 중태에 빠졌다. 그가 피를 흘리며 동료에게 쓰러진 모습을 로이터통신 정태원 기자가 사진으로 찍었고, 이 사진은 6월 10일 중앙일보에 실렸다. 시민들의 분노는 6·10대회에서 봇물처럼 터져 나왔다. 전국 22개 도시에서 50만 명이 "호헌철폐 독재타도"를 외치며 시위에 참여했다. 서울 시위대 300여 명은 명동성당으로 들어가

신촌 일대를 지나는 이한열 열사의 장례 행렬과 지켜보는 시민들

농성을 벌였다. 6월항쟁의 시작이었다.

전두환 정권은 "강력대응"을 천명했다. 국본 간부 13명이 구속됐고 경찰은 명동성당 농성자들을 전원 연행하겠다고 엄포를 놓았다. 이와 함께 언론에서는 '비상조치' 즉 계엄령과 군대 투입의 가능성이 흘러나 왔다. 15일 사제단의 중재와 전두환 정권의 일부 후퇴로 명동성당 농 성자들의 '자진 해산'과 '귀가 보장'이 이루어졌다. 그러나 '비상조치'의 위협 속에서도 한번 터진 시위는 수그러들지 않았다. 특히 부산 지역 의 시위는 걷잡을 수 없이 확대되어 항쟁이 전국으로 파급되는 데 기 여했다.

국본이 '최루탄 추방의 날'로 정한 18일에는 전국에서 150만 명이, '국민 평화대행진의 날'로 정한 26일에는 180만 명이 시위에 참여했다. 특히 '넥타이 부대'로 불리는 화이트칼라 노동자들과 중산층까지 참여 함으로써 전두환 정권에 엄청난 압박을 주었다. 결국 6월 29일 노태우 는 대통령 직선제 수용을 골자로 한 대국민 항복 선언을 내놓았다. 이 른바 '6·29 선언'이었다.

6월항쟁의 도화선이 된 박종철 고문치사 사건에서 중앙일보와 동아 일보는 의미 있는 역할을 했다. 몇몇 양심적인 언론인들의 노력 덕분이 었다. 이에 대해 보도지침 폭로가 일정한 영향을 미쳤다는 분석도 있 다. 보도지침의 위력이 약해졌기 때문이라는 것이다. 그러나 언론보도 전반을 살펴보면 중앙일보나 동아일보의 박종철 관련 기사는 극히 예 외적인 현상이었다.

대부분 언론보도는 6월항쟁이 걷잡을 수 없는 흐름으로 치달을 때 까지 전두환 정권의 편에 서서 항쟁의 진실을 제대로 보도하지 않았 다. 민정당의 지명전당대회와 국본의 6·10 대회가 동시에 열리자 언론은 민정당 대통령 후보 선출을 부각하는 데 열을 올렸다. 특히 조선일 보는 10일 사설에서 전두환 정권이 "평화적 정부이양의 전통을 세웠 다"고 호도했다. 11일에는 대부분 언론이 대통령 후보가 된 노태우를 치켜세우는 기사를 실었다. 그러다 6월 18일 최루탄 추방대회를 즈음 해서 양비론적 시각이 나타났고, 26일 평화대행진 이후에야 시위대의 폭력성, 과격성에 초점을 맞춘 기사들이 사라졌다.[108] 6월항쟁 과정에 서 전국 곳곳의 방송사와 신문사들이 시위대의 표적이 되고, 일부 지 역에서 자생적인 언론매체가 등장했다는 사실은 당시 제도언론에 대 한 국민의 불만을 그대로 보여준다.[109]

5월말 경부터 일선기자들 사이에서는 '언론자유수호 결의' 움직임 이 일어났지만 언론보도에 큰 영향을 주지는 못했다. 5월 18일 서울신 문 기자들이 5공 언론정책에 깊숙이 개입하고 있던 이진희 사장의 퇴 진을 요구했다. 5월 25일에는 동아일보 기자들이 '민주화를 위한 우리 의 주장'을 통해 4·13 호헌 철회와 함께 언론자유수호 의지를 천명했 다. 이어 한국일보(5.29), 대구매일신문(6.2), 부산일보(6.5), 코리아타임 스(6.8), 경향신문(6.18), 부산MBC(6.22) 기자들이 잇달아 언론자유선 언문을 채택했다. 이들은 공통적으로 호헌 철회와 개헌을 요구하고 보

---

108. 최민희·김유진, '6월항쟁의 카멜레온, 언론」, 「민주언론운동」, 1997년 5·6월호
109. 부산국본의 기관지였던 「민주부산」은 보통 타블로이드판 4면으로 발행되었는데, 별도 의 편집, 인쇄팀을 두고 있었다. 처음엔 노무현 변호사의 워드로 판을 짜서 모 학교 인쇄 실에서 일하는 인쇄공의 힘을 빌려 인쇄, 밤을 틈타 간부들의 승용차를 이용해 운반하는 등 매우 어렵게 제작, 배포했다. 하지만 6월항쟁이 본격화된 후에는 직접 인쇄기를 구입 해서 거의 매일 3만~7만 부를 인쇄해 집회와 시위가 진행되는 현장에서 바로 배포했다. 각 부문의 활동가들과 학보사 출신 일꾼들이 함께 제작했기 때문에 기사 내용이나 형식 에서도 상당한 수준을 유지했다는 평가를 받았고, 관제언론에 식상해 있었던 시민들로부 터는 폭발적 호응을 얻었다. (6월민주항쟁계승사업회·민주화운동기념사업회, 『6월항쟁을 기록하다4』, 2007년, 45쪽)

도지침 철회, 구속언론인 석방, 기관원 제작 간섭 및 언론사 출입 금지를 천명했다. 기자들의 이런 시국선언은 뒤늦게나마 민주화를 위한 국민적 개헌 요구에 동참하고 언론의 독립적인 보도를 위한 결의를 다졌다고 볼 수 있다. 그러나 그것은 이미 국민들의 개헌 요구가 봇물 터지듯 분출하고 있던 시점에 뒤늦게 시류에 합류한 것이란 점에서 국민들의 눈물과 희생의 대가로 이룬 민주화 과정에 무임승차했다는 비판에서 자유로울 수 없었다.[110]

언협은 6월항쟁 과정에서 운동단체로서의 역할과 언론매체로서의 역할을 동시에 했다. 박종철 고문치사 사건이 일어나자 언협은 규탄성명을 발표하고 이를 「말 소식」 3호를 발간해 알렸다. 성명은 "김근태씨 고문, 권양에 대한 성폭행 등의 사건에서처럼 이 사건에서도 몇 명의 경찰에게만 그 책임이 있다는 것은 실로 사건의 진실을 은폐·왜곡하려는 것"이라며 사건의 축소은폐를 우려하는 한편, 박종철 고문치사가 "영구집권을 위한 폭력적 탄압의 결과"라는 본질을 지적했다.

언협은 6월항쟁 전후에도 「말 소식」 8호~10호를 발간해 항쟁의 진행 과정을 알렸다. 제도언론이 항쟁의 진실을 보도하지 않는 상황에서 「말 소식」은 「말」지만큼 큰 호응을 얻었다. 기자들의 '가두판매'로 배포된 「말 소식」은 집회나 시위 현장에서는 물론 일반 시민들에게도 팔렸다.

「말 소식」이 기동성에 초점을 맞춘 소식지로서 역할을 했다면 「말」은 심층취재로 6월항쟁 정국을 다뤘다. 5월에 발간된 「말」지 11호는 4·13호헌조치를 심층 분석하며 전두환 정권의 장기집권 시나리오를 폭로

---

110. 한국기자협회, 『한국기자협회 50년사』, 2014년, 131쪽.

했다. 이어 8월에 발간된 12호는 '6월항쟁 특집호'로 항쟁의 의미와 전망, 미국의 전략 등을 다뤄 '보도지침 특집호' 못지않은 인기를 누렸다. 13호는 발행주기를 줄여 한 달 만에 발행된다. 6·29 이후 정세 분석과 7~8월 노동자 대투쟁을 특집으로 다뤘다.

6월 3일 보도지침 공판에서 집행유예로 석방된 김태홍은 9월 사무국장에 복귀해 「말」지의 발행주기를 대폭 줄이는 일에 나섰다. 격월간으로는 격변의 시기에 제 역할을 할 수 없다고 판단했기 때문이다. 10월부터 12월 대선까지 「말」지는 격주간으로 발행되었다. 11월에는 타블로이드판 「말 소식」까지 주간으로 발행했다. 이 기간 「말」지 편집장은 80년 해직기자 출신 고승우가 맡았다.

"8면으로 체제도 엉성했던 타블로이드판 「말 소식」지는 '인상착의'에 비해서 내용은 매우 알찼다. 제도언론에서 싣지 못하던 메가톤급 기사가 「말 소식」지에는 그대로 실렸다. 당시 뉴욕타임스 사설에서 육군참모총장 박희도가 한 '동교동 김대중 후보의 집에 폭탄을 터뜨리겠다'는 요지의 '폭탄발언'을 기사화한 일이 있었다. 주간 「말」에서는 이 사설 전문을 번역하여 소개하기도 했다."[111]

이 모든 일이 새로운 인력의 충원 없이 이뤄졌다. 6월항쟁으로 쟁취한 대통령선거 국면에서 언협은 총력을 기울였다. 제도언론의 편파보도에 맞선 「말」과 「말 소식」은 그야말로 '고군분투'한 것이다.

지배의 정당성도 도덕성도 없던 전두환 정권의 몰락은 필연이었다. 그러나 연행과 구속을 무릅쓰고 때로는 목숨까지 걸고 독재에 맞선 사람들이 있었기에 가능한 일이기도 했다. 언협은 「말」지를 통해 전두환

---

111. 김태홍, 『작은 만족이 아름답다』, 인동, 1999년, 123쪽.

1987년 대선을 앞두고 열린 김대중-김영삼 후보 단일화 요구 집회에서 연설하는 송건호 의장

정권의 실상을 알리는 것으로 저항했다. 특히 보도지침 폭로는 억압통치를 강화해가던 전두환 정권에 정치적, 도덕적 타격을 줌으로써 6월항쟁에 기여했다고 할 수 있다. 또한 언협은 6월항쟁과 이후 대선까지의 과정에서 유일한 '민주언론'으로서 역할을 했다.

한국사회가 민주화로 나아가는 결정적 시기, 언협은 언론운동단체로서 해야 할 일을 하며 제자리를 지켰다. 그리고 그 가운데 새로운 고민과 과제도 안게 된다.

'새 언론' 창간과 언협의 고민

6·29 선언에는 대통령직선제 수용 외에도 몇 가지 민주화 조치들이 포함됐다. 그중 하나가 '언론자유 창달'이었다. 노태우는 "언론자유의 창달을 위해 관련제도와 관행을 획기적으로 개선"하겠다며 언론기본법의 대폭 개정 또는 폐지, 지방 주재기자 부활, 프레스카드제 폐지, 언론 자율성 최대한 보장을 약속했다. "정부는 언론을 장악할 수도 없고 장악하려고 시도하여서도 안된다"는 미사여구가 등장했다.

그러나 전두환 정권 7년 동안 굳어진 기형적인 언론시장 구도와 왜곡된 권언관계는 쉽게 바꾸기 힘든 것이었다. 언론통폐합에서 살아남은 신문사는 조간 3개(서울신문, 조선일보, 한국일보) 석간 3개(경향신문, 동아일보, 중앙일보), 각 도마다 1개씩의 지방지뿐이었다. 새로운 신문의 시장 진입이 원천봉쇄된 상황에서 이들은 독점적 지위를 누리며 기업적 성장을 구가했다. 여기에 더해 전두환 정권은 윤전기 도입 관세 인하를 비롯한 각종 특혜를 베풀었다.

1981년부터 1987년 사이에 6대 일간지는 외형이 300퍼센트나 성장하는 기록을 세웠다. 이것은 같은 기간의 제조업 평균 성장률을 훨씬 웃도는 수치다.[112] 신군부에 앞장서 부역했던 조선일보의 경우 80년 당시 매출액 순위 4위였으나 전두환 정권 말기에 이르면 신문업계 1위를 차지하게 된다. 독재정권 아래 거대기업으로 성장한 언론사들은 기득권 세력이 되어 권력에 스스로 유착했다.

6월항쟁 이후에도 왜곡된 언론시장은 바로 잡히지 않았다. 오히려

---

112. 윤덕한, 「전두환 정권하의 언론」, 『한국언론 바로보기 100년』, 다섯수레, 2012년, 501쪽.

정치권력의 직접적인 통제가 사라진 언론시장에서는 거대언론사 간의 탈법적 경쟁, 소수 족벌신문의 권력화와 여론독과점, 자본에 의한 언론 통제 등이 새로운 폐해로 등장한다.

그러나 6월항쟁으로 언론에 대한 정치권력의 직접적인 통제와 간섭이 약화되었다는 점은 분명 민주주의의 '진전'이었다. 언론사 노조가 결성되고 방송민주화 투쟁이 벌어진 것도 국민적 항쟁이 가져다준 성과였다. 뿐만 아니라 6월항쟁은 전두환 정권이 만들어놓은 언론구도에 균열을 일으킬 수 있는 공간을 열어주었다. 바로 이 공간에서 '새 언론', 한겨레신문이 탄생할 수 있었다.

해직기자들에게 새로운 언론, 명확히 말해 새로운 신문을 창간하는 것은 한결같은 꿈이었다. 언협이 창립 당시부터 '새 언론 창설'을 목표로 내걸고, 「말」지 창간호 등을 통해 이를 거듭 천명한 것도 해직기자들의 열망이 무엇이었는지 보여준다. 6월항쟁으로 '새 언론'을 창간할 수 있는 조건과 분위기가 만들어지자 해직기자들 사이에서 본격적인 움직임이 일어났다. 정태기 조선투위 위원장이 중심이 되었다.

1987년 7월 초 정태기, 이병주, 리영희, 임재경이 만난 자리에서 새 언론 창간 논의의 물꼬가 트인다. 정태기가 새 언론 창간을 적극적으로 주장했고, 이병주 동아투위 위원장이 '국민주 캠페인' 아이디어를 내놓았다. 임재경은 송건호 의장을 만나 상의할 것을 제안했고, 이들은 송 의장을 찾아가 창간 작업에 나서 줄 것을 부탁한다.

송 의장이 이 문제를 동아·조선투위, 언협과 협의해줄 것을 당부하면서 논의는 좀 더 확장된다. 7월 중순 언협 사무실에서 회의가 열려 동아투위, 조선투위, 80년 해직언론인의 대표격인 해직기자들 10여 명이 만났다. 이후 정태기, 이병주, 김태홍이 중심이 되어 '새언론창설연

한겨레신문 창간 준비 회의 모습. 이병주, 임재경, 성유보, 박우정, 이종욱, 권근술, 신홍범 등(테이블 뒤 왼쪽부터 시계방향 순)

구위원회'가 만들어졌고, 새 언론 창간 논의는 본격화되었다. 10월에는 새 신문 창간발기인대회가 열렸고 11월부터 시민 모금활동이 시작됐다. 목표는 50억. 국민의 관심이 엄청났지만 50억은 적지 않은 액수였다. 게다가 12월 16일 대통령선거에서 김영삼, 김대중 양 김씨의 분열로 노태우가 당선되고 말았다. 새 신문 창간이 좌절될지 모른다는 위기감이 감돌았다.

그런데 대통령선거에서 민주진영의 패배는 역설적으로 한겨레신문 모금에 기폭제가 되었다. 수많은 사람이 대선 패배의 절망감을 딛고 새 신문 창간에서 희망을 찾으려 했다. '민주화는 한판의 승부가 아닙니다-허탈과 좌절을 떨쳐버리고 한겨레신문 창간에 힘을 모아주십시오'. 한겨레 창간 사무국이 12월 23일 내놓은 모금광고가 나가자 모금

한겨레신문 발기 선언대회에서 안건심의를 진행하고 있는 김태홍

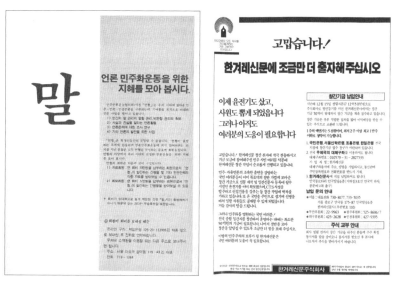

「말」 21호 한겨레신문 창간 기금 광고

액은 급증했고, 대선 이후에만 40억 원이 모였다. 1988년 2월 목표금액 50억이 달성됐다.

그리고 1988년 5월 15일. 마침내 '새 언론', 한겨레신문이 세상에 나왔다. 권력, 자본으로부터 자유로운 세계 유일의 국민주 신문으로. 한겨레신문의 탄생은 6월항쟁의 최대 성과였고, 언론운동을 포함한 민주화운동 진영의 쾌거였다. '민족·민주·민중언론'을 창설하겠다는 언협의 목표도 이루어졌다.

송건호, 임재경, 성유보, 성한표, 김태홍, 홍수원, 박우정, 박성득 등 언협 창립부터 주축이 되었던 해직기자들 대부분이 한겨레신문으로 갔다. 송건호 의장이 한겨레신문 초대 대표이사 겸 발행인을 맡고, 성유보 초대 사무국장이 한겨레신문 초대 편집위원장을 맡는 등 언협의 해직기자들은 한겨레신문에서 중요한 역할을 했다.

그렇다면 언협은 누가 이끌 것인가? 그리고 무엇을 할 것인가?

이런 고민은 1987년 새 언론 창간 움직임이 일어났을 때부터 시작된 것이라 할 수 있다. 언협과 「말」지의 진로에 대해 해직기자들과 학생운동 출신 젊은 실무자들의 입장은 미묘하게 갈렸다. 물론 젊은 실무자들의 입장도 모두 같은 것은 아니었다. 해직기자들은 사실상 언협이 시대적 소명을 다했다고 보고 새 언론 창간운동에 주력했다. 한겨레신문 창간이 구체화되고 해직기자들이 대부분 창간 준비 작업에 참여하면서 언협 내부의 고민은 커질 수밖에 없었다. 특히 언협에 남은 젊은 실무자들은 조직의 진로와 개인의 진로를 함께 모색해야 했다.

게다가 대선 패배는 새 언론 창간을 위한 모금에는 기폭제가 되었지만 언협과 「말」지에는 치명적이었다. 양 김씨가 단일화를 이루지 못하는 가운데 민주화운동 진영도 김대중에 대한 '비판적 지지론'과 '후보

한겨레신문 창간호

단일화론'으로 쪼개졌다. 분열과 그에 따른 패배는 국민에게 야당뿐 아니라 민주화운동 진영 전체에 대한 실망으로 이어졌고, 이런 분위기 속에서 「말」지는 판매부수가 급락했다. 언협과 「말」지의 앞날을 두고 여러 논쟁이 일어났다.

"「말」지는 민주언론운동의 성과였고 나름의 '브랜드파워'를 갖고 있었다. 그런 「말」지를 변화된 상황에서 어떻게 이끌어가야 하는지가 쟁점이었다. 합법 공간에서 「말」지의 역할은 무엇이냐, 「말」지는 어떤 방향으로 나가야 하나, 한겨레신문이 창간되면 그리로 가는 것이 맞느냐, 한겨레신문과 합병을 해야 하는 것이냐 등등. 여러 가지 고민이 나왔다."[113](김태광 「말」 기자)

"일부는 합법 공간이 열렸고 일간지가 생기면 당연히 거기서 일을 해야 한다고 생각했다. 또 다른 쪽은 다 가버리면 「말」지는 누가 만드 느냐, 일정한 영향력을 갖고 있는 「말」지를 지켜야 한다고 주장했다. 한 겨레신문으로 가는 문제를 놓고 서로 얼굴을 붉히기도 했다. 결국 이 문제는 상당 부분 개인의 결정에 따랐다."[114](한승동 「말」 기자)

뜨거운 쟁점 가운데 「말」지의 합법화 문제도 있었다. 다수는 정기간 행물법에 따라 합법매체로 등록하자는 의견이었다.

"「말」지를 합법화할 것이냐 말 것이냐를 두고 논쟁이 붙었다. 나와 최민희 기자가 합법화를 반대한 것으로 기억한다. 돌이켜보면 결과적 으로 합법화 주장이 옳았다. 하지만 그때는 '아직 봄이 오지 않았다'고 생각했다. 언제 다시 겨울이 올지 모르는데 섣불리 합법화의 길로 가 는 것은 오히려 위험하니 당분간 비합법으로 있자고 판단했다."[115](이근 영 「말」 기자)

"1988년 1월부터 「말」지 기자로 일했다. 당시 한겨레신문은 창간 준 비 과정에 있었고 해직기자 출신들이 대부분 그쪽으로 갔더라. 「말」지 에 '새로운 피'가 필요해서 기자들을 새로 뽑은 것이다. 그때까지 「말」 지는 '불법매체'였다. 「말」지 합법화 여부가 논쟁이 됐는데, 나는 합법 화를 주장했다. 대중들에게 좀 더 신뢰감, 책임감을 갖고 다가가야 한 다고 생각했기 때문이다. 내 기억으로는 반대가 세지 않았다. 다만 합 법화한다 해도 얼마 못가 불법화시키지 않겠느냐 하는 우려가 나왔던 것 같다."[116](오연호 「말」 기자)

---

113. 김태광 인터뷰, 2014년 7월 16일.
114. 한승동 인터뷰, 2014년 7월 8일.
115. 이근영 인터뷰, 2014년 7월 3일.

토론과 논쟁의 과정을 거쳐 언협은 「말」지를 합법매체로 등록하기로 결정했다. 젊은 실무자들은 「말」지에 남거나 한겨레신문으로 가거나 또는 제3의 길을 선택했다. 새 언론 창간과 함께 언협도 새로운 길을 개척해야 했다.

새로운 길

1988년을 기점으로 해직기자들이 주축이 된 '민언련 제1기'는 사실상 끝났다. 물론 해직기자들은 여전히 언협 회원이었고, 김태홍 사무국장의 경우는 한동안 한겨레신문과 언협 양쪽에서 활동하기도 했다. 그는 한겨레신문 대표이사가 된 송건호 의장을 대신해 2월부터 「말」지의 발행인 역할을 맡았다. 그러나 언협을 이끌었던 해직기자 대부분이 한겨레신문으로 활동의 중심을 옮겼다. 언협은 중심 세력이 교체되는 일종의 과도기 상태를 맞았다. 조직이 불안정한 상황에서도 「말」지만큼은 월간으로 계속 발행됐다.

1988년 5월 동아투위 해직기자로 출판계에 몸담고 있던 정동익이 언협 의장을 맡게 된다. 정동익 의장 주도 아래 「말」지를 합법매체로 등록하는 절차가 진행됐고 기자들도 추가로 채용되었다. 1989년 2월 「말」지는 정기간행물 등록을 마치고 3월부터 월간 「말」로 발행되기 시작한다. 비합법 저항매체가 '합법 잡지'로 변모한 것이다.

「말」지의 합법화 추진은 언협과 「말」지의 근본적인 관계변화를 내포

---

116. 오연호 인터뷰, 2014년 7월 18일.

하는 선택이었다. 정동익 의장이 언협의 대표이자 「말」지의 발행인이었지만 월간 「말」은 언론운동단체 언협과 별개의 조직으로 분화되어 간다. 언협에는 언론운동단체로서 새로운 역할을 모색하는 과제가, 「말」지에는 합법매체로 시장에서 살아남아야 하는 과제가 떨어졌다. 「말」지의 합법화가 추진되는 과정에서 언협은 「말」지의 발행기관으로서나 운동조직으로서 주도적 위상을 갖지 못했다.

"당시 반합법운동단체로서의 언협은 월간 「말」의 합법 매체시장 진입에 대해 아무런 조건이나 단서도 달지 않았다. 이미 공동화의 길에 들어간 언협의 해직 선배들과 초창기 실무진들이 사실상 손을 놓고 있었던 상태였고(물론 본의는 아니지만), 남은 실무자들만으로는 월간 「말」이라는 매체 하나를 만들어가기도 버거운 실정이었기 때문일 것이다. … 초기에 「말」지의 합법매체 정착에 온 힘을 기울였고, 어른들이 떠난 터라 상대적으로 언협의 발걸음은 더딜 수밖에 없었다. 우선은 단체로서의 명맥을 이어나가며, 연대활동에서 요구되는 일도 추슬러야 했다."[117]

다행히 「말」지는 월간지로 안착하는 데 성공했고 언협도 조직을 재정비해 새로운 언론운동을 준비한다. 언론운동단체 민언련의 '제2기'가 시작된 것이다.

---

117. 김택수, '민언련 야사-새 일꾼 수혈, 대학언론인의 투신', 「시민과 언론」, 2002년 11·12월호.

젊고 의롭게 빛나던 그때 그 사람들

임재경_전 한겨레 부사장/언론인

36년생인 나는 여든을 넘긴 지 두 해째를 맞았다. 61년 봄 조선일보 견습기자로 출발해 평생 글쓰기를 업으로 삼았으나 이제 읽고 쓰는 일이 힘에 부친다. 그래도 민언련 역사의 앞자락을 책으로 펴낸다고 하니 희미해진 기억을 가다듬어 몇 자 보태려 한다. 다행히 2008년 한겨레신문 20주년을 맞아 '길을 찾아서'를 연재했고, 팔순이 되던 2015년에 회고록 『펜으로 길을 찾다』를 출간한 덕분에 70~80년대 기억이 아주 깜깜하지는 않다. 돌이켜보니 언협이 만들어진 지 30년이 넘었다. 늦은 감이 없지 않지만 이제라도 공식적인 역사를 기록하는 일을 보게 되어 기쁘다.

언협이 만들어진 84년 12월 당시에 나는 '취업 불가' 상태의 떠돌이 글쟁이었다. 80년 전두환 신군부는 김대중내란음모사건을 날조하면서 나를 이른바 '김대중 내각'의 한 명으로 엮어 넣었다. 이 일로 나는 한국일보 논설위원직에서 파면되었을 뿐 아니라 어디에서도 받아주지 않는 신세가 되었다. 그런 내가 여기저기 기웃거리지 않고 나름대로 지조를 지킬 수 있었던 것은 여러 벗들의 도움 덕분이었다. 84년 8월 백낙청은 내게 "창비(창작과비평)에 나와 책이나 읽으라"며 불러내어 편집고문이라는 직함과 함께 월급까지 챙겨주고 있었다.

그 시기 언협 결성이 본격적으로 준비되었는데 출범 직전에 작고한 성유보 선생이 나를 찾아왔다. 나에게 언협 공동대표를 맡아달라기에 말미를 좀 달라고 한 뒤 백낙청과 상의했다. 백낙청은 나를 창비로 불러낸 이유가 "한동안 회사 돌아가는 실정을 파악하고 난 뒤 창비의 살림을 맡아 달라고 할 생각"이었다며 난색을 표했다. 창비도 권력에 눈엣가시 같은 존재로 늘 탄압을 받고 있었던 터라 그의 제안을 거절할 수가 없었다. 내가 창비를 맡을 적임자라고 생각하지는 않았지만, 언협에는 나 말고도 인재들이 많았기 때문에 공동대표 자리를 고사했다.

언협에서는 「말」지 기사를 쓰는 '열성회원' 정도로 남았는데 성유보 선생의 제안을 고사하면서 약속한 일이었다. 그때 「말」지는 필자 이름을 밝히지 못하고 기사를 실은 탓에 내가 어떤 기사를 몇 번이나 썼는지 정확히 기억나지 않는다. 기록을 제대로 할 수 없던 시절이었으니 어쩔 수 없는 일이다. 아마도 경제기사를 주로 썼을 것이다. 「말」지 기고와 함께 성유보 선생에게 약속한 다른 한 가지는 「말」지 인쇄에 필요한 자금 조달에 힘을 보태겠다는 것이었다. 하지만 그 일에는 이렇다 할 성과를 못 냈던 것 같다.

「말」지 자금 조달에는 다른 분들이 기여했는데, 그중 한 사람이 백기범 씨다. 그는 언협이 초창기 물적 토대를 마련하는 데 큰 도움을 주었다. 나와는 조선일보 선후배로 인연을 맺었는데 이른바 '63세대'에 속한 후배였다. 내가 조선일보에 입사한 지 4~5년 뒤부터 박정희 정권의 한일협정 반대 데모를 하다 유치장에 드나들던 패들이 언론계에 들어왔다. 나는 이들에게 무언가 미안한 마음을 품고 있었다. 선배들

앞에서도 전혀 기죽지 않았던 나였으나 서슬 퍼런 박정희에 맞섰던 그들의 행동력 앞에서는 왠지 작아지는 느낌이 들었다. 언협 초대 사무국장을 맡았던 성유보, 보도지침 폭로로 옥고를 치른 신홍범 등이 모두 '63세대'였으니 언협에서도 '63세대'의 활약은 빛났다 할 수 있을 것이다.

「말」지를 만드는 일에는 김도연(문학평론가, 작고), 김태홍(합동통신 해직기자, 한겨레 제작이사, 17대 국회의원 역임, 작고), 박우정(경향신문 해직기자, 한겨레 편집국장·논설주간 역임), 홍수원(경향신문 해직기자, 한겨레 편집부국장·논설위원 역임) 등이 애써주었는데, 그중에서도 인쇄, 배포 등의 궂은일은 20대 학생운동 출신 간사들이 해주었다. 나는 이 친구들과 비교적 자주 어울렸는데 초기의 간사들 최민희(민언련 사무총장, 19대 국회의원 역임), 정수웅(사업), 정의길(한겨레 국제부문 편집장), 권오상(한겨레 스포츠부문 부장대우), 김태광(회사원), 허정화, 후기의 정봉주(통합민주당 국회의원 역임), 한승동(한겨레 문화부문 선임기자)은 모두 가명을 썼다. 간사들 외에 「말」지 초창기의 판매를 비롯한 험한 일을 맡은 배시병(출판사 경영)도 꼭 기억해야 할 숨은 공로자다. 그는 어렵게 만들어낸 「말」지를 한 부라도 더 많은 사람들에게 읽히도록 백방으로 뛰어다녔다. 「말」지 초기를 기억하는 분들 중에서도 김판수 씨를 아는 이가 많지 않을 것 같아 그에 대해서도 몇 자 기록해두려 한다. 김태홍 사무국장의 대학동창인 김판수 씨는 69년 영국 유학 중에 조작간첩 사건으로 억울한 옥살이를 하고 나와 오퍼상으로 생계를 잇고 있었다. 그런 처지였는데도 민주화운동에 미력이나마 기여하고 싶다며 자기 차를 갖고 와 「말」지의 '수송'을 도왔다.

일선에서 고생한 후배들과 달리 「말」지에 글이나 쓰던 내가 언협 일에 발 벗고 나서게 된 것은 보도지침 폭로 이후였다. 본문에도 잘 나와 있듯이 보도지침 폭로로 언협은 엄청난 탄압을 받았다. 간부들 다수가 수배를 받았고 김태홍 2대 사무국장, 신홍범 실행위원은 보도지침을 전달한 김주언 기자와 함께 구속되었다. 나는 86년 연말부터 공덕동 언협 사무실에서 구속자 석방을 요구하는 농성을 벌이는 한편으로 재판을 지원하는 일을 하게 되었는데, 그중에서도 외국 언론을 상대하는 데 주력했다.

당시 한국 민주화운동에 대한 외신의 관심은 어느 때보다 높았다. 앞서 86년 2월 필리핀에서 독재자 마르코스를 몰아낸 '피플 파워' 시위가 벌어졌는데, 한국에서도 이와 유사한 사건이 일어나지 않을까 주목하고 있었던 것이다. 반면 전두환 군사정권 측에서는 88서울올림픽을 앞두고 '한국의 언론자유가 탄압받고 있다'는 사실이 해외에 알려지는 것을 극도로 경계하고 있었다. 보도지침 사건을 외신에 제대로 알리는 것은 전두환 정권의 실체를 폭로하고 한국 국민이 민주주의를 싸우고 있음을 알리는 일이었다.

만나자는 외신기자들은 무조건 만날 필요가 있었다. 그때 인터뷰를 했던 외국 매체를 일일이 기억하기는 힘들다. 프랑스의 르 몽드, 영국의 맨체스터 가디언, 독일의 통신사 DPA, 홍콩에서 나오는 영자지 Far Eastern Economic Review 미국 주간지 「Newsweek」 등은 확실하게 기억할 수 있다. 르 몽드는 기자 이름이 도미니크 바루슈Dominique Barouche였던 것까지 기억이 난다.

외신을 통해 보도지침 사건이 알려지면서 해외 단체 쪽에서도 찾아오는 이들이 많았다. 떼르데좀Terre des Homme라는 스위스 국제인권단체, 에카데EKADE라는 독일 기독교단체, 우리로 치면 민주노총 금속노조쯤 되는 독일의 산별노조IG Metall 등이다. 이들은 물질적 지원까지도 제안했지만 언협이 비상상황일 때 백의종군한 처지에서 이를 선뜻 수락할 수 없어 정중히 거절하곤 했다. 이처럼 여러 해외 단체들이 보도지침 탄압을 규탄하고 언협에 연대를 나타냄으로써 전두환 정권은 국제적으로 정당성을 상실하게 되었다.

86년 말에서 87년 초에 이르는 나의 백의종군 시절에 든든한 동지는 최민희였다. 그는 해직기자 중심의 언협이 시민단체로 확대 개편되기까지 15년 간 언협을 지킨 여장부로 보도지침 폭로 후 그야말로 쑥대밭이 된 언협 사무실을 꿋꿋하게 지키며 나와 동고동락해주었다. 보도지침 재판이 진행되던 중에 그가 「말 소식」을 찍어 널리 뿌리자는 아이디어를 내고 나를 부추기는 바람에 언협은 「말」지에 더해 「말 소식」까지 만들어야 했던 것으로 기억한다.

돌아보니 수많은 일들이 앞뒤가 뒤엉켜 스쳐지나간다. 언협을 만들고 「말」지를 제작했던 젊고 의롭고 빛나던 사람들은 이제 중년을 넘어 노년에 이르렀거나 노년으로 나아가고 있으며 일부는 안타깝게 먼저 세상을 등졌다. 세세하게 기억할 수 없다 해도 그들과 함께했던 시절이 더없이 보람되었고 그립다.

우리는 '시민'과 함께
지금의 언론을 바꿀 수 있다

신홍범_전 조선자유언론수호투쟁위원회 위원장/출판인

올해로 민주언론시민연합(이하 민언련)이 창립된 지 33주년이 된다. 민언련의 전신인 민주언론운동협의회(이하 '언협')가 창립된 것은 1984년 12월이었다. 어둡고 추운 시절이었다. 사람들은 그 시대를 '암흑시대'라 부르기도 한다. 많은 사람들이 잡혀 들어가 고문당하고 감옥으로 갔다. 말을 하게 되어 있는 사람이 자유롭게 말을 할 수 없었다. 전화도 도청되어 맘 놓고 통화할 수 없었다. 감시와 미행이 일상화돼 있었다. 언론은 재갈이 물린 채 죽어 있었다. 여러 신문이 있었지만 기사의 내용도 위치도 크기도 제목도 똑같았다. 마치 캄캄한 터널 속에 갇혀 있는 것 같았다. 터널이 언제 끝날지 알지 못한 채, 그 끝에 있을 빛을 기다리며 살아가고 있었다.

이런 시대에 민언련은 탄생했다. '동아투위', '조선투위', '80년해직언론인협의회', '진보적 출판인'이 힘을 모아 죽어 있는 언론을 살려내보자는 것이 창립 목표였다. 세 단체가 각기 자기 나름의 언론 민주화운동을 하고 있었지만, 세 단체가 연대하여 힘을 모으면 더 큰 힘을 발휘할 수 있으리란 것이 창립 동기였다.

이렇게 시작된 민언련이 오랜 세월 온갖 풍상을 견뎌내고 지금도 힘차게 활동을 계속하고 있으니 경이롭다. 우리나라에서 30년 이상의 역사를 지닌 운동단체는 몇 손가락으로 꼽을 정도인데, 창립 당시 이 단체가 이렇게 오랜 역사를 갖게 되리라고 생각한 사람은 거의 없었을 것이다.

　민언련의 이런 역사와 힘은 어디에서 온 것일까? 어떻게든 언론의 자유를 쟁취하여 이 땅에 언론다운 언론을 세워보겠다는 '간절한 염원'이 가장 큰 힘이 되지 않았을까? 당시의 '언협' 회원들은 모두가 언론 현장에서 강제로 해직당한 사람들이었으므로, 죽어 있는 언론을 어떻게든 되살려 놓아야 한다는 간절한 열망을 품고 있었다. 그들은 언론이 군사독재의 군홧발 아래 어떻게 짓밟히는가를 직접 체험하면서 추방당했기 때문에, 언론의 자유야말로 언론의 생명이라는 것을 조금도 의심할 수 없었다. '언론의 자유'는 결코 추상적인 것이 아니었다. 참된 언론이야말로 민주주의와 인간해방의 가장 중요한 기초요 열쇠라는 것이 그들의 일치된 신앙이었다. 「말」의 창간과 이를 통한 언론 활동도, 한겨레신문의 창간도 이런 간절한 염원의 결실이었다고 생각한다.

　회원 간의 강한 정서적 연대도 큰 힘이 되었을 것으로 생각한다. 부당하게 박해당하는 사람들이 함께 느끼는 연대감과 연민을 우리는 공유하고 있었다. 나는 '조선투위'에 속해 있었지만, 아주 오랜 동안 내 의식 속엔 동아투위와 조선투위의 사이에 별 차별이 없었다. 당시는 '동지애'가 '형제애'와 같다는 것을 많은 사람들이 함께 체험했던 시대였던 것 같다. 가혹한 노동조건 아래서 신음하던 동일방직의 어린 노동자들이 인권을 주장하다가 똥물을 뒤집어썼을 땐 많은 사람들이 그들을 가여운 여동생으로 여기며 분노했다. 데모하다 잡혀가는 학생들도 동생이나 다름없었다. 회원 간의 이런 일체감과 연대는 그 이후에도 이어져 민언련의 전통이 되었다고 생각한다. 민언련이 박해를 당할 때마다 회원들은 서로에게 의지할 수밖에 없었을 것이다. 가혹한 조건 속에서 일했던 활동가들의 고달픈 삶도 '연민의 정'으로 서로를 연대케 했을 것이다.

　민언련이 회원들의 회비로 그 어려운 세월을 견뎌왔다는 것도 놀라운 일이다. 초창기 해외의 민주화운동 지원단체로부터 도움을 받은 것(예컨대 Terre des hommes-'인간의 대지'라는 단체로부터 도움을 받았다) 외에는 이제까지 자력으로 조직을 유지해온 것으로 나는 알고 있다. 한동안 「말」지를 팔아 운영자금을 조달했으며, 이 잡지가 발행을 중단 후에는 오로지 회비로 살림을 꾸려온 것으로 알고 있다. 이처럼 자력으로 자신을 지탱해온 조직의 '순결성'은 민언련의 반언에 힘과 권위를 부여한 큰 힘이 되었다고 생각한다. 지금은 회원 수가 약 6,000명에 이른다고 하니 얼마나 놀라운가?

　이것은 민언련 운동에서 '시민'이 가장 중요한 주체가 되었다는 것을 뜻하며, 앞으로 가야 할 운동방향을 가리켜주는 것이라고 생각한다. 우리는 시민의 힘이 얼마나 위대한가를 광화문 촛불 집회에서 실감나게 체험했다. 그래서인지 앞으론 언론도 시민의 힘으로 바꾸어놓을 수밖에 없다는 생각이 더욱 힘을 얻는 것 같다. 언론의 정상화와 민주화는 우선 언론계에 몸담고 있는 사람들이 먼저 실천해야 할 일이고, 그들이 그렇게 하도록 각성시키는 것이 언론운동단체들의 과제임은 더 말할 것이 없다. 하지만 지난날 그 한계를 너무 많이 보아왔기에 이젠 시민의 힘으로 언론을 바꾸어 놓을 수밖에 없는 것 아니냐는 생각이 더욱 힘을 얻고 있는 것 같다.

이제는 이른바 '제도언론'이 거의 완성 단계에 들어가, 보수언론의 경우엔 기자가 스스로 자신에게 '보도지침'을 내리고, 자기 기사를 스스로 검열하는 지경에 와 있다. 그렇게 된 지 오래다. 거대한 공영방송 조직이 낙하산 인사 몇 사람에 의해 거의 절대적으로 지배당하고 있는 나라가 우리 말고 또 있는지 모를 지경이다.

'제도언론'이란 한 나라의 지배체제(세력)와 언론이 하나가 되어 있는 것을 가리키는 말이다. 국민의 대다수를 이루는 민중을 외면한 채 정치권력, 경제(자본)권력과 이해관계를 같이 하며, 그들과 한통속이 되어 있는 언론을 말한다. 그러기에 제도언론은 언제나 권력을 대변하며 옹호한다. 그리고 그들과 연대하여 또 하나의 최고 권력이 되어 있다. 그들은 자신들이 대통령도 정권도 능히 만들 수 있고 바꿀 수 있으며, 권력을 조종할 수 있다고 생각한다.

이런 제도언론, '프로파간다 언론', 사이비언론을 타파하여 진짜 언론을 만들어보자는 것이 군사독재 이래 오늘에 이르기까지 계속되고 있는 우리 언론운동의 과제다. 촛불의 힘이 보여주었듯이 우리 시민들은 이런 언론도 바꾸어놓을 힘을 갖고 있다고 나는 믿고 있다. 거짓 언론으로 하여금 두려워 떨게 할 힘을, 그들을 시민의 이름으로 퇴출시킬 힘을 갖고 있다고 믿고 있다. 그것이 시민과 함께 민주언론'시민'연합이 이제까지 해온 일이고, 앞으로도 더욱 힘차게 추진해야 할 과제라고 나는 믿는다.

한국 언론의 숙제가 된
'편집권 독립' 문제

홍수원_언론인

　편집권의 독립성을 확보해야 한다는 과제는 언론계의 오랜 숙제로
남아 있다. 유신독재가 기승을 부리던 1970년대는 물론, 오늘날까지도
이 문제는 여전히 언론계가 끊임없이 추구하고 적절한 해결 방안을 모
색해야 할 과제이다. 그러나 외부의 편집권 침해에 대한 언론인들의 인
식은 그동안 얼마 간의 변화를 겪었다. 1970년대만 해도 편집권에 간섭
하고 그 독립성을 훼손하는 외부 요인은 정치권력이었다. 긴급조치를
앞세운 박정희 독재정권의 언론탄압은 무지막지했다. 민감한 부분을
비판적으로 다뤄 권력의 비위를 거스르는 일선기자들은 직접 연행, 조
사해 구속하는가 하면, 편집 책임자를 끌고 가 굴욕적인 방식으로 재
발 방지의 다짐을 받아내기도 했다. 이 같은 언론탄압이 언론자유수호
운동과 자유언론 실천선언으로 이어졌음은 널리 알려진 바와 같다.

　그즈음 언론자유를 수호하기 위해 안간힘을 다하던 일선기자들은
정치권력의 직접적인 탄압이나 억압은 물론, 언론사 경영주를 통한 간
접적인 통제에 저항할 수 있는 방안을 모색하는 데도 많은 고민을 거
듭했다. 즉 경영주가 인사권을 통해 기자들을 통제하게끔 만들기 위해

정치권력 쪽에서 다양한 형태의 압박과 회유를 이어가고 있어 이에 대응하는 방법도 찾아야 했던 것이다. 그런 방안 중 가장 실효성이 높은 것이 언론노조 결성이었다. 그에 따라 1974년 봄 동아일보 노동조합이 출범한 데 이어 한국일보 노조도 결성되었다. 이런 움직임은 한국 언론의 획기적인 사건이라 부를 만했다. 그런데 언론사 경영진의 반응은 대체로 예상한 대로였지만 그 대응은 매우 신속했다. 동아일보 사측은 헌법의 뒷받침을 받는 단결권 등 노동자의 노동 3권을 유린한 채 노조 설립을 신고한 그다음 날로 임원 전원을 해고해 노조를 무력화하려 했다. 다시 행정관청은 노조 설립신고서를 반려하고, 법원은 임원이 모두 해고되었으니 노조로 인정할 수 없다는 경영진의 주장을 그대로 받아들였다.

당시 적잖은 일선기자들은 노조를 결성해 합법의 틀 안에서 경영주의 부당한 인사권 행사에 맞섬으로써 자본이나 경영 쪽을 우회한 정치권력 쪽의 언론 간섭이나 억압 또는 편집권 침해를 막아보려 했다. 그러나 노조 결성은 권력 쪽의 이런 간접적 압박에 대처하는 수단이 되기에 앞서, 노사간의 본원적 대립 관계에 따른 사측의 강경대응을 불러옴으로써 많은 희생과 무리한 결과를 낳았다. 동아일보에서는 노조결성과 정부의 광고탄압, 자유언론 실천운동 등과 관련해 1975년 봄 130여 명의 기자와 PD, 아나운서가 무더기로 해고되었고, 조선일보에서도 30여 명이 희생되었다. 한국 언론에 깊은 상흔을 남긴 첫 번째 비극이었다.

그 이후 궁정동 안가에서 울려퍼진 몇 발의 싸늘한 총성으로 유신체제가 허물어지기까지 한국 언론은 암흑 속에 갇혀 있다시피 했다. 그 이후 국민 대다수의 민주화 열망을 짓밟고 등장한 전두환 정권은 이른바 언론 정화와 통폐합을 앞세우며 비판적, 저항적 언론인을 중심으로 1,000명에 가까운 일선기자와 간부들을 신문, 방송, 통신사에서 몰아냈다. 그 이후 유신독재와 마찬가지로 직·간접적인 언론통제와 탄압을 이어나갔음은 물론이다.

이런 상황에서 1984년 말 동아·조선자유언론수호투쟁위원회와 80년해직언론인협의회 등 3개 해직언론인 단체 회원들이 출판문화운동협의회와 함께 민주언론운동협의회를 만들어 제도언론을 극복하고 참다운 민주·민족 언론을 지향하며 민중언론활동 부문과의 연대를 다짐했다. 이런 다짐을 바탕으로 「말」지를 창간해 언론 출판의 자유를 신장시키고자 부단한 노력을 기울이는 한편, 본격적인 언론민주화운동에도 앞장섰다. 그러나 도덕성과 정통성이 결여된 전두환 정권은 제5공화국 출범 이후에도 계속 잠복된 채 꿈틀거리던 국민의 민주화 열망을 억누르기 위해 안간힘을 다했고, 그런 억압 방책의 일환으로 유신독재 못잖은 강력한 언론통제에 나섰다. 이른바 '보도지침'을 통해 국내외 주요 사건에 대한 보도의 방향과 내용, 형식을 통제하는 가이드라인을 매일 모든 언론사에 내려보냈던 것이다. 이쯤 되면 보도지침은 여러 형태의 언론통제 수단 중 하나가 아니라 정치권력 쪽의 가장 중요한 통치 수단이 된 셈이었다.

1986년 가을, 민주언론운동협의회는 기관지 「말」 특집호 형태로 전두환 정권이 1985년 10월부터 1986년 8월까지 각 언론사에 내려보낸 10개월치의 보도지침 약 590여 개 항목을 모두 공개했다. 당시 이 보도지침을 분류, 분석하고 지침 내용이 지면에 어떻게 반영되었는지를 파악하기 위해 유력지를 포함한 4개지의 지면을 일일이 대조, 확인하는 작업에 참여했던 사람으로서 새삼 구체적이고 치밀한 지침 내용에 놀라지 않을 수 없었다. 일반 국민들도 권력순응형 제도언론이란 규정이나 권력의 언론탄압이란 주장 또는 지적을 다소 막연하게, 또는 관념적으로 인식하다가 폭로된 보도지침 내용을 보고는 이 정도일 줄은 몰랐다고 충격적으로 받아들였다. 그만큼 보도지침은 빈틈없는 지시와 충실한 이행 과정 속에서 "없는 것을 있는 것으로, 있는 것을 없는 것으로" 둔갑시키고, "큰 것을 작은 것으로, 작은 것을 큰 것으로" 뒤바꾸는 어이없는 대중조작을 이어나갔다. 이런 지시와 조작을 그대로 따르고 실행한 언론이라면 편집권의 독립성을 내세우는 것조차 터무니없고 부질없다는 느낌마저 든다.

특히 1985년 9월 초부터 20여 일 동안 남영동 대공분실에서 고문기술자 이근안으로부터 혹독한 고문을 받고 검찰에 송치된 뒤 12월 중순께 첫 재판을 받은 당시 민청련 전 의장 고 김근태 씨에 대한 보도지침과 그 수용 실상을 보면 이 땅의 언론이 언론이기를 포기했다는 느낌이 든다. 그가 정치범이 아닌, 보안사범인 만큼 법정에 출두하는 모습을 스케치 기사로 다루거나 사진을 쓰지 말고 공판 사실만 1단으로 처리하라는 지침에 따라 모든 언론은 고문 사실을 폭로하는 그의 처절한 진술을 깡그리 외면했던 것이다.

그러나 10개월간의 보도지침 내용 중 가장 포괄적이면서도 가장 추악하고 또 제도언론에 씻을 수 없는 치욕을 안겨준 것은 1986년 7월 17일에 '시달'된 '부천서 성고문 사건'과 관련된 7개 항의 보도지침이었다. 이 지침은 1항부터 언론을 능멸했다. 검찰이 발표한 수사 결과와 내용만을 보도하라는 것이다. 2항에서는 사회면에 실으라고 지면까지 배정하는 친절을 베푼다. 꼭 발표 전문을 실으라고 당부한 3항에 이어 6항에서는 행여 언론의 개별적인 취재 내용이 보도될 것을 걱정해 발표 내용 이외에 독자적인 취재 내용은 보도하지 말라고 단단히 못을 박는다. 객관적이고 공정한 보도와 올바른 논평이라는 언론의 기본적인 사명을 깡그리 부정하는 지침이다. 그럼에도 이날 조·석간 6개 신문은 일제히 검찰의 조사결과 발표 전문만을 사회면 톱기사로 싣고 제목은 '성추행'이 아닌, "검찰, '성모욕 없었다'"로 뽑았다. 또 모든 신문은 이 사건에 대한 공안당국 분석자료를 싣고 "혁명 위해 성까지도 도구로 사용"이란 제목을 달았다. 이처럼 제도언론은 파장이 큰 민감한 사건이나 사태일수록 그와 관련된 보도지침의 내용은 한 치도 어김없이 충실하게 따랐다.

한편 1987년 6월항쟁으로 민주화 열망에 숨통이 트이고 언론의 자유가 다소 신장되면서 국민의 소리와 민족의 양심을 대변하는 바르고 용기 있는 새 언론을 만들어야 한다는 움직임이 활발하게 전개되었다. 특히 이런 새 언론은 편집의 독립성을 확보하기 위해 자본 구성면에서 국민주 모집이라는 획기적인 방식을 채택해야 한다는 주장이 제기되었다. 지금까지 언론사는 특정 개인이나 소수의 주주가 사주 또는 경영진으로 나서 자신의 이익을 좇아 움직이는 경우가 많았고 또 경영권의 일부라는 인사권을 휘둘러 편집권에 간섭하는 일도 잦았다. 모두 영리적 목적과 연관된 사주의 의사나 방침을 관철하기 위한 행태였다. 이런 언론사 사주와 경영진은 정치적 또는 정책적 목적에 따라 움직이는 권력에 예속되기 쉬었고 그 결과 '권언복합체'라는 괴물이 등장하게 되었던 것이다. 이런 상황을 막기 위해 언론사 자본 구성의 획기적 변환을 모색한 것이 시민의 주주화, 즉 주식의 광범한 분산을 통해 대주주의 등장을 막고, 자본과 경영의 분리는 물론, 편집도 경영과 분리해 독립성을 확보할 수 있게 하자는 것이다.

이러한 취지의 자본 구성으로 창간된 한겨레신문은 수많은 '주주의 독자화'라는 망외의 이득까지 기대하면서 출범했지만 창간 초기에는 또 다른 걱정거리를 떨쳐버릴 수 없었다. 자본 구성의 획기적 변환으로 경영주를 통한 정치권력 쪽의 간접적인 편집권 침해 사례는 막을 수 있겠지만 광고 집행을 통한 경제권력, 즉 대기업의 음성적인 편집권 간섭 움직임은 막기 어려울 것이란 걱정이었다. 광고 매출은 예나 지금이나 언론사 전체 수입의 70~80%를 차지하는데, 의존도가 이처럼 높은 만큼 광고 집행을 통한 대기업의 편집권 침해 위험성은 그만큼 크다고 하겠다. 그러나 창간 작업에 참여하고 편집과 경영 양쪽에서 몇 해 동안 일한 필자로서는 30년 가까운 세월이 흐른 지금까지 한겨레신문이 경제권력의 막강한 압박을 잘 이겨내고 있는 것을 보면 창간 초기의 이런 걱정이 기우가 아니었나 하는 생각이 든다.

밝혀두고 싶은 두 가지 사실

박우정_80년 해직기자 / 출판인

　민주언론시민연합이 '30년사'를 펴내겠다는 결정을 했을 때 나는 사실 반가우면서도 일면 걱정이 되기도 했다. 초기에 언협(민주언론운동협의회)을 이끌던 분들 상당수가 작고하신 데다 기록된 '사료'도 태부족인 형편이고, 특히 언협 초창기를 정확히 복원하기가 쉽지 않으리라는 생각에서였다. 가장 소중하고 정확한 증언을 해줄 송건호 의장과 성유보 초대사무국장, 김태홍 2대 사무국장 등은 벌써 고인이 되셨다. 그런 데다 언협은 살벌한 군사독재 체제에서 벌인 자신의 활동을 역사에 증언할 회의록이나 활동일지, 사진 등을 꼼꼼하게 챙겨야겠다는 의식이 아예 처음부터 없었다. 당연히 언협 활동에 참여했던 분들 가운데 생존하신 분들의 기억에 크게 의존할 수밖에 없을 텐데 그 기억들을 일일이 모아 일목요연하게 정리해내는 작업이 녹록치 않을 것이 분명해 보였다.

　그 어려운 난제를 김유진 이사(전 사무처장)가 아주 탁월하게 해냈다. 나는 그가 작성한 원고를 통독하면서, 동아·조선 투위의 자유언론운동에서부터 시작해 1980년 제작거부운동을 거쳐 언협의 '보도지침'

폭로로 이어지는 우리 언론운동의 역사를 역동적인 한국 최현대사의 굵은 맥락 속에서 명쾌하게 서술할 뿐만 아니라, 특히 언협의 활동을 구체적이고 정확한 사실들을 총망라해 실증적으로 복원해내는 솜씨에 경탄을 금치 못했다. 이 기록은 집단기억에 기초해 작성되고, 초고가 작성된 뒤 관련자들의 교차 검증을 거친 것이어서 객관적 정확성과 신뢰성에서 결정적인 흠을 찾기가 어려울 것으로 생각한다. 그의 노고에 진심으로 경의와 고마움을 표한다.

대부분의 '통사'가 그렇듯이 전체를 구성하는 부분들이 충분히 조명되기는 힘든 법이다. 그것은 통사의 서술 관점에 내재한 한계여서 어쩔 수 없는 측면이 있다. 초기 언협 활동에 참여했던 분들 가운데 민주언론시민연합 30년사 Ⅰ 『민주언론, 새로운 도전』에서 자신과 관련된 부분을 읽고 나름 불만을 가질 분들이 많을 것으로 생각된다. 그러한 빈틈을 보완하기 위해서 '집담회'를 여러 차례 가진 것으로 알고 있다. 그러나 집담회도 한계가 있음은 물론이다. 마지막 방법으로 개인들의 회고담을 부록 형태로 덧붙이기로 한 듯한데, 이 역시 유익한 만큼이나 주관적인 서술이란 점에서 부작용이 있지 않을까 우려된다.

나는 그런 위험을 무릅쓰고 두 가지만을 언급하고자 한다. 첫째는 언협 「말」지 발행에서 내가 맡았던 역할에 관해서, 두 번째는 언협 활동에서 조선투위의 백기범 선배의 역할에 관해서다.

첫째, 「말」지에서 내가 맡은 역할은 2호에서 8호까지 편집책임자였다. 「말」지 창간호 편집에 아주 부분적으로 관여한 기억은 있으나, 실제 편집책임자는 문학평론가였던 고 김도연 씨였다. 창간호가 나온 직후로 기억되는데, 당시 사무국장이던 성유보 선배가 은밀하게 제안한 한마디가 그 후 내 인생의 경로를 결정했다. "(창간호 편집책임을 맡았던) 김도연 씨가 다른 일로 계속할 수 없게 됐으니, 2호부터는 박 형이 맡아주었으면 좋겠네!"

당시 나는 80년 해직기자로서 언협 실행위원이었으나 한편으로는 현대그룹에 취직해 홍보실 시장조사과 과장으로 일하고 있었다. 당연히 「말」지 편집책임을 맡게 되면 직장생활에 리스크가 따를 것이 뻔한 상황이었다. 그러나 대선배인 성 국장의 제안을 도저히 거절할 수가 없었다. 당시 직속 상사였던 현대그룹 홍보실장 백기범 선배와 상의했더니 백 선배도 흔쾌히 허락하고 격려해주었다. 그렇게 해서 지하신문 「말」지 편집장이 됐던 것인데, '편집장'이란 직책 내지 호칭은 공식적인 것이 아니라 편의상 자타가 그렇게 부르면서 굳어지게 된 것이다.

나는 오전에는 회사 일을 하고 오후에는 「말」지 편집장 일을 하는 이중생활을 했다. 당시 현대그룹 홍보실이 속한 현대그룹연수원이 자리한 옛 서울고 건물 뒤켠 나무 그늘 아래 빙 둘러앉아 편집회의를 했던 기억이 새롭다. 최민희, 백호민(현 이근영 한겨레 기자 가명), 김태광, 정형철(정수웅의 가명), 정봉주, 이화영 등이 「말」지 초기 기자들이었다. 몇 개월 뒤에 한승동, 권오상, 정의길(한겨레 전현직 기자) 등이 합류했다. 명색이 언론운동 단체인 언협에서 발행하는 「말」인지라, 취재 편집의 주체도 당연히 해직기자여야 했으나 해직기자들은 당장 가족의 생계를 책임져야 했기 때문에 현실적으로 힘든 일이었다. 자연히 학생운동하다 제적당하거나 감옥 갔다 온 젊은 활동가들이 처음부터 「말」지 취재 편집진의 주축이 됐다. 그들은 운동성이 강했던 만큼 현장 취재는 열심히 했으나, 기사작성에는 서툴렀다. 어떤 기자가 써온 원고는 기사라기보다는 성명서나 격문과 다를 바 없었다. 그런 원고들을 최대한 객관적인 기사문장으로 고치고 지도하는 일이 편집장의 주요한 업무 중 하나였다. 「말」지는 운동권에서만 읽는 것이 아니라 일반 시민들을 상대로 만들어야 했기에 사실에 입각한 객관적인 서술을 강조하지 않을 수 없었다. 젊은 기자들은 그런 훈련을 거쳐 단시일 내에 기사작성 요령을 터득했다. 그렇게 해서 나온 「말」은 운동권뿐만 아니라 일반 시민들로부터도 호평을 받았다. 그들의 열정과 헌신이 없었더라면 당시처럼 엄혹한 상황에서 「말」의 발행은 사실 엄두를 낼 수조차 없었을 것이다. 그들의 노고를 민언련은 잊지 말기를 간절히 바란다.

「말」은 취재 분야와 편집체재를 크게 민족, 국제, 노동, 농민, 도시빈민, 여성, 문화 등으로 구분해 각 기자에게 한 분야를 전담케 했다. 이런 편집체재의 구분은 의미 있는 시도였다. 제도언론은 한결같이 보도 편집 분야를 정치, 경제, 사회, 문화, 체육, 국제 등으로 나누는데, 그것은 지배자의 관점에서 전체 사회를 분할 관리하는 시각이 그대로 반영된 것이었다. 「말」지는 우리 사회의 변혁을 추동하는 주체가 민족, 노동자, 농민, 도시빈민, 여성, 양심적 문화예술인이라 보고, 그들의 대의와 활동을 충실히 대변하는 '새로운 언론'으로서의 형식과 내용을 의식적으로 추구했던 것이다. 나는 주로 민족, 국제문제 기사를 담당했다. 시장조사과에서 미국, 영국, 일본 등의 신문 잡지 등을 구독했는데, 그것들이 「말」지에 실을 민족 국제 기사 작성을 위한 훌륭한 자료로 이용됐다. 정주영 현대그룹 회장이 자신도 모르게 「말」지 제작에 간접적으로 기여했다고나 할까. 「말」의 맨 앞 칼럼인 제언은 송건호 의장이, 매호 커버스토리는 조선투위의 성한표 선배가 주로 썼다는 것을 이 기회에 특별히 밝혀두고 싶다.

이런 식으로 「말」지 8호까지 만들었다. 애초 7호까지 만든 뒤 홍수원 선배에게 편집장직을 넘겨주기로 돼 있었으나, 마침 '보도지침' 자료가 언협에 입수되는 바람에 홍선배는 '보도지침' 편집책임을 맡고 내가 「말」지 8호 편집책임을 맡기로 업무가 분담되었다. 세상을 발칵 뒤집어놓은 '보도지침'이 폭로된 1986년 9월 「말」지와 '보도지침' 편집 및 제작 책임자들이 모두 수배돼 소위 잠수함을 타면서 나의 언협 활동은 일단 종료됐다.

두 번째로, 조선투위 백기범 선배는 초기 언협 활동에 크게 기여했으면서도 제대로 평가받지 못한 전형적인 사례라고 생각한다. 그는 신홍범, 정태기 선배와 함께 조선투위를 주도한 해직언론인으로서 단순히 복직운동에 그치지 않고, 제도언론을 대체할 새로운 형태의 언론 창출이라는 비전을 일찌감치 제시한 사람이었다. 그런 비전을 가졌기에 그는 언협이라는 새로운 형태의 언론운동 조직과, 거기서 발행하는 새로운 형태의 매체인 「말」에 지대한 관심을 갖고 있었다. (그가 그 뒤 한겨레신문 창간을 주도한 정태기 선배에게 자신을 논의에서 배제한 것에 대해 화를 냈다고 들었는데, 새 언론의 비전을 주변에 자주 피력했던 그로서는 당연한 반응이었다고 생각한다.)

그는 현대그룹 홍보실장이라는 신분 때문에 드러내놓고 언협 활동에 관여할 수는 없었으나, 자신이 동원할 수 있는 물적, 재정적인 수단을 동원해 언협과 거기서 일하는 동료 해직언론인들을 힘껏 도와준 사실을 누구도 부인하기 어려울 것이다. 앞서 말한 대로 내가 현대그룹 '과장'이란 현직을 유지한 채 「말」 편집장 일을 할 수 있었던 것은 그의 무조건적인 '비호' 덕분이었다. 언협이 초기 비밀 편집아지트로 사용했던 사무실도 백 선배의 주선에 의한 것이었다. 그는 또한 고 성유보 사무국장을 통해 언협 운영자금을 전달했던 것으로 알고 있다. (이는 성유보 국장이 생전에 어디선가 증언한 바 있다.) 또한 그의 송건호 의장 챙기기는 실로 극진한 바가 있었다. 명절 때마다 꼭 선물을 챙겨 드리는 것을 직접 목격했고 동행까지 한 기억이 있다. 그가 『현대건설 35년사』 편찬 총책임을 맡았을 때는 송 의장에게 일부러 사사 맨 앞부분에 실을 현대사 관련 원고를 청탁해 원고료 명목으로 두둑한 사례금을 전하기도 했다.

그런 백 선배가 언협과 결정적으로 틀어진 계기는 '보도지침' 건이었다. 그는 언협이 '보도지침'을 폭로할 경우 전두환 독재정권에 의해 언협이 혹독한 탄압을 받아 해체될 것으로 보았다. 그는 언협을 키워 그가 꿈꾸는 새언론 창출의 조직적 토대가 되기를 기대했는데, '보도지침' 폭로로 그 꿈이 물거품이 되지 않을까 우려했다. '보도지침' 폭로의 의미를 폄하해서가 아니라 장기적으로 '조직 보호'가 더 중요하다고 여겼기에 '보도지침' 폭로를 격하게 반대했고, 이런 그의 입장은 폭로를 결행키로 한 언협 지도부와 정면으로 충돌할 수밖에 없었던 것이다. 그는 생전에 이 대목에 대해 분명하게 해명하지 않은 채 고인이 되셨다. 그래서 오해도 풀리지 않은 채 그대로 묻혀버렸다.

이제 와서 이런 뒷이야기를 들춰내는 이유는 백 선배의 잘잘못을 가리기 위함이 아니다. 그의 진심이 무엇인지를 지금이라도 밝히는 것이 그와 매우 가까웠고 도움을 많이 받았던 후배로서의 도리라고 생각하기 때문이다.

순수한 열정으로 이어온
언론운동의 치열한 역사, 민언련

최민희_언협 간사 / 전 민주언론시민연합 대표

가끔 그때 그 상황에 그 사람들이 그 자리에 있지 않았다면 나와 내 주변 인생이 어떻게 되었을까 생각해볼 때가 있다. 그런 생각을 하며 고마운 얼굴들을 떠올리다 보면 안도의 숨이 저절로 새어나온다. 우리나라에서 가장 연한이 오랜 시민운동단체 민언련을 생각해도 마찬가지다. 민주언론운동협의회, 민주언론운동시민연합, 민주언론시민연합… 이 이름들을 나열하는 것만으로도 민언련의 걸어온 길이 드러나는데 엄혹한 군부독재 시절 재야언론인단체로 출발해 시민언론단체로 거듭거듭 발전하며 자기 역할을 해온 곳은 민언련이 유일무이하다.

언협은 1984년 12월 창립되어 1985년 6월 「말」지 창간호를 냈고 1986년 9월 '보도지침 특집호'를 내 6월항쟁을 촉발한 한 축이 되었다. 이후 한겨레신문을 창간하기까지가 굳이 분류하자면 언협 전사에 해당한다. 자연스럽게 1988년 한겨레가 창간된 이후부터 시민언론운동단체로 전환되어 지금에 이르기까지는 민언련 후기가 될 거다.

이 책은 민언련 전사에 해당한다. 다행인 것은 이 책이 한국현대사와 민주화운동의 흐름 속에서 언협 활동을 정리했다는 점이다. 민언련

운동사를 책으로 엮는다고 했을 때 내심 걱정이 있었다. 일부 단체들이 관련 책을 발간할 떼 단체활동사에 치우친 내용으로 눈살을 찌푸리게 하거나 '운동의 맥'을 놓쳐 단체 홍보에 매몰된 나머지 품위 없는 내용으로 운동의 격을 떨어뜨리는 경우를 본 적이 있기 때문이다. 무엇보다 언협이 팩트와 객관성·비판정신이 언론의 생명이라 강조하는 해직언론인들이 창립한 단체이고 보면 언협 전사에 요구되는 '완성도' 또한 높은 수준일 수밖에 없다. 이 책은 이러한 관점에서 보아도 어디에 내놓아도 부끄럽지 않을 만큼 서술이 정교하다. 후생이 가외라고 필자 김유진 전 사무처장에게 깊이 감사한다. 고백하자면 원고청탁을 받았을 때 이 훌륭한 서술에 "굳이 덧붙일 게 있을까?"싶었다.

며칠 생각한 끝에 원고를 쓰기로 결정했다. 몇 가지 짚어야 할 것들이 떠올랐다. 탄탄하게 기술된 이 책의 사족이 될 터였지만 사족이면 어떠랴.

유능한 선비정신으로 일궈낸 언론운동의 지평

언협은 해직언론인 선배들이 만든 단체다. 2001년 12월 3일 고 성유보 이사장으로부터 축하 카드를 받았다. "진정한 민주언론운동의 적자, 생일을 축하하오."간략한 글귀였는데 가슴에 깊이 각인되었다. 이후 민언련을 떠나 어디서 어떤 일을 하건 "해직언론인 선배들의 적자"로 존경하는 분들께 부끄럽지 않은 후배가 되기 위해 남몰래 애썼다.

민주화운동 과정에서 해직언론인들은 독특한 위상을 갖는다. 해직교수, 해직교사들도 그랬지만 해직언론인들은 남달랐다. 어느 나라 민주화운동사에서 명실공히 최고 엘리트 집단의 대표라 할 언론사들에서 이렇게 많이 해직된 일이 있었던가.

명성이 높은 민주화운동가들 중 어떤 분들은 함께 일해 보면 실망을 주는 경우가 있었는데 해직 선배들은 거꾸로였다. 「말」지 초기 언협은 그야말로 내실 있는 지도부와 격조 높은 회원을 가진 단체였다. 「말」지 창간호가 세상에 첫 선을 보였을 때 분위기는 말 그대로 '올킬'이었다. 1호 표지가 주는 강렬하며 세련된 디자인부터 대단한 반향을 불러일으켰다.

일부 민주화운동단체 관련자들은 그래도 내용은 별것 없겠거니 하다가 첫 페이지 제언을 보면서 더 야코가 죽었다. 「말」지 제언은 "새 언론 창설을 제안한다"였다. 언론을 바로 세우겠다 거나 제도언론 규탄을 전면에 내세웠다면 아마 식상했을 것이다. 누구나 어떤 단체나 하는 말이었으니까. 일터에서 쫓겨난 해직언론인 선배들은 지향이 분명했다. 제대로 된 언론사를 만들어 정론을 펼치겠다는 것. 그리고 해직언론인 선배들은 제언으로 한 약속을 지켰다.

민주화운동 시대는 다른 한편 말의 성찬 시대였다. 수없는 다짐과 선전·선동이 있었고 웬만한 말에 대해서는 반응이 별로 없었다. 그러나 새 언론을 창간하겠다는 해직언론인 선배들의 약속은 공감을 얻었다. 「말」지 창간호는 삽시간에 8,000부가 팔려 나갔다. 1985년 사회과학서적 베스트셀러 수준이 2,000부였던 것을 감안하면 엄청난 성공이었다. 보도지침 특집호는 23,000부가 팔렸다. 이건 어디까지나 언협이 공식적으로 찍은 부수일 뿐, 지역 운동단체들이 자체 수익사업으로 저작권 지불 없이 마스터본을 제작해 판매한 부수까지 고려하면 실 판매부수는 상상을 초월할 터였다.

요는 많은 운동단체들이 단기적 실패에 익숙해 있던 그 시대에 언협의 해직언론인 선배들은 일상적으로 조금씩 성공하고 있었다는 거다. 그리고 그 성공 하나하나를 모아 전 세계 최초로 국민주 신문 '한겨레'를 창간해냈다. 기적은 어느 날 갑자기 이뤄지는 게 아니다. 오랜 기간 수많은 사람들의 노력과 희생이 모여 어느 순간 질적 변화를 일으키면서 무언가가 만들어지는 것 그게 기적이다. 해직언론인 선배들은 민주적으로 유능했고 올곧았다. 아무리 해결하기 힘든 상황이 닥쳐도 민주적 토론으로 만족할 만한 결과를 도출해내는 힘은 거기에서 나왔다. 선배들은 지켜보기 힘들 정도의 지리한 토론을 마다하지 않았고 소수의견에도 귀 기울일 줄 알았다. 장고 끝에 악수라는 말이 있는데 해직언론인 선배들은 장고하면 반드시 묘수를 두었다. 그리고 결정되면 일사불란하게 앞으로 나아갔다.

그때 그 순간에 '그'가 거기에 없었다면

송건호·리영희·임재경 선생님처럼 모두가 이름만 들어도 알 만큼 언론운동사에 혁혁한 공을 세운 어른들이 계시다. 그러나 언협을 돌아보면 앞서서 나갔던 선배들뿐만 아니라 동아투위, 조선투위, 80년해직언론인협의회 등에 소속된 해직언론인 선배들 전부가 단단한 내공의 소유자들이었고 자존감이 남달리 강한 분들이었다.

해직언론인 선배들뿐만이 아니었다.

언협에는 창립 당시 진보적인 출판인들이 함께했는데 '그'가 거기에 없었다면 「말」지 창간호가 나올 수 없었다고 생각되는 사람은 김도연 공동체출판사 사장이었다. 그는 「말」지 창간호 편집장이었다. 장진영 화백과 함께 창간호 편집, 기획부터 레이아웃을 비롯해 판매까지 담당했다.

언협은 비합법단체였으므로 「말」지 출판은 물론 각 서점을 대상으로 영업을 할 수 없었다. 김도연 편집장이 대표로 있는 공동체출판사를 끼고 창간호를 발간한 데에는 그런 연유가 있었다.

창간호의 성공은 언협에 자신감을 주었다. 마침 전두환 군부독재정권도 힘이 빠져가고 있었다. 언협은 2호부터 「말」지 발행주체를 언협으로 못 박고 전국적으로 독자적인 판매망을 구축해가기 시작했다. 편집장도 박우정 선배로 교체되었고, 편집 및 집필진도 해직언론인 중심으로 대폭 보강했다.

창간호에서 2호로 넘어가는 과정은 표지와 내부 레이아웃 등의 변화만 보아도 알아챌 수 있다. 편집장이 바뀐다는 것은 어쩌면 모든 것이 바뀐다는 것을 의미하는지도 모른다. 「말」지 창간호가 잡지 성격이 강했다면 2호부터는 일간신문 느낌이 나기 시작했다. 특히 2호부터는 민족, 국제 파트가 대폭 강화되었다. 면만 강화된 것이 아니라 내용도 더 깊고 넓어져 「말」의 민족, 국제란은 독자들의 사랑을 독차지했다.

창간호와 2호 사이에는 더 근본적인 변화가 있었다. 편집장 외에도 실무진이 대폭 바뀌었던 거다. 어느 조직이든 사람이 바뀐다는 것은 누군가는 물러난다는 것이므로 크고 작은 소란이 일기 마련이다. 그런데 「말」지에서만은 그런 소란이 없었다. 명예혁명처럼 우아하고 품격 있게 인원이 교체되었고 그것은 고 성유보 초대 사무국장의 인품과 고 김도연 사장의 거스름 없는 성정 덕분이었다. 그는 자신의 위치나 이익보다는 관계와 명예를 중시하는 사람이었다. 김도연 사장이 정치권으로 자리를 옮겼을 때 모든 사람이 의아해한 것은 그의 성품 때문이었다. 그가 불의의 사고로 유명을 달리한 것은 몹시 안타까운 일이 아닐 수 없다.

만일 고 김태홍 사무국장이 86년 봄 언협 사무국장이 아니었어도 '보도지침'이 세상의 빛을 볼 수 있었을까. 단연코 아니다. 김태홍 사무국장이 그 자리에 없었다면 보도지침은 민통련 기관지에 실리거나 민통련 이름으로 발행되어 그렇고 그런 운동권 유인물 정도로 치부되고 말았을지도 모른다.

기실 보도지침을 폭로하기에 언협이나 「말」지가 안성맞춤 준비가 되어 있었던 것은 아니었다. 「말」지 내기에도 벅찼고 보도지침 발간 이후 닥쳐올 공안기관의 탄압을 이겨낼 내부 결속력도 크지 않았다. 현실을 고려하면 당시 언협은 보도지침을 폭로해서는 안 되었다. 그러나 당위의 측면에서 보면 언협만큼 보도지침 내기에 적합한 단체가 없었다. 해직언론인들이 만든 단체에서 군부독재의 언론통제 실상을 폭로하는 보도지침을 낸다는 상상만으로도 전의가 불타올랐다고 김태홍 국장은 말한 적이 있다. 그는 "높은 파도가 덮쳐오면 올수록 전투력이 상승한다는" 독특한 스타일이었다.

평소 해직언론인 선배들의 일 결정 방식에 비추어볼 때 '여러 가지를 고려해' 민통련과 언협이 공동으로 보도지침을 폭로하게 될 가능성이 높았다. 순전히 김태홍 국장의 우격다짐과 고집으로 언협 단독으로 「말」 특집호 형식의 보도지침을 만들어 폭로하게 되었다. 그때나 지금이나 다시 돌이켜 생각해보아도 김태홍 사무국장의 판단이 옳았다. 해직언론인 선배들이 고려했으리라 추정되는 '여러 가지' 중에는 일의 공과 과를 함께 나눈다는 것도 들어가 있었다. 보도지침을 내는 공을 언협이 독점하지 말고 재야운동단체들 모임인 민통련과 함께 내고 빛나도 함께 빛나자는 결 고운 바람이 더 컸을 게다. 어쨌든 김태홍 사무국장은 다른 해직언론인 선배들에 비해 결이 좀 거칠었고 그것이 보도지침 폭로의 효과를 극대화했다.

순수한 열정으로 이어지니까 '운동'이다

1984년 12월 언협이 창립될 즈음 공개기구 운동의 두 축은 민주통일민중운동연합(이하 민통련, 의장 문익환)과 민주화운동청년연합(이하 민청련, 의장 김근태)이었다.

민통련 산하 민중문화운동협의회(이하 민문협)와 자유실천문인협의회(이하 자실) 그리고 민주언론운동협의회는 문화 3단체로 불렸다.

문화 3단체로 묶여 있긴 했지만 자실이나 민문협과 언협은 조직적 성격이 달랐다.

민문협은 문학을 제외한 민중 진영의 모든 예술 영역을 망라하고 있었다. 자실은 소설, 시, 평론 등 문학 전반을 과제로 하고 있었다. 민문협은 긍정적인 의미로 '딴따라' 단체였고 딴따라는 영원하다. 자실은 문학인들의 모임이었고 인류 역사가 지속되는 한 문학소녀·소년은 끝없이 탄생된다. 그런데 해직기자는 군부 권위주의 정권 언론탄압의 결과 양산되었고 몇백 명의 해직기자는 다시 생겨선 안 되는 존재들인 것이다.

다시 말해 자실과 민문협은 조직 재생산이 가능한 단체인 반면 언협은 그것이 불가능한 단체라는 서글픈 차이가 있었다.

「말」지 기자로 충원된 학생운동권 출신 활동가들의 고민은 이 지점에서 시작되었고 이후 「말」지를 등록해 합법매체로 바꾸자는 논의 과정에서도 재생산이 불가능한 언협의 조직적 조건이 고려되었음은 두말할 여지가 없다. 그 당시만 해도 언협이 시민운동단체로 전환되고 시민회원이 언협의 중심으로 우뚝 서는 일이 일어나리라고 기대하기는 힘들었다. 그리고 「말」지를 만드는 것이 언협 활동의 중심에 있었기 때문에 1987년 말 이후 「말」지 존속을 위한 논의로 토론이 국한된 측면도 있었을 것이다.

민언련 전사를 발간하면서 민언련 후사 발간을 기대하는 마음에 조바심이 인다. 언협이 해직언론인 선배들이 '한겨레'로 떠난 이후 혼란기를 극복하고 시민언론운동단체로 전환하는 과정이야말로 민주화운동이 재야운동으로 존속하며 변혁운동을 이끌었던 시대를 마감하고, 시민들이 사회변화의 중심에 서는 새 흐름의 상징이기 때문이다. 언협이 시민운동단체로 전환한 이후 제도언론 모니터로 감시운동을 시작했고 언론개혁운동과 안티조선운동의 중심에 서기까지의 이야기 또한 전사 못지않게 흥미로울 것이다.

역사는 직선으로 발전하지 않는다. 나선형을 그리며 나아간다. 언론운동도 그렇다. 언협이 민언련으로 발전하며 언론 바로 세우기를 위해 무엇인가 해온 중심에는 늘 '누군가의 운동적 열정'이 있었다. 운동적 열정은 비타협적이며 순수하다. 사익보다 공익을 추구할 때 운동이다. 먼 훗날 어떤 단체에 대해 정사와 야사를 쓸 때 둘 사이에 큰 차이가 없다면 그 단체 구성원들의 순결성은 의심받지 않을 것이다. 내가 아는 한 민언련은 그럴 가능성이 있는 극소수 단체 중 하나다.

마지막으로 몇 차례 언협사를 정리해보라는 해직언론인 선배들의 압박을 받아온 나로서는 그 압박에서 벗어나게 해준 민언련 30년사 출간 관계자 분들에게 고마움을 전하고 싶다. 특별히 언협사를 품위 있게 정리한 김유진 씨와 민중운동 전체를 어깨에 짊어진 상태에서 민언련 공동대표를 맡아 민언련을 전체 운동의 흐름과 연계시켜 준 박석운 대표께 지면으로나마 감사드린다.

나의 아버지, 청암 송건호

송준용_청암언론문화재단 이사장/송건호 선생 장남

1975년 동아일보사를 나오신 아버지의 심경을 나는 차마 짐작할 수 없다. 그 시절 명절 때마다 집으로 찾아오는 동아투위, 조선투위 후배들과 시국을 논하며 울분을 달래는 모습을 지켜보았을 뿐이다.

박정희 사후 1980년 잠시 민주화의 봄이 오는가 했더니, 봄의 기운은 전두환 군부의 군홧발에 짓밟히고 언론인들은 대량 해직되었다. 하지만 탄압의 바람이 매섭고 거세도 아버지를 비롯한 해직언론인들은 움츠려들거나 꺾이지 않았다. 전두환의 폭압정치가 절정에 달하던 1984년 12월, 아버지는 이들과 함께 민주언론운동협의회(약칭 '언협', 이후 '민주언론시민연합 (민언련)'으로 개칭)를 만드셨다.

일부 해직언론인들은 언론 운동에 한계를 느꼈는지 더 넓게 재야나 정치 분야로 진출하였다. 아버지께서는 평소 언론인들이 정치에 관여하는 것을 아주 싫어하셨다. 하물며 독재 정권 논리를 뒷받침하고 자신의 출세를 위해 정치에 참여한 언론인들은 경멸하셨다. 비록 해직되었다 해도 언론인들은 언론인 본연의 자세로 독재에 저항하기를 바라셨다. 정치 분야 진출 자체가 나쁘다기보다는 정치가 인간을 정직하지 못하게 만들고, 정치인이 되면 자신의 소신을 지키기 어렵고, 권력의 유혹에 넘어가기 쉽기 때문에 반대하셨다고 생각된다.

아버지는 항상 공부하는 언론인이셨다. 쉬는 법을 모르셨다. 잠시라도 나태하게 시간을 보내시는 것을 본 적이 없다. 손에서 책을 놓고 계신 걸 본 기억도 별로 없다. 항상 책을 읽거나 글을 쓰지 않으면 무언가 스크랩을 하고 자료 정리를 하셨다. 매일 이른 아침에 두 시간씩 등산을 하셨는데 이때가 사색을 하고, 써야 할 원고의 내용과 강연의 내용을 머릿속으로 정리하는 시간이었다. 아버지의 사색하는 아침 등산 덕분에 우리 가족들은 매일 신선한 약수를 마실 수 있었다.

언협에서는 「말」지를 출간했고 1986년 9월 6일 '보도지침'을 폭로한 특집호를 발행했다. 이로 인해 한국일보 김주언 기자와 김태홍, 신홍범 선생이 옥고를 치르셨고, 많은 언협 관계자들이 고초를 겪었다. 이때 아버지도 여러 차례 연행이 되셨다.

보도지침 사건 이후 「말」지는 다음 호가 발행이 되지 못했고 발간 여부에 대한 의견이 분분했다. 아버지는 많은 사람들의 반대를 무릅쓰고 단호하게 「말」지 발행을 주장하셨다.

아버지는 눈치가 빠르거나 이해타산에 밝지 못하셨다. 술, 담배도 안 하셨고 사람들과 이리저리 어울리며 자기 사람들을 만드는 데도 도통 재주가 없으셨다. 그러나 만만한 사람이거니 하고 대했다가는 큰코를 다친다. 사안이 중대하고, 그런 만큼 위험하여 서로 눈치를 보며 아무도 나서지 않는 일에 과감하게 나서는 분이기 때문이다.

「말」지의 소중한 경험들이 모여 국민들의 모금에 의한 새 언론 한겨레신문이 1988년 8월 15일 창간호를 발행하였다. 한겨레신문은 아버지가 언론인으로서 끝까지 힘을 쏟아 부은 마지막 언론사가 되었다.

아버지는 2001년 12월 21일에 돌아가셨다.

나는 나의 아버지를 넘어 참 언론인 송건호의 정신을 기리기 위해 청암언론문화재단을 설립했고 매년 〈송건호언론상〉을 시상하고 있다. 재단을 설립하고 가장 보람이 있었던 것은 시민언론운동을 하는 민언 련에 큰 도움이 되었다는 사실이다. 민언련이 2000년 이후 동교동에서 서대문에 있는 기독교사회문제연구원(약칭 〈기사연〉)으로 이사할 당시 굉장히 어려웠고 「말」지 또한 위기를 맞고 있었다. 이때 청암재단은 민 언련이 기사연 건물에 입주하는 데 일조했다.

점점 힘을 잃어가는 「말」지를 살리기 위해 개인적으로 많은 돈을 투 자한 것도 이때였다. 끝내 「말」지는 회생하지 못했고 제호만 남았지만 후회하지는 않는다. 「말」지 회생을 보장받고 투자한 것도 아니었다. 다 만 아버지의 자랑스런 유산에 조금이라도 기여하고 싶었고, 그것에 큰 보람을 느낄 뿐이다.

민언련이 30주년을 맞았다. 아버지의 체취가 남아 있는 민언련이 어 려운 여건에서도 꾸준히 이어지고, 점점 성장해가고 있는 것은 정말 반가운 일이다. 민언련의 활동이 더욱 확산되고 튼튼한 결실을 맺어 우리나라의 언론운동사와 민주화 역사에 자랑스럽게 남길 바란다.

민언련의 가장 빛나는 시절을 기록하게 해주셔서 고맙습니다.

본문에는 담기 어려운 이야기로 후기를 대신할까 합니다.

1996년 설 연휴에 송건호 선생님을 처음 뵈었습니다. 풋내기 간사였던 저에게 얼마나 떨리는 일이었을까요. 당시 선생님은 고문의 후유증으로 얻은 파킨슨병과 싸우고 계셨습니다. 병마는 선생님의 몸을 옥죄었지만 선생님의 의식만큼은 침범하지 못했더군요.

선생님, 저 왔어요. 새 간사도 데려왔어요.

최민희 사무국장이 밝게 인사하자 선생님 눈가에 물기가 맺혔습니다. 그러더니 눈물이 딱 한 줄기 주르륵 흘렀습니다. 이상하게 슬프지 않았습니다. 참 우아한 눈물이구나 생각했습니다.

민언련사를 쓰면서 돌이켜보니 그 눈물 한 줄기에 민언련의 역사가 다 들어 있었습니다.

말이나 글로는 다 담을 수 없는 이야기. 몸과 몸이 부대끼고 마음과 마음이 부딪히며 때로 다투고 때로 통하고 때로 각자의 가슴에만 묻어두는 이야기까지.

송건호 선생님은 그 모든 이야기를 함께했던 후배와 눈물로 대화하신 것 같습니다. 김태홍, 성유보 선생님이 너무 일찍 우리를 떠나셨을 때도 각자의 역사를 품은 여러 눈물을 보았습니다.

역사는 글로만 이어지는 게 아니겠지요. 이 책의 부족함은 그 시절의 주인공이었던 선배님들이 마음과 마음을 이어 메워주시리라 믿습니다.

그럼에도 기록해야 할 분들을 놓쳤거나 소홀하게 다뤘다면 부디 용서를 구합니다. 훗날 민언련사가 완성될 때는 조금 더 온전한 기록이 되도록 잘못은 지적해주시면 좋겠습니다.

책이 나오기까지 티 나지 않게 애쓴 분들의 이름을 한 줄 남기는 것으로 기록자의 임무를 마무리하겠습니다.

언제나 조용히 민언련의 빈 곳을 채워 왔던 김경실 부이사장님은 이번에도 그렇게 하셨습니다. 유민지 부장은 민언련 살림이 넉넉하지 않을 때도 어떻게든 책을 내보려고 백방으로 뛰어다녔다고 합니다. 그리고 거기에 응답해 흔쾌히 출판을 맡아주셨던 우리교육 신명철 선배님, 운동의 인연을 소중하게 여겨주셔서 고맙습니다.

김유진_민주언론시민연합 이사 / 전 사무처장

부록

민주언론운동협의회 창립선언문

우리는 오늘 언론을 박탈당한 캄캄한 암흑시대를 살고 있다. 말할 권리, 알 권리, 알릴 권리가 인간의 천부적인 기본 권리임에도 불구하고 권력에 의한 표현의 자유, 언론·출판의 자유의 말살로 우리는 '말'을 잃어버린, 침묵을 강요당한 언론부재시대를 살고 있다. 말하고 알고자 하는 인간의 요구가 있는 곳에 자유로운 표현의 권리와 수단이 보장되어야 함에도 불구하고 이 땅의 민중은 오늘 그 같은 기본적 권리를 원천적으로 박탈당하고 있으며, 뿐만 아니라 오히려 그 표현수단이어야 할 기존 언론기관으로부터도 거꾸로 지배당하고 박해당하는 일찍이 경험하지 못했던 언론소외를 겪고 있다.

오늘의 언론현실은 민중의 표현수단이 소수의 반민중적인 언론기관에 의해 독점되어 있는 데서, 그리고 그 언론이 지배체제에 편입되어 권력의 소리와 의지만을 일방적으로 강요하는 지배도구로 전락한 데서 단적으로 대변되고 있다. 오늘의 언론은 사실보도라는 언론의 기본적 책무를 포기한 것은 말할 것도 없고 진실의 왜곡조차 서슴지 않음으로써 사회 전체의 인식능력과 이성을 마비시켜 이 사회와 민족의 운명이 어디로 가고 있는지조차 알 수 없는 무지와 환상의 세계를 조성해놓고 있다.

　이 같은 언론의 모습은 민족과 민중의 주체적 각성과 힘에 의해 참다운 민족·민중언론을 쟁취, 구현해보지 못한 우리 언론의 지난날의 역사가 마침내 빚어낸 언론의 종말적 양상이다. 1896년 독립신문의 창간으로 민족·민주언론이 이 땅에 자생적으로 탄생된 바 있으나, 그것이 소멸된 이후의 언론은 크게 보아 반민족적, 반민중적 세력에 의해 지배당해 온 것이 우리 언론의 역사라 보아 마땅하다. 이 땅의 근대적 언론이 일제 식민주의자들의 식민통치정책의 일환으로 '주어진' 언론이었으며, 이 같은 식민주의 언론을 바로잡으려는 저항과 노력이 부분적으로 있었음에도 불구하고 이를 극복하지 못한 채 해방을 맞았던 것은 우리 모두가 알고 있는 바와 같다. 해방 이후까지도 연장된 식민언론의 미청산, 민족분단에 의한 이데올로기, 냉전 이데올로기의 언론지배, 그리고 정권유지를 위한 정치권력의 무자비한 언론탄압으로 언론은 민족과 민중적 토대 위에 서는 참다운 언론을 건설할 기회를 박탈당하여 마침내 오늘 우리가 보는 것과 같은 언론의 참담한 모습에 이르고 있다. 언론이 민족적 토대 위에 서서 그 이익을 추구하는 언론이라면 그것은 마땅히 오늘 우리 삶의 고통의 원천인 분단을 극복하기 위해 노력하는, 그리고 모든 형태의 식민지주의에 맞서 민족의 이익을 지키고 진정한 민족문화의 건설에 이바지해야 하는 언론이어야 할 것이고, 그것이 민주적 민중적 언론이라면 고난받는 민중과 더불어 민중의 현실과 의사를 대변하는 언론이어야 할 것이다. 그러나 오늘 우리가 보고 있는 것은 이와는 거리가 먼 반민족적, 반민중적 언론의 모습이다. 지금의 언론이 우리의 민족문제를 어떻게 다루고 있으며 민중의 현실을 어떻게 보도하고 있는가를 본다면 이를 쉽게 알 수 있을 것이다.

　오늘의 언론은 언론을 말살하고 있는 권력에 의해 일체의 저항을 포기한 채, 오히려 권력과 야합하여 민중을 박해하면서 어느 때보다도 더 태평성대를 누리고 있다. 우리는 언론관의 존폐 여부가 정부의 자의적 판단과 권한에 의해 결정될 수 있도록 규정한 공공연한 언론탄압장치인 언론기본법을 폐지해야 한다고 오늘의 언론이 주장한 바를 들어본 적이 없으며 「보도지침」이라는 이름으로 자행되고 있는 문화공보부 홍보조정실의 언론조작言論操作을 거부하고 있다는 소식을 들어본 적이 없다. 외부 권력의 언론탄압으로부터 언론을 수호해야 할 일차적 책임이 언론을 직접 제작하고 있는 언론기관과 언론당사자에게 부과되는 것은 당연한 일이다. 그러나 우리는 1975년과 1980년 죽어가는 언론을 되살리고자 민주언론을 외치며 싸우던 언론인들을 언론기관 스스로가 대거 수백 명씩이나 언론현장에서 추방한, 언론에 의한 언론의 부정이라는 자기부정의 극치를 경험했었다. 이 같은 언론의 자기부정이 가져온 것이 오늘의 제도언론이다.

　신문, 방송을 비롯한 오늘의 일체의 제도언론은 폭력이다. 강제된 힘에 의해 의사를 지배하려는 것이 폭력이라면 오늘의 제도언론은 가장 큰 정신적인 폭력이다. 이 땅에 정의로운 민주사회를 건설하려는 수많은 민주화운동단체와 학생들의 노력이, 가혹한 조건 속에서 최소한의 인간다운 삶을 요구하고 있는 노동운동과 농민운동이 오늘의 언론에 의해 어떻게 취급되고 있는가를 보면 그것을 알 수 있다. 오늘의 학생운동은 일부 '좌경 극력학생'의 분별없는 극단 행위로 보도되고 있으며 생존권을 요구하는 농민들의 운동은 사회안정을 해치는 일부 불순분자의 소행으로 왜곡 보도되어 이중 삼중의 박해를 받고 있다. 이 같은 언론의 폭력에 대한 민중의 분노는 곳곳에서 번져나가고 있다. 그것은 언론에 대한 불신을 넘어서서 언론에 대한 적대관계로까지 발전되고 있다. 여러 사건현장에서 기자들이 취재를 거부당하고 돌팔매질 당하고 있는 것은 민중의 분노의 표현이자 자연스런 자위권의 발동 외에 아무것도 아니다.

이 같은 제도언론의 횡포에 대한 분노와 더불어 지금 이 땅에서 전개되고 있는 당면한 위기에 대한 민중의 각성은 어느 때보다도 더 절실하게 참다운 민주·민족언론에 대한 요구로 나타나고 있다. 오늘 우리 사회가 총체적인 위기 속에 놓여 있다는 것은 양심의 눈으로 보는 모든 사람이 갖고 있는 인식이다. 민족분단에 의한 총체적 삶의 분단, 강대국의 각축에 의한 민족 절멸의 위기, 민주주의 사멸과 정치 부재, 예속경제에 의한 민족경제의 파탄, 빈부격차의 심화에 따른 사회의 분열, 식민지주의 문화에 따른 사회의 분열, 식민지주의 문화에 의한 민족문화의 말살, 자원약탈 및 공해에 의한 자연환경의 무자비한 파괴, 불신풍조의 만연 및 인간성의 황폐화가 우리의 삶을 전면적으로 위협하고 있기 때문이다.

이 같은 위기의 극복은 참다운 언론의 기능 없이 불가능하다는 것이 일반적인 인식이다. 왜냐하면 언론이란 더불어 나누는 말이며, 밝힘이며, 사회적 인식의 수단이며, 의지를 공유케 하는 유대의 끈이며, 자유의 무기이며, 그리하여 마침내는 인간해방의 고귀한 열쇠가 되기 때문이다.

우리는 오늘 언론의 죽음 속에서 새로운 민주·민족언론이 탄생되고 있음을 보고 있다. 표현수단을 빼앗긴 민중으로부터 자기의 삶을 스스로 표현하려는 민중언론이 태동되고 있는 것이 그것이다. 오늘의 거짓

된 지배문화를 거부하고 진정한 민족·민중문화를 건설하려는 새로운 문화운동과 더불어 민중언론은 도처에서 광범위하게 확산되고 있다.

우리 민주언론운동협의회는 이 같은 새로운 언론에 대한 요구에 부응하여 일찍이 우리가 가져보지 못했던 참다운 민주·민족언론을 창조하고자 한다. 그것은 더 말할 것도 없이 제도언론을 부정, 극복하는 것일 뿐만 아니라 우리의 민중적 민족적 요구에 굳건히 선 새로운 언론의 창조를 뜻한다. 오늘의 제도언론이 우리의 민주화를 가로막고 있는 가장 큰 장애의 하나라면 새로운 언론이 이 같은 반민주적 거짓 언론의 극복 없이 실현될 수 없다는 것은 분명하며, 그렇기 때문에 제도언론의 정체를 바로 보고 이를 타파·극복하는 일은 민주주의를 열망하는 모든 사람들의 중요한 의무이다. 제도언론의 극복이 언론활동의 기초를 이루는 표현의 자유, 언론·출판의 자유의 확보 없이 불가능한 것이라면, 이 기본적 자유의 확보는 더 말할 나위 없이 민주언론운동의 선결적 과제가 될 것이다. 언론활동이란 모든 종류의 말할 권리와 알릴 권리의 실천을 포함하는 것이기 때문에 우리 민주언론운동협의회가 신문, 방송, 출판을 비롯한 모든 언론매체의 민주화를 요구하는 사람들을 포함하게 되는 것은 당연하며, 따라서 우리는 민주언론을 실현하고자 하는 모든 분야의 자생적 언론 종사자들과 함께 이 운동을 펴나갈 것이다.

제도언론 속에서 오늘의 범죄적 언론에 양심의 고통을 느끼는 사람들 역시 이 운동의 대열에 참가시키려고 노력할 것이다.

그러나 언론민주화란 사회의 전반적 민주화와의 통일적 관계 속에서만 가능한 것이다. 언론의 민주화 없이 사회의 민주화가 불가능한 것과 마찬가지로 사회의 민주화 없이 언론의 민주화가 독립적으로 실현될 수 없음 또한 분명하다. 이것이 바로 언론민주화운동이 사회의 민주화 운동과의 연대 속에서 추진되지 않을 수 없는 이유이다. 우리는 진정한 여론 없이 인간다운 삶이 불가능하다고 믿는 모든 사람들의 호응과 지원을 기대한다. 진정한 민주언론은 인간다운 삶의 관건이기에 우리의 이 민주언론운동은 민중의 언론운동으로 발전할 것임을 우리는 확신한다. 언론은 천부의 인권이기에, 그리고 민주·민족언론에 대한 민중의 요구가 어느 때보다도 드높은 것이기에 이 운동은 끝내 막을 수 없을 것이며, 험난한 과정을 거치더라도 기필코 목표를 성취하고야 말 것이다.

1984년 12월 19일
민주언론운동협의회 발기인 일동

민주언론운동협의회 규약

제1장 총칙

제1조(명칭) 본회는 민주언론운동협의회(약칭·언협)라 한다.

제2조(소재) 본협의회는 서울특별시에 본부를 두고 필요에 따라 지역조직을 둘 수 있다.

제3조(목적) 본협의회는 민주언론과 민족언론을 구현하는 데 기여함을 목적으로 한다.

제4조(사업) 본협의회는 위의 목적을 이루기 위하여 아래와 같은 활동을 한다.

1) 인간의 알 권리와 말할 권리, 비판할 권리의 확보

2) 민주·민족·민중언론의 창달

3) 사실과 진실을 알리는 언론활동

4) 언론문제에 대한 조사연구

5) 기타 언론의 발전을 위한 사업

제2장 회원

제5조(회원의 자격) 회원은 본협의회의 목적에 찬동하며 언론민주화 운동에 적극 참여하려는 사람으로 구성한다.

제6조(가입절차) 본협의회의 회원이 되고자 하는 사람은 가입신청서를 제출하여 실행위원회의 인준에 의해 가입한다. 발기인은 자동적으로 회원이 된다.

제7조(고문) 본협의회는 고문을 추대할 수 있다.

제8조(권리와 의무) 본협의회의 회원은 아래와 같은 권리와 의무를 가진다.

1) 본협의회의 활동 전반에 대하여 발의, 건의, 문의할 권리

2) 본협의회의 활동사항에 대해 정보와 자료를 제공받을 권리

3) 본협의회의 임원의 선거권과 피선거권 및 총회의 참석하여 투표권을 행사할 권리

4) 본협의회 회원은 규약에 규정한, 그리고 각 기구에서 결정한 사항을 준수하고 회비를 성실히 납부하여야 하며 회원으로서의 품위를 지켜야 한다.

제9조(징계) 본협의회의 목적과 규정에 위배되는 행위를 하였거나 의무를 성실히 이행하지 않는 회원은 실행위원회의 결의에 의해 징계할 수 있다.

제3장 조직

제10조(기구) 본협의회는 총회, 실행위원회, 그리고 사무국으로 구성한다.

제11조(총회) 정기총회는 연 1회, 임시총회는 필요에 따라 실행위원

회의 결의에 의해 의장이 소집한다.

정기총회는 회원 과반수 이상의 출석으로 성립하며 임시총회는 회원 3분의 1 이상의 참석으로 성립한다.

제12조(총회의 의결사항) 총회는 다음과 같은 사항을 의결하며 참석회원 과반수 이상의 찬성으로 가결한다.

1) 대표위원, 실행위원회 선출 및 의장의 인준

2) 정관의 인준 개정

3) 예산, 결산 및 기타사업에 관한 사항

4) 기타 실행위원회에서 회부한 사항 회원 10인 이상의 연명으로 제안된 사항

5) 기타 중요사항

제13조(의장과 대표위원)

1) 대표위원은 5인 내외로 하며 총회에서 선출한다.

2) 의장은 대표위원 중에서 호선하여 총회의 인준을 받는다.

3) 의장과 대표위원의 임기는 1년으로 하며 연임할 수 있다.

4) 의장의 유고시는 대표위원 중 연장자순으로 의장의 직무를 대행한다.

제14조(실행위원회)

1) 실행위원회는 총회가 위임한 사항을 심의, 의결한다. 실행위원회는 총회가 열리지 않는 평상시의 최고 의결기관이다.

2) 실행위원회는 15인 내외의 위원으로 구성한다.

3) 실행위원은 총회에서 선출하며 임기는 1년이고 연임이 가능하다. 단 대표위원과 사무국장은 당연적으로 실행위원이 된다. 의장은 실행위원의 의장이 된다.

4) 정기 실행위원회는 월 1회 열린다. 임시모임은 의장이 필요하다고 판단할 때, 또는 실행위원 3분의 1 이상의 요구가 있을 때 의장이 소집한다. 의결은 과반수 이상의 출석과 과반수 이상의 찬성으로 한다.

5) 총회 개최가 불가능할 경우에는 실행위원회가 그 기능을 대신한다.

제15조(분과위원회)

1) 본협의회는 실행위원회 밑에 분과위원회를 둘 수 있다.

2) 분과위원회의 장은 의장의 추천에 의해 실행위원회가 인준한다.

제16조(사무국)

1) 본협의회는 상설 집행기구로서 사무국을 둔다. 사무국은 사무국장 1인과 필요한 간사 약간명으로 구성된다. 사무국장은 총회와 실행위원회의 의결사항을 집행 처리하며 사무국을 통솔한다.

2) 사무국장의 임기는 1년으로 하며 연임할 수 있다.

3) 사무국장은 의장의 추천에 의해 실행위원회의 인준을 받아 선임된다.

제17조(감사) 본협의회는 총회에서 감사 2인을 선출한다. 감사는 연 1회 이상 사업 및 재정을 감사하며 이를 총회에 보고한다. 임기는 1년으로 한다.

제18조(재정) 본협의회의 재정은

1) 회원의 회비 및 찬조금

2) 독자적인 사업에 의한 수익금 및 기타수입금에 의한다.

제4장 규약의 개정과 준용

제19조 본협의회 규약 개정은 실행위원회 또는 회원 3분의 1 이상의

발의에 의해 총회에서 출석회원 3분의 2 이상의 찬성에 의한다.

제20조 본규약에 명시되지 않은 사항은 총회와 실행위원회에서 결의된 규칙과 일반관례에 따른다.

부칙

제21조 본협의회의 규약은 창립총회에서 승인된 날로부터 시행한다.

민주언론운동협의회

의장: 송건호

공동대표: 김인한, 최장학, 김태홍, 김승균

실행위원: 윤활식, 신홍범, 이부영, 성한표, 노향기, 박우정, 이호웅, 김도연

감사: 이경일, 나병식

사무국장: 성유보

진정한 말의 회복을 위하여

민주언론운동협의회 의장 송건호

오늘 우리는 이 시대 참다운 언론운동을 향한 디딤돌로서 「말」을 내놓는다.

'말다운 말의 회복'. 진실을 알고자 하는 다수의 민중들에게 이 명제는 절실한 염원이다. 오늘의 우리 말은 우리 말 본래의 건강성을 오염시키는 무리들에 의하여 있어야 할 자리를 올바로 찾지 못한 채 심각히 표류하고 있다. 거짓과 허위, 유언비어가 마치 이 시대를 대변하는 언어인 양 또 하나의 폭력으로 군림하고 있음은 우리가 처해 있는 숨길 수 없는 현실이다.

이런 맥락에서 갖가지 제약 속에서 어렵게 출범한 「말」은 우리 시대 말다운 말의 회복을 위한 싸움이 결코 단순치 않음을 예감한다. 하지만 그것이 언론다운 언론을 모색하기 위한 우리 「민주언론운동협의회」에게 부여된 절대적 과제라면 「말」은 우리 앞에 놓여 있는 거대한 암초와의 싸움을 마다하지 않을 것이다.

「말」은 그 자체 자유롭고 독립적이기를 바란다. 「말」은 어느 누구의 사사로운 소유물이 아니며 오직 민족과 국가의, 역사적 발전적 시각을 대변하는 문자 그대로의 공공기관이 될 것이다.

어떤 사람들은 오늘의 언론이 어려운 여건 속에서 상당히 제 구실을 한다고 평가한다. 이런 평가는 언론계의 내막을 모르는 순진한, 그리고 크게 잘못된 언론관이다. 오늘의 언론기관은 이미 지난 날과는 달리 권력과 이권을 주고받는 깊은 유착관계에 있다. 따라서 기업주들은 과거처럼 좋은 신문을 만들어 국민으로부터 신뢰도 받고 기업적으로도 발전하겠다는 생각보다는 신문을 방패로 이것저것 특혜를 얻고자 신문을 권력안보의 봉사수단으로 바치는 철저한 반언론적 반사회적 기관으로 타락되어 있다.

오늘의 언론이 다소 제 구실을 하는 듯이 보이는 까닭은 지난 2·12 선거 결과에 당황한 권력당국이 여론을 일시적으로 호도하고자 언론통제의 폭을 약간 누그러뜨린 지극히 전술적인 후퇴의 소산이며 사태가 바뀌어지면 하룻밤 사이에 선거 전前 상태로 언제든지 바뀌어질 수 있는 일시적 현상이다. 언론자유란 언론인의 저항과 투쟁으로 쟁취하는 것이며 권력당국의 배려에서 해결될 수는 없다. 제도의 틀 속에서 유유낙락하는 현역언론인의 일시적이고 형식적인 노력의 결과가 아님을 깨달아야 한다.

언론기업은 독립되어 있어야 한다. 오늘 한국에서와 같이 언론기업이 타기업과 그리고 권력과 구조적으로 유착·종속되어 있다면 언론은 공정성을 잃고 권력에 아부를 일삼게 되며 정치적 상황이 바뀔 때마다 언론은 이제까지 봉사한 권력에 매질을 가하지만 새 권력에 굴종 아부한다. 일정한 원칙이 없이 그때 그때 권력의 대세에 영합하는 데 급급하다면 이러한 언론은 혼란을 조장하는 지극히 위험한 반사회적 악영향을 미친다는 것을 깨달아야 한다.

우리는 참된 민주언론을 구조적으로 지향하는 시점에서 제도언론은 적어도 다음과 같은 몇 가지 점을 시정하여야 할 것이라고 생각한다.

첫째, 언론기업은 타기업과의 경영적 유대를 끊고 기업면에서 완전히 독립적이어야 한다.

둘째, 권력당국은 언론활동을 억압·규제하기 위해 지난날 「국보위」에서 일방적으로 제정한 「언론기본법」을 전면 폐기하여야 한다.

셋째, 신문제작은 신문인에게 일임하며 당국은 법질서 안에서 제작되는 신문에 대해 일절 관여하지 말고, 기관원의 신문사 출입도 중지되어야 한다.

넷째, 권력당국은 언론을 천직으로 섬기는 신문인들을 존중해야 하며 무절제하게 기자들을 권력진영에 기용, 언론계 질서를 어지럽히는 일을 삼가야 한다.

새로운 언론의 진정한 모습을 창출하기 위한 모임인 「민주언론운동협의회」는 여러 가지 어려움을 무릅쓰고 오늘 보는 바와 같은 소책자 「말」을 내놓았다. 안팎의 제약으로 소책자 「말」의 보급은 크게 제한될 수밖에 없을 것이다.

그러나 우리는 언론이 제 구실을 못하고 있는 오늘의 상황 속에서 참된 언론이란 어떤 것이며 어떤 것이 되어야 하는가를 보여주겠다는 의욕을 갖고 이 책자를 제작하였다.

한국언론도 어언 90년의 기나긴 역사를 갖고 있으며 이 90년 역사 속에서 한국언론은 민족과 민주를 위해 고난의 전통을 계승하고 있다. 우리 언협이 발간하는 「말」은 바로 90년 전통을 이어받은 주역임을 자부한다.

우리는 앞으로 사회 각 분야에 진실보도를 위해 발전하는 역사의 시각에서 현지를 답사, 구체적이며 생생한 보도에 힘쓸 것이다.

국민 대중을 위한 참된 진실보도란 구체적으로 어떤 것인가를 독자 여러분은 제도언론의 보도와 비교하면서 읽을 수 있을 것이다. 민중을 위한 진실보도, 사회 정의를 위한 진실보도를 위해 우리는 줄기찬 노력을 계속할 것이다. 전세계의 독자여러분의 전폭적인 성원을 기대하면서 우선 창간의 인사를 드리고자 한다.

1985년 6월 15일

새로운 언론기관의 창설을 제안한다

우리는 지금 전개되고 있는 「민중언론시대」의 요청에 따라 새로운 언론기관의 창설을 제안한다. 새로운 언론기관은 한마디로 민중의 현실과 의사를 대변할 뿐만 아니라 민중이 스스로의 힘으로 창설하는 언론기관이 될 것이다.

지금 우리 앞에는 민중언론시대가 열리고 있다. 노동, 농민부문을 비롯한 여러 분야에서 자신들의 소리를 알리는 자생적인 언론이 활발히 전개되고 있음이 그것이다. 민중생활의 큰 단위에서는 물론이고 여러 작업장에서 수많은 매체들이 등장하고 있다. 이 같은 현상은 우리의 가까운 과거에서 좀처럼 찾아볼 수 없었던 일이며, 우리 앞에 새 시대가 열리고 있음을 반영하는 것이다. 우리 시대의 가장 중요한 특징 중의 하나는 민중이 자기 자신을 사회와 역사의 주체로 자각하고 그것을 실현하려는 의지가 그 어느 때보다 강력하게 제기되고 있다는 점이다. 이것은 민중의 일상적인 삶이 그만큼 고난에 차 있음을 뜻할 뿐 아니라 그 고난과 억압의 뿌리를 캠으로써 있는 현실과 있어야 할 현실에 대한 인식을 깊고 넓게 확대하고 있음을 뜻하는 것이다.

이 같은 인식과 의지는 민중생활의 거의 모든 부문에서 전개되고 있다. 각 부문마다 현재의 삶을 지배하고 억압하고 있는 질곡을 극복하려는 노력이 그것이다. 민중언론은 바로 언론 분야에서 벌어지고 있는 광범위한 민중운동의 한 표현이다.

지금의 민중언론은 제도언론이 민중의 소리를 거의 외면하여 일체의 표현 수단을 빼앗긴 민중이 이제 스스로 자신을 표현할 수밖에 없는 현실 속에서 불가피하게 요청된 것이다. 오늘의 언론은 정치권력과 일체화됨으로써 현재의 억압적인 체제를 유지시켜주고 있는 가장 중요한 수단의 하나가 되어 있다. 아니, 오히려 지배체제 그 자체라고 보는 것이 정확한 표현이다.

제도언론의 반민중성은 지난 1970년대 이후 현저하게 강화되고 있지만 우리 언론이 지닌 반민중적·반민족적 성격은 어제 오늘에서 비롯된 것은 아니다. 우리의 근대 언론이란 일제 식민주의자들의 식민통치 정책 일환으로 '주어진' 언론이었으며, 이 같은 식민언론은 다른 분야에서와 마찬가지로 해방 이후에도 올바로 청산되지 못한 채 그대로 연장되었다. 신문 경영자들을 비롯한 언론 소유자들의 반민족적·반민중적 본질은 해방 이후 한 번도 부정당해 본 일 없이 온존하였으며 민족의 분단을 조장하고 고정화시키는 데 커다란 역할을 했던 것이다. 다시 말해 이것은 이 땅의 근대언론이 창설부터 오늘에 이르기까지 그 본질적 성격에서 한번도 올바로 민족적·민중적 토대 위에 바로 서보지 못했음을 보여 주는 것이다.

현 언론의 이 같은 모습은 그간 집요한 기만술에 의해 은폐돼 올 수 있었으나 민중시대의 새벽을 맞는 오늘 그 정체가 분명히 드러남으로써 더 이상 그 본질적인 모습을 감출 수 없게 되었다.

이와 같은 기존 언론의 반민족적·반민중적 성격은 이제 민중으로부터의 전면적인 부정에 부딪히고 있으며, 그러한 부정을 통해 지금부터라도 민주적·민족적·민중적 토대 위에 서는 참다운 언론을 지체없이 건설해야 한다는 요구가 강력하게 제기되고 있다. 오늘의 민중언론은 이 같은 요구를 실현시키려는 절실한 표현이다.

그러나 이 같은 열망에도 불구하고 민중언론은 아직 그 요구를 충족시키기에는 갖가지 현실적 조건과 제약 때문에 제대로 발현되지 못하고 있는 실정 또한 안타깝게도 인정하지 않을 수 없다.

우리가 새로운 언론기관의 창설을 제안하는 것은 바로 이와 같은 이유에서이다. 민중언론의 지향과 성과들을 올바로 수렴하면서 그 형식과 내용을 새롭게 하는 진정하고도 '창조적인' 언론의 필요성이 제기되고 있는 것이다.

새로운 언론기관은 기존 언론기관이 개인 또는 소수의 언론기업들에 의해 독점적으로 소유되고 있는 것과는 달리 참다운 민주언론을 갈망하는 모든 민중들이 스스로의 힘으로 자신의 표현기관을 창설하는, 그리하여 민중이 공동으로 소유하고 움직이는 그런 민중의 표현기관이 될 것이다. 그동안 이 땅의 언론은 언론기관을 영리 추구, 돈벌이 수단으로 생각하는 소수의 기업가에 의해 독점적으로 소유되어 왔을 뿐만 아니라 그 언론기업과 자신이 지배체제 자체였던 까닭에 막중한 책무를 갖고 있는 사회적 공기(公器)로서 반민중적 세력의 자의에 방치되어 왔으며 그들의 언론폭력 앞에 민중 또한 무방비상태로 방치되었다. 이와 같은 언론의 반역사성·반민중성이 이제 부정·타파되지 않으면 안 된다는 것이 우리의 믿음이다.

새로운 언론은 민중 자신이나 그들을 대변하는 사람들이 제작하는 민중의 표현기관이 될 것이다. 새로운 언론은 민중의 소유이므로 그 내용 역시 민중에 의해 제작되지 않으면 안 된다. 기존의 제도언론이 수직적 하향식으로 체제의 입장에서 제멋대로 민중 현실을 다루는 것과는 달리 새 언론에서는 민중이 아래로부터 자기의 현실과 의사를 표현해야 한다. 그러므로 민중언론의 내용은 돈벌이를 위해 뉴스를 상품으로 다루는 상업주의적 언론을 부정해야 할 것임은 더 말할 나위가 없다.

새로운 언론이 현재의 반민족적·반민중적 제도언론의 극복으로서 제기된 것이라면 그 언론이 민족언론이 되어야 함은 너무나 당연하다. 우리 민족 최대의 과제인 분단 극복을 위해 소임을 다해야 할 것은 말할 것도 없고 모든 식민주의적 외세로부터 민족의 독립과 자존을 지키는 데 진력하는 언론이 되어야 할 것이다. 민족의 통일이 민중에 의해 이룩될 수밖에 없는 것과 마찬가지로 민족언론 역시 민중이 주체가 되지 않는 한 실현될 수 없으리란 것은 명백하다.

우리는 이 같은 당면한 민족적·민중적 요구를 실현시킬 새로운 언론기관을 탄생시키기 위한 범민중운동을 지체없이 전개할 것을 제안하며 이 운동을 효과적으로 추진하기 위한 활발한 논의와 지혜를 기대한다. 이러한 논의의 결과와 지혜를 모아 새로운 언론기관의 창설에 대한 구체적인 계획 또한 제안할 것이다. 새로운 언론을 요구하는 민중의 열망이 이 운동이 추진될 수밖에 없는 이유이듯이, 이 운동의 성취 역시 민중의 힘에 의해서만 획득될 수 있을 것이다.

1985년 6월 15일

성명
출판의 자유에 대한 폭력적 탄압을 즉각 중단하라

현 군사정권은 국민의식을 저해하고 국가 기강과 사회윤리를 문란케
한다는 명목으로 최근 수많은 출판물, 간행물들을 마구 압수하고 이
에 관계하는 출판인, 인쇄인들을 무더기로 연행해감으로써 이제 공공
연하게 표현의 자유·출판의 자유에 대한 대규모적이고 노골적인 탄압
에 나서고 있다. 지난 5월 1일에는 민주·통일 민중운동연합 사무실에
30여 명에 이르는 경찰과 그들이 고용한 폭력배들이 대거 난입하여 이
연합의 기관지 「민주통일」 1호, 2호를 비롯, 각종 유인물 100여 종을
압수해갔는가 하면 뒤이어 문공부 직원과 경찰로 구성된 출판물 합동
단속반이 대학가의 광장서점, 대학서점, 오월서점에 들이닥쳐 수백 권
의 책을 불온서적이라 하여 압수해갔다.

출판물에 대한 이 같은 대대적인 압수와 더불어 5월 1일에는 세진인
쇄소 대표 강은기 씨를, 5월 3일에는 「민주·통일 민중운동연합」의 장
기표 사무차장과 박계동 홍보간사, 그리고 풀빛출판사 대표 나병식 씨
와 일월서각 대표 최민지 씨를 각각 중부경찰서로 연행해갔는 바, 이
가운데 나병식 씨와 최민지 씨는 5일 풀려났으나 다른 사람들은 아직

까지 계속 경찰에 억류되어 있다.

　이 같은 출판물 압수와 연행사태가 있은 후 문공부 당국은 4일 이른바「불법·불온서적」합동단속에 대한 경위설명을 통해 앞으로「불온간행물」과「지하유인물」을 강력히 단속해 나가기로 했다고 밝혔다. 뒤이어 방송·신문 매체들은 당국의 지시라도 받은 듯 이 같은 행위가 무엇을 의미하며 앞으로의 문화에 어떤 결과를 가져올지 깊이 검토해 보지도 않은 채 당국의 문화적 폭력에 장단을 맞추어 편파적 보도를 일삼고 있다.

　우리는 출판의 자유가 이처럼 노골적으로 탄압되는 사태를 주시하면서 이 땅에 참다운 민중·민족문화를 건설하려는 양식 있는 국민들과 더불어 경악을 금치 못한다. 그러나 명맥을 유지해 오던, 이 땅의 출판문화마저 이제 춥고 캄캄한 암흑의 천지로 만들려는 당국의 태도에 깊은 우려를 금치 못한다. 언론 출판의 자유를 표방하는 나라에서 이처럼 수많은 출판물과 출판인들이 공공연하게, 노골적으로 대규모적으로 탄압받는 일은 지난날의 저 악명 높은 나찌의 파시즘 아래서가 아니면 좀처럼 볼 수 없는 일이다. 어느 기관보다도 언론과 출판을 비롯한 국민의 각종 문화행위를 보호 육성해야 할 문화공보부가 앞장서서 이처럼 출판문화에 대해 엄청난 폭력을 자행하고 있다는 사실이야말로 현 정부의 반민주성과 편협성을 그대로 반증하는 작태이다.

　언론·출판의 자유는 표현의 자유의 핵심을 이루는 부분으로서 그 막중한 중요성 때문에 국민의 기본권 중의 기본권으로 중시되고 있다. 말할 권리, 알 권리, 요구할 권리를 통해서만 인간은 인간으로서의 기본적 권리를 요구할 수 있기 때문이며, 따라서 표현의 자유의 확보야말로 다른 모든 인간의 기본권을 쟁취하는 선결요건이 되고 있다.

그러나 이 땅의 현실은 어떠한가. 이 땅의 언론은 권력에 의한 장기 간의 언론탄압과 언론 자신에 의한 권력과의 야합으로 이미 체제 유 지를 위한 제도언론으로 타락한 지 오래다. 권력의 소리만을 일방적으 로 보도할 뿐만 아니라 고난받는 민중의 현실과 요구를 끊임없이 왜곡 함으로써 민중의 소리를 대변하기보다 민중을 박해하는 언론폭력으로 군림해 온 것이 우리의 언론이다. 이 같은 언론의 죽음 속에서 자신의 의사를 알릴 길 없는 민중이 스스로 언론매체를 만들어 민중언론을 창출하는 것은 지극히 자연스러운 이치이며 그 실현의 정도는 기존 언 론의 죽음, 즉 언론의 반민중성과 비례한다고 말할 수 있을 것이다.

오늘 이 땅의 곳곳에서 터져나오고 있는 민중언론은 바로 이 같은 언론의 죽음에 의해 일체의 표현수단을 빼앗긴 민중이 출판물의 형태 를 통해 자기를 표현하고자 하는 자생적 언론 외에 아무것도 아니다. 당국이 각종 간행물과 출판물에 대해 대대적인 탄압을 가하고 있음은 이 같은 민중언론마저도 제거함으로써 일체의 표현의 자유를 말살시키 겠다는 의도를 드러낸 것이 아니고 무엇이겠는가. 출판문화에 대한 이 번의 탄압이 민주·통일 민중운동연합의 기관지인 「민주·통일」 및 여 러 민주화운동단체들의 각종 매체에 대한 압수와 그 편집자에 대한 연행으로부터 시작되었다는 것이 그것을 말해 준다.

알려져 있다시피 지난 80년 언론기관의 통폐합과 더불어 현정권은 양심 있는 언론인들을 언론현장으로부터 무더기 축출하고 출판의 자 유에 대해서도 강력한 제재를 가하여 70년대 일반 대중에게 광범위한 영향력을 끼치고 있던 『씨올의 소리』, 『창작과 비평』, 『뿌리깊은 나무』, 『문학과 지성』 등의 정기간행물들을 폐간시키는 한편 172개사의 출판 사 등록을 취소시킨 바 있다. 여기에서 더 나아가 이른바 「납본」 제도를 악용하여 모든 출판물에 대한 강력한 검열제를 지속적으로 실시해 왔다. 출판에 관한 관계법규로서 「출판사 및 인쇄소의 등록에 관한 법률」을 살펴보면 어디에도 도서의 판매금지를 규정한 조항은 찾아볼 수 없다. 그러나 출판물의 검열에 의한 도서판매금지 행위는 오래 전부터 공공연히 실시되어 왔다. 「출판사 및 인쇄소의 등록에 관한 법률」 및 동 시행령에 출판사는 간행출판물 2부를 문공부에 「납본」하도록 되어 있는 조항이 있는 바, 공공도서관에서의 보관을 그 취지로 하고 있는 이 납본제도가 실질적 검열제도로 교묘히 악용되어 「납본필증」은 「검열통과증」으로 위력을 발휘해왔으며, 이 납본제도에 의해 지난 80년 이래 무려 200종 이상 도서가 사형선고를 받고 판매금지되어 왔다. 판금 판정을 내리는 검열자의 자질과 판정기준이 나라의 원대한 문화창조라는 관점에서 볼 때 얼마나 무책임하고 불성실했던가 하는 점은 그간 문공부 당국자와 출판계 간에 숱하게 논란이 되어왔던 터이다.

출판의 자유가 국민의 기본권임을 거듭 상기시키지 않는다 하더라도 우리의 참다운 민중·민족문화를 창조해 가기 위해서도 지식과 사상을 자유롭게 전파하고 나누고 논의하는 출판문화가 보호 육성되어야 함은 너무나도 당연한 상식이다. 이 같은 신성하고 중대한 표현의 자유, 출판의 자유가 정권안보적 차원에서 다루어져 멋대로 '불온' '불법'으로 낙인 찍혀서는 안될 것이다.

우리는 당국이 출판문화에 대해 보여준 최근의 폭거가 민주시민이 누려야 할 표현의 자유에 대한 중대한 유린일 뿐만 아니라, 출판이 매개하고 있는 학문과 연구의 자유를 크게 위축시키는 폭거이며 문화의 시계바늘을 30년 전의 냉전시대로 거꾸로 되돌려 놓음으로써 급변하는 세계정세에 대한 국민적 적응력을 상실케 하는 중대한 문화후퇴 및 파괴행위라고 거듭 규정한다. 이 같은 이유에서 표현의 자유, 출판의 자유에 대한 당국의 야만적 탄압을 즉각 중단할 것을 아래와 같이 강력히 촉구한다.

1) 출판물에 대한 압수행위와 출판인에 대한 연행을 즉각 중지하라.
2) 연행해간 출판인들과 인쇄인들을 즉각 석방하고 압수해간 출판물을 반환하라.
3) 납본제도 등에 의한 모든 형태의 출판물 검열을 즉시 중지할 것이며, 출판등록의 자유를 포함한 출판활동에서의 모든 기본적 권리를 보장하라.

우리는 표현의 자유, 출판의 자유 속에서 민주주의와 민족문화를 건설코자 하는 모든 애국적 시민들과 더불어 현재 진행되고 있는 출판에 대한 탄압행위를 즉시 중단할 것을 거듭 촉구하며, 이 같은 야만적인 탄압과 유린이 계속될 경우 이를 저지하기 위한 범국민적인 운동을 강력히 전개해 나갈 것임을 밝힌다.

1985년 5월 6일
민주언론운동협의회 자유실천문인협의회 민중문화운동협의회

언론기본법 폐기운동을 적극 전개하자

우리는 지난 8월 31일~9월 1일 『민중교육』지 관련자 3명의 구속, 계간지 『실천문학』의 폐간, 도서출판 「이삭」의 폐쇄 등 현 정권의 야만적 문화탄압에 항의하는 농성을 벌였다. 그런데 비열하게도 현 정권은 우리의 항의에 귀를 기울이기는커녕 오히려 위 기간 동안 동아일보 편집국장, 정치부장 및 정치부 기자를 연행, 가혹행위를 자행하는 만행을 저질렀다.

주지하다시피 현 정권의 이러한 야만적 행위는 진실을 밝히고 표현하는 일체의 민주·민중문화 활동을 원천적으로 봉쇄하여 국민의 귀와 눈을 가리고 창조적, 비판적 사고를 마비시킴으로써 침묵의 문화, 무조건 복종의 문화를 조성, 현 정권의 폭력성을 유지해 나가려는 목적에서 나온 문화말살 책동이다. 여기서 우리는 현 정권의 이 같은 문화말살책동이 언론기본법에 의거하여 벌어지고 있다는 점에 주목하면서 이렇듯 반민주적이고 반민중적인 문화탄압의 근거가 되고 있는 언론기본법은 참다운 민주·민중문화 창달을 위해 반드시 없어져야 한다는 데 의견을 같이하고 범국민적인 언론기본법 철폐운동을 제창하고자 한다.

널리 알려져 있는 바와 같이 현재의 언론기본법은 1980년 12월 31일 이른바 입법회의가 계엄령 아래서 국민의 뜻과는 전혀 상관없이 마구잡이로 제정한 반민주적 악법 중의 하나이다. 유신독재정권조차 감히 제정하지 못했던, 언론·문화활동의 자유에 대한 공공연한 탄압법이다.

우리는 저 무참한 1980년의 5·17사태 이후 이 나라 언론사상 유례없이 7백여 명에 이르는 언론인들이 언론현장으로부터 대량 축출당하고 전국의 총 64개 신문, 방송, 통신사들이 통폐합되어 그 3분의 1인 23개사로 대폭 축소되었던 사실을 분명히 기억하고 있거니와, 이같은 조치로도 부족하여 언론에 대해 항구적으로 재갈을 물리기 위해 만들어진 것이 바로 '언론기본법'이었던 것이다.

이와 같이 언론기본법은 법률의 제정동기나 제정경위부터가 비민주적이었던 것이기 때문에 새삼 그 내용을 검토해본다는 것조차 혐오스러운 일이지만 그것이 얼마나 언론의 숨통을 조이는 악법인가 하는 것은 아무리 강조되어도 부족할 것이다.

언론기본법은 한마디로 언론제작물에 대한 압수와 몰수는 물론 끝내는 언론기관의 등록취소, 즉 폐간 및 폐쇄까지도 행정부의 임의결정에 의해 좌우될 수 있는 '무한법률'이다. 등록취소조항, 주의·의무조항, 책임편집제 조항 등 현행 언론기본법의 골간을 이루고 있는 각 조항들은 언론자유에 대한 법률적 폭력임을 여지없이 드러내고 있다. 예컨대 언기법 제3조 4항은 "언론은 폭력행위 등 공공질서를 문란케 하는 위법행위를 고무·찬양해서는 안된다"고 규정하고 이를 "반복하여 현저하게 위반할 때"에는 등록을 취소할 수 있다고 규정하고 있는 바, 그 판단·결정이 법원의 사법적 절차가 아니라 행정관리에게 맡겨져 있다. 이렇듯 '공공질서 문란행위'와 '고무찬양행위'에 관한 해석과 조치의 권한이 권력에 위임되어 있다는 것은 언론기관의 사활이 전적으로 행정관청에 위임되어 있다는 것을 뜻한다. 이 밖에도 위법한 표현물의 압수 조항을 보면 '상당한 이유'가 있을 경우에는 표현물들을 압수·몰수할 수 있도록 규정하고 있는데, '상당한 이유'의 판단 또한 행정당국에 위임되어 있다. 이처럼 언론기관의 존폐를 가름할 수 있는 권한을 정치권력에 맡겨놓고 있는 이 법률이 언론자유에 대한 장기간의 탄압 아래서 제 구실을 못해온 언론기관은 물론 일반 국민에게 더욱 더 큰 공포심을 조성해왔을 것이라는 것은 상상키 어렵지 않다.

우리는 오늘날 민주주의를 지향하는 어떤 나라에서도 이 같은 언론 규제법이 시행되고 있다는 것을 들어본 바 없다.

그러므로 언론기본법은 폐기되어야 한다. 언론자유의 확보가 민주주의와 민주적 문화의 창달에 있어 선결적인 과제라면 언론의 숨통을 조이고 있는 가장 기본적인 제도적 장치인 '언기법'은 마땅히 무엇보다도 먼저 철폐되지 않으면 안되는 것이다. 오늘의 군사독재체제를 유지시켜주는 힘이 물리적 폭력, 그리고 침묵의 질서 속에서 우리의 혼을 마비시키는 정신적 폭력인 언론폭력이라면 이 언론폭력은 민주주의의 가장 큰 적임이 분명하며, 따라서 오늘의 빼앗긴 언론자유를 되찾고 빼앗긴 말을 되찾아 참다운 언론을 건설하는 것은 민주주의를 열망하는 모든 국민의 공동의 과제라고 우리는 믿는다.

따라서 우리는 언론기본법 철폐운동에 앞장설 것을 다짐하면서 민주주의와 민주적 언론·문화의 창달을 염원하는 모든 국민이 이 운동에 동참하여 줄 것을 촉구하는 바이다.

모든 민주국민이여, 언론기본법 철폐운동 대열에 함께 나서자. 그리하여 진실을 알고 말할 국민의 권리를 되찾자. 또한 현 정권은 한술 더 떠서 언론·문화활동의 자유를 완전히 봉쇄하는 조항을 포함한 소위 학원안정법제정을 들먹이고 있는 바 이러한 악법의 제정기도는 물론, 언론·문화활동의 자유를 억압하려는 현 정권의 모든 음모를 분쇄하자.

민주주의 만세! 민주언론 만세! 민중문화 만세!

1985년 9월 3일
자유실천문인협의회 민중문화운동협의회 민주언론운동협의회

성고문 사건 관련 '촌지' 받은 제도언론을 규탄한다

부천경찰서 성고문 사건과 관련해 제도언론에 종사하는 자들이 현 정권과 야합해 진상을 은폐, 왜곡하는 과정에서 현 정권으로부터 「거액」의 촌지를 받아챙겼음이 알려져 우리를 경악케 하고 있다.

알려진 바에 따르면 제도언론의 사회부장 이상 관련 간부들은 지난 7월 16일 부천서 성고문 사건에 대한 검찰수사발표를 전후해 문공부 고위관리의 인솔 아래 「간담회」 명목으로 각각 부산·도고온천 등에 놀러가 이 사건 보도에 대한 「협조」의 대가로(?) 권력당국이 건네준 거액의 촌지를 챙겼다. 또한 법원출입 기자단들도 검찰발표 당일 이 사건을 담당한 인천지검으로 출발하기 앞서 법원기자실에 들른 법무부 고위당국자로부터 각각 「금일봉」씩을 챙겨넣은 것으로 알려졌다.

우리는 물론 이들 제도언론에 종사하는 자들이 성고문 사건 보도와 관련 「협조」해주는 대가로 받은 촌지가 얼마만한 규모이며 또한 그 같은 「촌지」를 챙긴 자들이 이들에게만 국한돼 있는지 등에 대해서는 알 길이 없다. 오직 「촌지」를 살포한 자들과 이를 받아 챙긴 자들만이 알 수 있는 「비밀」일 터이기 때문이다.

제도언론에 종사하는 자들이 권력으로부터 「협조」의 대가로 「촌지」
를 은밀하게 주고받은 것은 한국언론계의 고질적인 악폐로서 조금도
새삼스러울 바가 없다. 특히 「언론계 정화」를 내건 현 정권이 들어선 이
후에는 이와 같은 은밀하고 개별적인 촌지 외에도 「언론인 계급」과 군
사독재권력의 유착·협력관계를 보다 긴밀하고 확고히 하기 위해 촌지
거래를 더욱 뻔뻔스럽고 공공연하게 자행해 왔던 것이 사실이다. 언론
종사자들의 수입이 일반 사회적 평균임금수준보다 예외적으로 높은
점을 제쳐놓더라도 「언론인 해외연수」라는 두둑한 보조비를 받아 해외
유람을 한다든가 소득세의 특별 감면, 자녀 교육비에 대한 특혜조치
등 언론 종사자들에게 부여되는 갖가지 특혜는 이와 같은 촌지거래의
일반화·공식화·제도화에 다름 아닌 것이다. 그 결과 오늘날 제도언론
에 종사하는 자들은 경제적·사회적으로 특권계급화하는 반면에 군림
하는 체제의 일부로 완전히 편입돼버렸으며 제도언론 자체는 노골적인
반민족·반민중·반민주성을 드러내 역사발전에 가장 큰 장애물로 등장
하기에 이르렀다.

따라서 우리는 애당초부터 이들 제도언론에 종사하는 자들에게 부
천경찰서 성고문 사건의 진상을 밝히고자 하는 의지나 사명감을 기대
하지 않았다.

그럼에도 불구하고 우리가 이번 성고문 사건과 관련해 이들 제도언
론 종사자들이 권력이 건네주는 거액의 촌지를 챙긴 사실을 폭로하는
까닭은 이들이 이제는 최소한의 인간적 양심마저 내팽개쳤음을 지적하
기 위해서이다. 도대체 그들이 챙긴 촌지가 어떤 돈인가를 잠시 생각해
보라. 그 돈은 문공부장관이나 법무부장관의 개인 호주머니에서 나온
돈이 아님은 분명하다. 그 돈은 국민으로부터 쥐어짜낸 혈세이며 그

속에는 바로 성고문의 직접적인 피해자인 권양과 같은 수많은 여성노동자들의 피와 땀이 배어 있는 것이다.

뿐만 아니라 피해 당사자인 나이어린 권양은 자신의 모든 것을 바쳐 이 천인공노할 성고문 사건을 세상에 폭로함으로써 이 땅의 민주주의를 위해 살신성인하는 숭고한 자기희생을 실천하는 판에 지성인이라 자처하는 언론종사자들이 이 진상을 알리지 못함을 자괴하고 가책을 느끼기는커녕 사악한 권력이 건네는 돈을 챙겨넣고 진상왜곡에 동조했다는 사실을 우리는 어떻게 받아들여야 할 것인가.

우리는 이번 성고문 사건이 중대한 사회·정치문제로 처음 제기됐을 때부터 현 정권이 이 사건이 사실임을 밝혀내고 허겁지겁 왜곡·은폐하기에 이르기까지 제도언론이 어떤 보도태도를 보였는지 생생하게 기억한다. 성고문 사건이 권양의 변호인단에 의해 고발됐을 때부터 권력당국은 제도언론에 이 사건에 대한 보도를 통제하기 시작했다. 현 정권은 검찰발표가 있을 때까지 이 사건에 대해 일체 보도하지 말도록 지시했고 제도언론은 이를 충실히 따랐다. 또한 현 정권은 7월 16일 검찰조사를 발표하면서 발표내용 이외에 독자적으로 취재 보도하는 것을 일체 금지했고 제도언론은 역시 이를 철저히 따랐다. 당국은 심지어 사건 명칭을 「성폭행사건」 또는 「성추행」으로 표현하면 기정사실화하는 인상을 주게 되므로 「폭행관련주장」이란 표현으로 바꾸도록 지시했고 그것도 부족했던지 「부천서 사건」 또는 「성모욕」이라는 표현을 쓰도록 지시했는데 제도언론은 이를 그대로 따랐다. 또한 소위 「공안당국의 분석」이라는 당국의 쪽지를 아무 비판 없이 전재했으며 이 사건에 대한 논평을 일체 하지 않았다. 제도언론은 재야의 폭로·규탄대회 움직임을 1단으로 쓰라면 1단으로 썼고 보도하지 말라면 보도하지 않았다.

　제도언론은 이번 성고문 사건의 진상을 분명히 알고 있었다. 현 정권의 고위당국자가 이 사건이 터졌을 때 「좌경운동권 학생들의 조작 주장일 터이니 철저히 그 진상을 조사하라」는 지시를 받고 검찰이 조사에 착수한 점이라든가, 철저한 검찰조사 끝에 그들이 은근히 바랐던 대로 「조작」이 아니라 「진실」임이 밝혀지자 당황한 점, 그리하여 검찰이 담당수사관 문귀동의 구속을 건의했으나 「고위당국자」와 모 기관이 마지막 순간에 왜곡·발표토록 명령한 점 등 모든 조작·은폐경위를 알고 있었다. 그럼에도 불구하고 제도언론은 이에 대해 단 한마디도 쓰지 않았다. 조그만 사건이 터져도 해설입네 논설입네 취재기자 방담입네, 스케치기사입네 하며 야단법석을 떠는 제도언론이 천인공노할 성고문 사건에 대해서는 「검찰발표문」과 「공안당국의 분석」만을 군말 없이 보도한 까닭은 무엇인가. (그 후 발생한 「독립기념관 화재사건」을 요란하게 보도하는 제도언론의 작태와 비교해 보라) 현 정권이 주장하는 대로 검찰발표와 공안당국의 분석이 사실이라면 그들은 왜 그토록 기를 쓰며 진상을 왜곡하려 했고 제도언론에 거액의 촌지를 뿌렸는가.

　이제 우리는 제도언론 종사자들에게 촉구한다. 이번 성고문 사건과 관련해 현 정권으로부터 거액의 촌지를 받은 자들은 스스로 언론계에서 물러나라. 그리고 제도언론에 종사하는 기자들 가운데 아직도 괴로워하는 양심세력이 존재함을 우리는 알고 있다. 그러나 우리의 준엄한 현실은 양심의 가책을 느끼는 것만으로 그들이 침묵하는 것을 허용치 않는다. 우리는 이들 양심세력이 반민족적이고 반민중적인 썩어빠진 언론귀족들을 몰아내고 자체혁신을 위해 분기할 것을 촉구한다. 또한 아직도 늦지 않았으니 성고문 사건의 진상을 만천하에 공개하라.

만약 제도언론이 이번 성고문 사건 왜곡과 관련한 촌지수수 사건을 그대로 지나칠 경우 그들은 머지않아 성난 민중들의 가혹한 응징을 받게 될 것임을 명심해야 한다. 우리는 이번 제도언론의 촌지수수 사건을 민족의 양심에 비춰 도저히 용납할 수 없음을 거듭 천명하면서 제도언론 자체의 움직임을 주시하고자 한다.

1986년 8월 14일
민주언론운동협의회

민주언론시민연합 32년 연표(1984~2016)

1984

12.19	민주언론운동협의회 창립총회(장충동 성 베네딕도 왜관 수도원 피정의집) : 75년 조선·동아자유언론실천투쟁과 관련된 해직기자와 80년 해직언론인 등 민주인사 주축[창립총회 임원-의장(송건호) 공동대표(김인한, 최장학, 김태홍, 김승균) 사무국장(성유보) 감사(이경일 나병식) 실행위원(윤활식, 이부영, 신홍범, 성한표, 노향기, 박우정, 김도연, 이호웅)]
12.30	김승균 공동대표 구류 1주일 처분

1985

01.04	민주언론운동협의회(이하 언협) 김승균 공동대표 연행
05.30	나병식 감사(도서출판 풀빛 사장), 최옥자 회원(일월서각 사장) 이념서적 출판 혐의로 서울 중부경찰서에 연행
05.16	나병식 감사 『죽음을 넘어 시대의 어둠을 넘어』 제작으로 경찰에 연행
06.15	'민주·민족·민중 언론을 향한 디딤돌'-기관지 「말」 창간호 발행
07.02	성유보 사무국장 「말」 발행으로 연행, 구류 10일
07.06	「말」 관계로 김도연 실행위원 구류 3일
08.16	「말」 2호로 사무실 수색, 김도연 실행위원 연행
10.11	송건호 의장 연행
10.16	신홍범 실행위원 7일 구류
10.21	성유보 사무국장 7일 구류(「말」 3호, '문화탄압백서' 발간 이유)
10.30	사무실 수색, 「말」 3호 압수
12.19	언협 창립 1주년 및 제2차 정기총회 개최

1986

01.20	「말」 4호 관련 편집인 최장학 공동대표 5일 구류
04.24	「말」 5호 관련 김태홍 사무국장 10일 구류
05.27	김태홍 사무국장, 배시병 간사, 최민희 간사, 김철민 간사, 『죽음을 넘어 시대의 어둠을 넘어』와 「말」 6호 관련 연행
05.30	김태홍 사무국장 5일 구류
08.20	김태홍 사무국장 「말」 7호 관계로 7일 구류
09.06	「말」 특집호 발행, '보도지침'(1985.10.19~1986.08.08) 폭로

12.10	김태홍 사무국장 치안본부 남영동 대공분실로 연행
12.12	김태홍 사무국장 국가보안법 위반혐의로 구속
	신홍범 실행위원 남영동 대공분실로 연행
12.15	한국일보 김주언 기자 남영동 대공분실로 연행
	신홍범 실행위원 국가보안법 및 국가모독죄로 구속
12.17	〈한국일보〉 김주언 기자 국가보안법 국가외교기밀누설혐의로 구속
12.20	김주언 기자 구속에 대해 '보도지침과 관련된 구속자의 석방을 요구하는 공동기
	자회견' 개최, 민주언론쟁취 및 구속자 석방을 요구하는 서명운동 돌입
12.22	문화 5단체(민중문화운동협의회, 자유실천문인협의회, 민족미술협의회, 한국출
	판문화운동협의회, 민주교육실천협의회) 등 '현 정권의 탄압을 받고 있는 민주언
	론운동협의회에 대하여 뜨거운 격려를 보낸다' 성명 발표, 연대항의 농성
12.23	민주화추진협의회(위원장 태윤기 변호사) '언론자유 및 보도지침사건 진상조사
	위원회' 구성, 진상규명에 나섬.
12.24	보도지침 관련 「말 소식」 1호 발행. 보도지침 관련 사건 경위와 구속자 석방 및
	언론·출판·집회·결사의 자유보장 요구
	김수환 추기경 동아일보 기자와의 대담에서 보도지침에 대해 언급하고 정부에
	언론자유 보장 촉구
12.29	언협과 민주화추진협의회, 신민당, 천주교정의구현전국사제단, 민주화실천가족운
	동협의 회 공동 '언론탄압 및 보도지침에 관한 특별 기자회견' 개최
12.30	마포경찰서 언협 사무실 수색, 「말 소식」 1호 등 각종 유인물 200여 매 압수

1987	
01.05	Amnesty International, 본 협의회 공한 발송
	김성기 법무부장관, 이웅희 문화공보부장관에 전문과 전보 통해 석방 호소
01.22	미 하원 Barbara boxer 의원 공개서한(인권탄압에 대한 항의와 석방호소)
01.23	미 언론인보호위원회(Committee to protect Journalists)석방 촉구서한 발송
03.06	박우정 실행위원 추가 구속
	정상모 사무국장 「말」 9호와 「말 소식」 관계로 구류 10일 선고
03.20	미 언론인보호위원회 '구속자 즉각 석방과 언협 탄압 중지' 요구 서한 청와대 발송
05.20	「말」 11호 발행. 전두환의 장기집권음모 폭로한 '2000년까지 각하에게 권력을'
	보도(제도언론은 1년 후에나 보도)
05.31	김태홍, 신홍범, 김주언 〈카톨릭 자유언론상〉 제1회 수상(천주교 서울대교구 제정)
06.03	법원, 〈보도지침 폭로사건〉으로 김태홍 징역 10월 집유 2년, 신홍범 선고유예, 김
	주언 징역 8월 자정 1년 집유 1년 선고
07.16	미국 「국제개발정책센터(International Center for Development Policy)」, 한국

에서 언협이 언론민주화의 기폭제 역할을 한 것에 대한 감사의 의미로 '바스티유 감옥의 열쇠'를 언협에 증정. 「말 소식」 10호 발행

08.04~5　언협, 동아투위, 조선투위 〈해직언론인 원상회복의 입장과 원칙에 관한 기자회견〉

09.　　　동아투위, 조선투위, 80년해직언론인협의회 〈새신문 창간에 관한 발기〉(위원장: 송건호)

12.25　「말」 특집호 '폭력과 조작의 진상'-부정선거 편 발행

1988

04.　　　「말」 월간지로 정착

05.15　한겨레 신문 창간-언협 회원 다수 참여

1989

02.02　전국언론노동조합연맹, 기자협회 등과 '전국 해직언론인 원상회복 쟁취 협의회' 결성

02.20　월간 「말」 정기간행물 등록(「말」은 정기간행물, 언협은 민주언론운동단체로 역할 분화)

1990

01.17　월간 「말」 주식회사로 회사 형태 전환

04.　　　조선일보의 노동쟁의 왜곡보도에 항의, 관제언론 조선일보 반대투쟁 전개

05.04　'KBS·현대중공업 노조탄압 분쇄 국민회의' 참여-KBS 공권력 투입에 대한 항의운동

06.13　'KBS를 점령하고 있는 경찰은 즉각 철수하라' 제하 성명 발표

06.20　90년 「말」 7월호-'월남참전' 관련 기사 실림

07.　　　언론교양지 〈민주언론운동〉 1호 발행

07.09　방송관계법 개악저지대회 참여

07.21　따이한중앙회 회원 「말」 사무실 난입·농성

08.　　　〈민주언론운동〉 2호 발행

09.18　'부당징계의 즉각 철회와 최창봉 사장의 퇴진을 강력히 촉구한다' 성명 발표

09.20　「말」 10월호 발행-「보안사의 혁노맹 조작사건」

10.　　　〈민주언론운동〉 3호 발행

10.04　윤석양 이병 탈출 기자회견-「말」 10월호를 보고 결심

10.11　언협, 한국기자협회, 방송PD연합회, 기술인연합회 등과 '방송구조개편과 방송민주화운동' 심포지엄 개최(방송구조 개편반대와 한국방송의 민주적 전환을 위한

민주화운동 전개 필요성을 주장)

12.04	'방송민주화를 위한 범국민대연대기구'에 관한 좌담회 개최
12.14	북부서 대공과 형사 난입 '김주석에게 보내는 편지' 제하의 원고 압수
12.19	'김주석에게 보내는 편지'가 실린 「말」 91년 신년호 2만여 부 압수
12.	〈민주언론운동〉 4호 발행

1991

02.	〈민주언론운동〉 5호 발행
04.30	'좋은 방송을 위한 시청자운동, 우리가 나아갈 길' 심포지엄 개최, 자료집 발간
05.04	'강군 치사 축소·왜곡, 제도언론을 규탄한다' 제하의 규탄성명 및 속보 제작
05.14	'우리 자식 다 죽이는 노태우 정권 퇴진하라', '애국시민은 조선일보를 사지도 팔지도 않습니다' 제하 스티커 선전
06.	〈민주언론운동〉 6호 발행
08.	〈민주언론운동〉 7호 발행
10.	〈민주언론운동〉 8호 발행
10.26	'주간 월간 전문지 기자회 결성을 위한 포럼' 개최
11.06	제1기 언론학교 개강. 본격적인 언론교육사업 시작
11.21	제6차 정기총회
12.07	제1기 언론학교 졸업. 6주 동안 1백여 명 참여. 졸업생 다수가 회원으로 적극 참여, 시민회원 주축으로 모니터팀 결성. 모니터활동 본격화

1992

01.10	신문비평팀(강사 김동민), 방송비평팀(강사 손병우) 운영
01.15	제2기 언론학교 개강
01.26	'현 정권과 평화방송 경영진의 폭력만행을 규탄한다' 성명 발표
02.10	〈민주언론운동〉 9호 발행
02.15	제1회 대학언론 편집강좌 개최. 1백여 명 넘는 대학언론인 참여. 실무교육으로 높은 호응을 받음
02.20	언협 외 4개 단체 '선거보도감시연대회의' 결성. 본회 모니터팀 신문·방송 모니터 활동 주도. 한시적 선거보도감시를 목적으로 하는 최초 연대기구 결성. 향후 시민언론운동의 새로운 전형이 됨.
02.21	사무실 이전 개소식(아현동)
04.04	소모임 '주월간기자회'가 '한국주월간전문기자'로 창립
04.18	선거보도감시연대회의 심포지엄 개최 '14대 총선보도와 시민언론운동'
04.29	제3기 언론학교 개강

05.04	〈민주언론운동〉 10호 발행
05.07	신문비평모임 첫 활동 시작
06.04	방송비평모임 첫 활동 시작
07.20	〈민주언론운동〉 11호 발행
07.31	제1회 회원 여름수련회
08.12	제4기 언론학교 개강
09.04	언협 외 3개 단체 92년 대선 '선거보도감시연대회의' 재출범
09.28	'MBC 정상화와 공정방송 실현을 위한 범국민대책회의 시청자 대회' 개최
10.15	광주전남민주언론운동협의회 창립. 지역 최초 언협조직 언론운동 전국화 시초
10.31	선감연, '참언론한마당-거짓 없이!' 공연 개최
11.11	선감연 제1회 토론회 '공정선거와 TV토론' 개최 및 모니터 중간 자료집 발간
11.26	선감연 제2회 토론회 '선거보도관행, 무엇이 문제인가' 개최
11.27	'공정보도 실현을 위한 언론감시단' 발족
12.17	〈민주언론운동〉 12호 발행

1993
01.13	'참언론산악회' 결성
02.18	선거보도감시연대회의 평가 심포지엄 '14대 대선보도와 시민언론운동' 개최. 활동자료집 발간
02.17	제5기 언론학교 개강
03.05	제7차 정기총회
03.10	〈민주언론운동〉 13호 발행
04.13	〈회원통신〉 준비 제1호 발행
05.12	제6기 언론학교 개강
05.17	〈민주언론운동 20년사 사진전〉 '전국 해직언론인 원상회복 쟁취 협의회'와 공동주최
05.31	〈민주언론운동〉 14호 발행
06.02	제1기 모니터교실 개강
06.25	영화비디오반 구성. 영상비평 활동 본격화
07.19	〈민주언론운동〉 15호 발행
08.24	제7기 언론학교 개강
10.12	'방송바로세우기시청자연대회의' 결성
10.29	정책토론회 '방송개혁과 시청자주권 실현'(시청자연대)
11.09	제8기 언론학교 개강
12.15	〈민주언론운동〉 16호 발행

12.	'사무실 이전'을 위한 기금 조성 캠페인 전개

1994

03.15	제9기 언론학교 개강
06.21	제10기 언론학교 개강
06.24	제8차 정기총회
06.25	모니터위원회 신문분과 교육자료집 발간
10.09	언론학교 총동우회 결성 및 체육대회
10.25	제11기 언론학교 개강
12.19	창립 10주년 기념식 및 기념 토론회

1995

01.20	제9차 정기총회 개최. 김동민 임시의장 선출
02.21	제12기 언론학교 개강
04.17	임시총회 개최, 김태진 신임 의장 선출
06.19	언론학교 총동우회 〈총동우회보〉 창간호 발행
07.04	제13기 언론학교 개강
09.26	제14기 언론학교 개강
11.04	본회 노래패 제1회 정기공연 '새로운 걸음을 내딛을 때'
12.19	제15기 언론학교 개강
12.29	회원 송년의 밤 개최

1996

02.07	선거보도 모니터교실 개강
02.12	대학언론강좌 개강
03.07	96년 총선 '선거보도감시연대회의' 결성. 본회 신문방송분과 모니터팀 주도적 활동(신문 14차, 방송 5차 보고서 발표)
03.12	제16기 언론학교 개강
04.29	96년 총선 '선거보도감시연대회의' 평가 토론회 개최
06.18	제17기 언론학교 개강
06.	95년 모니터종합보고서 발간
07.05	임시총회(사단법인 추진 의결)
07.22	대학언론 여름강좌 개강
08.22	'언론 제자리 찾기를 위한 시민대회' 개최

1997

01.06	1월 중앙위원 확대간부 연석회의
01.20	대학언론 겨울강좌 개강
03.11	제20기 언론학교 개강
06.19	제21기 언론학교 개강
09.25	제22기 언론학교 개강
11.29	시민언론운동 기금 마련을 위한 하루주점
12.11	제23기 언론학교 개강

1998

01.05	창립 13주년 기념식 및 제11차 정기총회
02.16	대학언론 겨울강좌 개강
03.25	제24기 언론학교 개강
03.27	사단법인 개편 총회, '민주언론운동시민연합'으로 명칭 개칭
04.20	시청자 연대회의 토론회 '시청료 문제와 수용자 주권'
04.28	(사)민주언론운동시민연합 제1차 이사회의
06.25	제25기 언론학교 개강
07.27	대학언론 여름강좌 개강
08.27	언론개혁시민연대 창립총회
09.29	제26기 언론학교 개강
11.19	'조선일보 허위 왜곡보도 공동대책위원회' 발족식 및 기자회견
12.15	제27기 언론학교 개강

1999

01.04	자료집 〈조선일보를 해부한다〉 발간
01.25	대학언론 겨울강좌 개강
02.22	'김대중 정부 1년과 한국사회의 전망 토론회' 공동 주최
03.18	민언련 「말」 홈페이지 개설
03.26	민언련 총회 및 후원의 밤 개최
	모니터분과 98모니터 보고서 자료집 「우리 언론의 일그러진 초상」 발표
04.08	제28기 언론학교 개강
04.21	'방송독립과 방송위원회 토론회' 개최
04.22	'조선일보 허위 왜곡보도 공동대책위원회' 해산
06.18	경남 민주언론운동시민연합 창립총회
07.01	'통일시대를 대비하는 남북한 언론의 역할과 전망' 토론회 개최

07.06	제29기 언론학교 개강
07.15	'한국시민언론운동의 평가와 전망' 토론회 개최
07.19	'한국 대학언론의 평가와 전망' 토론회 개최
07.26	'민주적 방송법 제정을 위한 전국시민, 사회, 종교단체 공동대책위' 구성
	대학언론 여름강좌 개강
09.07	제30기 언론학교 개강
09.08	'시청자 제작요원 활성화를 위한 토론회' 개최
10.02	'올바른 미디어 교육정책을 위한 심포지엄' 개최
11.16	제31기 언론학교 개강

2000

01.24	대학언론 겨울강좌 개강
01.25	제1기 인터넷저널리즘 강좌 개강
02.15	2000년 총선 '선거보도감시연대회의' 발족
02.17	제1기 신문방송모니터학교 개강
03.10	'총선시민연대 언론대책특별위원회' 발족
03.16	언론특위·선감연 공동 '지역감정 조장 선거보도 규탄집회' 개최
04.07	선감연·언개련 공동 '제1회 신문독자의 날 선포식 및 수구보수언론 규탄대회' 개최
04.	〈1999년도 모니터보고서〉 발간
06.03	민언련 사무실 이사(동교동)
06.	'SOFA개정 국민행동' 참여
07.10	'2000년 선거보도감시연대회의' 4.13총선 모니터 백서 발간
08.07	'교사를 위한 사진워크숍' 개최
08.10	'교사를 위한 미디어교육캠프' 개최
08.29	'시민을 위한 비디오제작학교' 개강
09.04	'2000 국정감사모니터시민연대' 발족(~01.07)
09.08	'퍼블릭액세스 활용과 참여강좌' 개강
09.19	'언론정보공개시민운동본부' 발족 참여
09.20	'조선일보 반대 시민연대' 발족. 41개 단체 참가, 지식인선언 1차 154명(08.07.), 2차 152명
09.28	'디지털 방송방식 재검토를 위한 시민대책위원회' 발족.
	'박정희기념관 건립 반대 국민연대' 참여
10.31	제1기 안티조선 시민강좌 개강
	'정보공개청구' 공청회

11.22	조선일보 반대 시민연대 '시민주간행사'
12.06	정간법 개정·신문개혁 촉구 시민사회단체 및 언론노동자 결의대회
12.07	언론사 세무조사 실시 촉구 결의대회
	정간법 개정 및 국회 언론발전위원회 설치 촉구 시민사회단체 농성
12.10	조선일보 반대 시민대회 및 안티조선 보도행진 서울입성 보고회

2001

02.14	신문개혁 2차 온라인 시위
03.05	조선일보 거부 제3차 지식인 선언 및 조선일보 사죄촉구 시민대회
03.26	'조선일보 사죄촉구·안티조선' 일인시위(~05.18)
04.03	오마이뉴스·디지털 「말」과 함께 언론개혁·세무조사 관련 4행시 행사 마감
04.13	기자실 개혁을 위한 시민 토론회
04.18	정간법 개정 촉구 시민대회-한나라당사 앞
05.02	세무조사결과 공개 촉구대회-국세청 옆
05.20	신문개혁 4행시, 만화, 수기 공모 '제2차 행사' 공모 마감
06.	조선일보 손해배상 청구소송 원고인단 모집, 국사교과서 개정 서명운동
06.05	'정간법 민주적 개정을 위한 1인 릴레이 시위'(~06.09)
06.29	언론개혁 6월 선언
07.03	탈세비리 언론사주 처벌 촉구를 위한 일인시위
08.01	언론개혁 매도 한나라당 규탄대회
08.04	비디오저널리스트 특별강좌
08.	이문열 손해배상청구소송
08.27	박정희기념관 건립 반대 국민연대, 민언련 1위 시위 참여(~08.31)
09.18	안티조선 문화제(~09.21)
09.20	조선일보 거부 4차 지식인 선언
10.09.	신문개혁 마당극 '신문고를 울려라' 공연
10.19	2001 제1회 퍼블릭액세스 시민영상제(~10.21)
	신문개혁 촉구 전국 자전거투어(~11.08)
12.06	신문개혁 외면 국회 규탄 및 정간법 개정 촉구대회

2002

01.30	조선일보 반민족·반통일 행위에 대한 민간법정
02.08	조선일보 민간법정 판결문 전달식
02.19	'신문개혁운동의 평가와 전망' 토론회 개최
03.08	전국 민언련 일꾼 힘다지기 대회

03.13	인터넷 국가검열 반대를 위한 공대위 발족식
04.02	민주노총 총파업지지 언론인 결의대회
04.11	2002 선거감시연대회의 발족식
04.18	조광인쇄노조탄압 조선일보사 규탄집회
06.01	사무실 이전(서대문 기사연빌딩 1층)
07.09	'한반도 평화위협 전쟁 분위기 조장' 조선일보 규탄집회
07.11	서해교전 사태의 평화적 해결을 위한 토론회
08.28	청소년 미디어캠프 개최(~08.30)
08.30	선거방송 공정성 확보를 위한 현업인·시민단체 간담회 개최
09.18	'2002 대선 미디어 공동선거 국민연대' 발족
09.25	의문사 진상규명 왜곡보도 조선일보 규탄집회, '안티조선지지' 언론학자 선언 발표
10.02	시청자참여프로그램협의회, 에바다 6년 편성불가 관련 일인시위(~10.07)
10.12	'전국 안티조선 대회' 개최(~10.13)
10.18	2002 제2회 퍼블릭액세스 시민영상제(~10.20)
11.	대선미디어국민연대 선거보도감시 활동(일일논평 및 주간모니터보고서 발표) (~12.20)
11.02	제1기 주부모니터 교실 개강
11.17	'평화의 적, 공공의 적 조선일보 규탄' 전국대회
12.14	'미군 여중생 압사 사건 규탄' 촛불시위 참여

2003

03.28	미국의 이라크 침공 보도에 대한 언론사 항의 일인시위
04.03	독자주권 찾기 '행동의 날' 1차 캠페인(~04.04)
05.20	'소수자 인권 찾기' 방송모니터교실 개강
06.12	시민기자 양성을 위한 '글쓰기 강좌' 개강
06.13	미군 여중생 압사 사건 1주기 조선일보 모니터 발표회
06.24	2차 안티조선 활동가 선언
08.06	초급 포토저널리즘 강좌 개강
10.01	박지원 언론사 로비 관련 일인시위
10.02	공영체제와 KBS수신료 방안 토론회
10.10	사진강좌 개강(~10.12)
	2003 제3회 퍼블릭액세스 시민영상제
10.15	사회적소수자 방송모니터링 발표 및 간담회
10.30	'평화의 적, 공공의 적 조선일보 규탄' 전국대회

10.16	[조선일보반대운동] 제3회 안티조선 춘천마라톤 대회 참가
10.21	2005 제5회 퍼블릭액세스 시민영상제(~10.23)
11.14	한나라당의 부동산대책 개악시도 및 보수언론 규탄 기자회견 및 일인시위

2006

03.23	서울시 대 언론관련 시책에 대한 공개질의서 제출
03.24	(사)민주언론시민연합으로 명칭 개칭
04.01	자유언론촛불문화제
05.09	지방선거 선거보도모니터단 발족식
06.13	시청자 권리 박탈하고 '월드컵 올인'한 지상파 방송3사 규탄 동시 일인시위
06.20	주부 방송모니터교실 개강
07.12	한미FTA 저지 범국민대회
08.30	전시작전통제권 환수 보도 관련 조중동 규탄 일인시위
08.31	하중근 포항건설노조원 죽음과 포항건설노조파업 문제해결 외면하는 지상파 방송3사 규탄 동시 일인시위
09.08	'한미FTA 전자상거래 분야를 통한 온라인콘텐츠 개방' 저지를 위한 일인시위 (~09.09)
10.12	인터넷저널리즘 무료강좌
10.20	2006 제6회 퍼블릭액세스 시민영상제(~10.22)
12.08	국무조정실 주도의 방송통신 기구설치법안에 반대하는 침묵피켓시위
	정책포럼 '방송프로그램의 간접광고(PPL) 문제에 대한 합리적 해결 방안모색'

2007

01.11	'한미 FTA 방송개방 저지'를 위한 민언련 동시 일인시위(~01.12)
03.07	'한미FTA 실상을 제대로 보도하라!' 방송3사 앞 릴레이 일인시위(~03.09)
04.20	허클베리핀과 함께하는 시사저널 파업 100일 거리 문화제
04.25	스티븐 코스텔로 초청 간담회 〈'새로운' 북미관계 전망〉
10.11	2007년 대선 민언련 모니터단 발족
10.19	2007 제7회 퍼블릭액세스 시민영상제(~10.21)
12.28	대선 언론보도 평가 토론회

2008

04.15	백용호 공정거래위원장 규탄 및 신문시장 정상화 노력 촉구를 위한 일인시위 (~04.21)

04.28	신문 불법 경품 공동신고센터/신문시장 감시단 발족
05.07	'미국쇠고기 전면 수입 개방' 관련 조·중·동 왜곡보도 규탄과 KBS·SBS의 적극적인 보도를 촉구하는 일인시위
05.20	'KBS 이사회는 이명박 정부의 KBS 장악시도에 들러리 서지 말라' 일인시위
05.27	공영방송 독립성 수호 및 공영방송 지키기 각계선언
06.09	조중동의 왜곡·편파보도 정리 사이트 '리얼조중동'(www.realcjd.net) 개통
06.17	동아일보 수도권 지역 일부 고등학교에 무가지 대량 배포 관련 공정위에 질의서 발송
07.01	동의대, 신태섭 전 대표 총장 허락 없이 KBS 이사에 임명됐다는 사유로 해임
07.17	최시중 방통위원장 탄핵 소추 촉구 서명(총 65,245명)
07.18	방통위 신태섭 전 대표 교수직에서 해임됐다는 사유로 KBS 이사 해임
07.24	방송장악·네티즌탄압저지범국민행동 발족식
08.01	〈조중동의 거짓 그리고 진실〉 4종 발행(총 6만 부)
10.21	'6회 안티조선 춘천 마라톤' 참가
10.24	2008 제8회 퍼블릭액세스 시민영상제(~10.26)
11.11	제1회 시민비평공모 〈시민, '좋은 방송'을 말하다〉 시상
11.12	KBS 직원들의 '밀실개편 반대'를 지지하는 회원 일인시위(~11.21)
12.22	방송3사 저녁종합뉴스 일일브리핑 자료집 발간
12.28	언론노조 파업을 지지하는 사회 원로·각계 인사 선언

2009

01.15	조중동 경제보도 기획모니터 보고서
01.23	한나라당의 '언론악법'을 알리는 설귀향 대국민 선전전(~01.24)
02.06	검찰의 '용산참사' 살인진압 '면죄부 수사'에 대한 방송3사의 진실보도를 촉구하는 일인시위
02.26	'언론악법'의 실체를 알리기 위한 선전전(~02.28)
03.24	YTN노조 파업투쟁 지지·노종면 위원장 및 조합원 석방 촉구 일인시위(8인)(~04.02)
04.24	'조선일보, 나도 고소하라!' 누리꾼 청원 운동
05.20	사무실 이전(서대문 → 공덕동)
06.05	'조중동 방송' 따져보기 UCC 공모전 실시
06.10	6월항쟁 계승·민주회복 범국민대회
07.19	민주회복 민생살리기 2차 범국민대회
07.21	언론악법 저지 100시간 비상국민행동(~07.25)
07.25	언론악법 원천무효 선언 국민문화제

09.20	[조선일보 반대운동] '제7회 안티조선 옥천 마라톤 참가
10.01	조중동의 놀라운 '말 바꾸기'를 알리는 추석 귀향 선전전
10.15	민주노총 〈조중동 OUT 전국 실무자 워크샵〉(~10.16)
10.20	언론악법에 대한 헌재의 바른 결정을 촉구하는 선전전
10.24	2009 제9회 퍼블릭액세스 시민영상제(~10.25)
11.06	'만민공동회-시민여러분께 묻습니다!' 개최
11.09	'언론악법 폐기' 박석운 공동대표 단식 농성
11.11	'언론악법 폐기' 촛불문화제
11.30	제2회 시민비평 〈MB정부 2년, '시사프로그램'을 말하다〉 실시

2010

02.26	KBS 교양·오락프로그램의 잇따른 여권인사 출연에 대한 보고서 발간
03.23	제72기 언론학교(~04.22)
03.26	제13차(통합 24차) 정기총회
04.01	6·2지방선거보도모니터단 발족
05.28	포털 4사 '뉴스박스' 선거보도 보고서 발간
06.01	KBS의 '천안함 사태/지방선거' 관련 주요 시사·특집 프로그램 비교 보고서 발간
06.29	KBS수신료인상저지범국민행동 발족
06.30	여·야 국회의원 수신료관련공개질의(범국민행동·한겨레신문 공동기획·진행) (~09.09)
07.30	KBS 수신료 인상 논의 중단촉구 일인시위
08.10	KBS 이사회 전국 순회 공청회 대응 기자회견 및 일인시위 ~08.24
10.04	2005~2010년 공정위 신문고시 위반 단속 및 제재 실태 분석 발표
10.25	주요 신문의 SSM 규제 관련 특별 모니터 보고서 발표
11.05	2010 제 10회 퍼블릭액세스시민영상제(~11.07)
11.19	KBS 수신료 인상 논의 중단촉구 일인시위

2011

02.01	민언련 설 귀향 선전전(~02.02)
02.11	호주 미디어교육 전문가 간담회(민언련 교육관)
03.09	조중동방송저지네트워크 발족(447개 단체)
03.14	27기 글쓰기 강좌(~4월 13일 종강)
03.16	PD수첩 사수와 언론자유수호 공동대책위원회 출범식(국회 본청 계단)
03.25	제14차(통합 25차) 정기총회
	2011 민언련 후원 일일호프

04.22	상반기 전국민언련대회(경기민언련)(~04.23)
05.14	2011 민언련 광주순례(36명 참여)
08.27	2011 민언련 회원수련회(일영 홍화농원, 42명)(~08.28)
09.09	민언련 추석 귀향 선전전(~09.10)
10.22	2011 제11회 퍼블릭액세스 시민영상제(~10.23)
11.03	경찰의 민주당 당대표실 도청 사건 '부실·면죄부 수사' 규탄 일인시위
11.28	30기 글쓰기 강좌
11.29	민언련·언론노조 종편 공동모니터단 발족

2012

02.27	4·11 총선 선거보도 민언련 모니터단 발족
03.13	'MB언론장악 심판·MB낙하산 퇴출·공정보도 쟁취를 위한 공동행동' 발족
03.23	언론장악 MB심판! 언론독립 쟁취! 언론노동자 총궐기 대회(서울역)
04.06	민간인 불법사찰 대통령 사과·파업 지지 및 언론자유 보장 '4대 종단 종교인 시국선언'
04.24	4·11 총선 선거보도 민언련 모니터단 총평가보고서 발간
05.04	방송사 공동파업 시민문화제
05.08	여의도 희망캠프(공정언론공동행동 상황실 운영)(~07.17)
05.15	32기 글쓰기강좌(~06.14)
05.25	공정언론을 위한 1박2일 국민 희망캠프(~05.26)
06.21	MBC 파업해결 촉구 '시민 무한도전' 〈쫌 보자, 무한도전X2〉 12회 실시(~07.13)
09.28	추석 선전전 실시
10.22	2012 대선보도 민언련 모니터단 발족 및 대선 언론정책 발표
10.24	유신 쿠데타 40년, 자유언론 실천의 날 실시
11.03	2012 제12회 퍼블릭액세스 시민영상제(~11.04)

2013

06.20	KBS 수신료 인상 논의 중단 촉구 일인시위
06.26	국정원 대선개입 규탄-진상규명 촉구 범국민대회(동화면세점 앞)
07.06	국정원 대선개입 규탄 진상규명 촉구 2차 범국민대회(시청광장)
	12월까지 모두 25차 범국민대회
09.12	친일·독재 미화 뉴라이트 교과서 무효화 국민네트워크 발족
09.17	2013년 추석 귀향 선전전
11.07	새 홈페이지 개통, 웹진 〈e-시민과언론〉 발행
11.22	언론정상화를 위한 시민사회 공동대책위원회 출범 및 결의대회

| 12.04 | '종편국민감시단' 발족식 및 1차 토론회 |

2014

01.17	KBS수신료 인상 반대 및 납부거부 서명 사이트 개설
02.24	6·4지방선거 D-100일에 공정선거보도감시단 출범
03.07	종편 재승인 반대 온라인 서명운동
04.08	공정선거보도감시단 전국 단위 확대
04.09	언론단체 청계광장 농성장 일일 농성 및 촛불집회
05.02	KBS 규탄 국민촛불집회(KBS본관 앞)
05.28	청와대 하수인 KBS 길환영 사장 퇴출 1차 국민촛불 행동
06.05	청와대 하수인 KBS 길환영 사장 퇴출 2차 국민촛불 행동
07.30	2014 지방선거 공정선거보도감시단 백서 발간
08.22	민언련 30주년 기념 〈명랑운동회〉 개최(성공회대)
08.25	'제대로 된 세월호 특별법' 제정을 촉구하는 언론단체 단식농성
08.29	문창극 총리후보자 검증보도 심의에 대한 방송심의시민감시단 보고서 발행
09.26	MBC '세월호 보도' 규탄 언론단체 릴레이 일인시위
09.30	친일역사왜곡 KBS 이인호 이사장 사퇴 촉구 역사·언론단체 기자회견
12.18	민언련 창립 30주년 기념식 개최

2015

03.16	43기 글쓰기 강좌(~04.15)
03.24	제88기 언론학교 개강(~04.16)
03.27	제18차(통합29차) 정기총회
05.11	종편의 불법·탈법 방송·광고 영업 행태 규탄, 릴레이 기자회견
05.16	2015 민언련 광주순례(33명 참여)
05.17	5월 민주주의 시민축제 (12시, 서울광장)/종편광고영업 관련 홍보부스 운영
06.08	종편의 불법·탈법 방송·광고 영업 행태 규탄, 릴레이 1인 시위 및 기자회견 (~06.10)
06.22	44기 글쓰기 강좌(~07.22)
06.22	대학언론 여름강좌 개강(~07.03)
07.30	국민TV 사태의 올바른 해결을 위한 공동대책위원회 발족 기자회견
09.12	2015 민언련 회원수련회(양평 대한성공회 청소년수련관, 33명)
10.08	성유보 선생 1주기 묘역 참배(70여 명 참여), 추모제·평화콘서트(90여 명 참여)
10.21	박근혜 정권의 KBS '국정화' 및 청와대 청부사장 선임 저지를 위한 언론시민단체 기자회견

11.11	역사교과서/KBS 국정화 반대 촛불 문화제
11.13	KBS '국정화' 및 청와대 청부사장 고대영 임명 저지를 위한 언론시민단체 1인 시위
11.17	박근혜 정권의 KBS 사장 선임 개입 규탄 및 국정조사 촉구 기자회견
12.01	'취재방해감시단' 발족 기자회견
12.18	민언련 창립 기념식 및 민주시민언론상 시상식&성유보 특별상 시상식, '송년회'
12.28	45기 글쓰기 강좌(~02.01)

2016

01.14	2016총선보도감시연대 발족 기자회견
02.25	테러방지법 보도 행태를 규탄하는 1인 시위
03.05	참언론아카데미 개강(~06.26)
03.25	2016년 제19차(통합30차) 정기총회
04.04	46기 글쓰기 강좌 개강(~05.02)
05.04	전국 언론활동가 좌담회05.14 민언련 5월 광주순례(36명 참여)
06.30	민언련 모니터교육(~07.12)
07.01	대학언론 '레벨업 사업'(~08.25)
	대학문제 공동취재단(~08.25)
07.14	공영언론 정상화촉구 언론시민단체 KBS 앞 1인 시위
07.21	사드배치 논란 긴급토론회-성주군민, 언론에게 묻는다
08.10	청소년 언론학교 캠프(~08.12)
09.24-25	2016년 회원캠프(67명 참여)
08.30	교육공간 '말' 개관식
09.19	47기 글쓰기 강좌 개강(~10.26)
10.08	고 성유보 선생 2주기 추모제(70여 명 참여)
10.31	언론단체비상시국회의 출범 기자회견
12.16	창립기념식 및 민주시민언론상 시상식(보도지침 폭로 30주년 기념식 및 성유보 특별상 시상식) 및 송년회(150명 참석)

참고 문헌

- 강준만, 『한국현대사 산책-평화시장에서 궁정동까지 1』, 인물과 사상사, 2002년.
- 국가정보원 과거사건 진실규명을 통한 발전위원회, 『과거와의 대화, 미래의 성찰』 5권 언론노동편, 2007년.
- 김정남, 『진실, 광장에 서다』, 창비, 2005년.
- 김종철, 『폭력의 자유』 시사인북, 2013년.
- 김태홍, 『작은 만족이 아름답다』 인동, 1999년.
- 기쁨과 희망 사목연구소, 『암흑 속의 횃불-7, 80년대 민주화운동의 증언 제1권』, 1996년.
- 기쁨과 희망 사목연구소, 『암흑 속의 횃불-7,80년대 민주화운동의 증언 제2권』, 1996년.
- 기쁨과 희망 사목연구소, 『암흑 속의 횃불-7,80년대 민주화운동의 증언 제3권』, 1997년.
- 동아일보사노동조합, 『동아자유언론실천운동 백서』, 1989년.
- 동아자유언론수호투쟁위원회, 『자유언론』, 해담솔, 2005년.
- 민주사회를 위한변호사모임, 『의문사진상규명의 역사적 의의와 전망』, 2000년.
- 민주언론시민연합, 「민주언론운동」 1997. 1·2월호~1999. 5·6월호.
- 민주언론시민연합, 「시민과언론」 2000. 1·2월호~2002년 11·12월호.
- 민주언론운동협의회 편, 『보도지침』, 두레, 1988년.
- 민주화운동기념사업회, 『한국민주화운동사 연표』, 2006년.
- 민통련창립20주년기념행사위원회, 『민통련』, 2005년.
- 방우영, 『조선일보와 45년-권력과 언론 사이에서』, 조선일보사, 1997년.
- 송건호 외, 『한국언론 바로보기』, 다섯수레, 1989년.
- 송건호 외, 『한국언론 바로보기 100년』, 다섯수레, 2012년.
- 정지아, 『나는 역사의 길을 걷고 싶다-참언론인 송건호의 생각과 실천』, 한길사, 2008년.
- 정해구, 『전두환과 80년대 민주화운동』, 역사비평사, 2011년.
- 조선자유언론수호투쟁위원회, 『자유언론, 내릴 수 없는 깃발』, 두레, 1993년.
- 조희연, 『박정희와 개발독재시대-5·16에서 10·26까지』, 역사비평사, 2007년.
- 조희연 편, 『한국 민주주의와 사회운동의 동학』, 나눔의 집, 2001년.
- 주동황 외, 『한국언론사의 이해』, 전국언론노동조합연맹, 1997년.
- 진실화해를 위한 과거사 정리위원회, 「2009년 하반기 조사보고서」.
- 최정운, 『오월의 사회과학』, 오월의 봄, 2012년.
- 한겨레신문사, 『희망으로 가는 길』, 2008년.
- 한국기자협회·80년해직언론인협의회, 『80년 5월의 민주언론』, 1997년.
- 한국기자협회, 『한국기자협회 50년사』, 2014년.

- 한국역사연구회, 『한국역사』, 역사비평사, 1995년.
- 한국출판문화운동사, 『한국출판문화운동사』, 2007년.
- 한승헌, 『권력과 필화』, 문학동네, 2013년.
- 한홍구, 『유신-오직 한 사람을 위한 시대』, 한겨레출판, 2014년.
- 5·18 기념재단, 『5·18 민주화운동과 언론투쟁』, 2014년.
- 최영태 외, 『5·18 그리고 역사』, 길, 2008년.
- 6월민주항쟁계승사업회, 『6월항쟁을 기록하다(4)』, 2007년.

- 성유보, '멈출 수 없는 언론자유의 꿈', 한겨레신문 연재.
- 이종찬, '이종찬 회고록' 동아일보 연재.
- 동아일보 1987.1.31 기사.